本书由广西研究生创新创业教育暨联合培养基
"广西民族大学法律硕士专业研究生联合培养

二手房交易常见法律问题及典型案例

杨婷婷　苏佳丽　主　编
杨红文　黄丽莎　副主编
夏　梦　李　怡　参　编

知识产权出版社
全国百佳图书出版单位
—北京—

图书在版编目（CIP）数据

二手房交易常见法律问题及典型案例/杨婷婷，苏佳丽主编．—北京：知识产权出版社，2020.11

ISBN 978-7-5130-7209-0

Ⅰ.①二… Ⅱ.①杨… ②苏… Ⅲ.①住宅—房地产法—案例—中国 Ⅳ.①D922.385

中国版本图书馆 CIP 数据核字（2020）第 183721 号

内容提要

本书对二手房买卖领域的常见法律纠纷进行了收集整理，编写了相应的案例，对案例中的争议焦点进行了归纳总结并对焦点问题进行了法律分析，在此基础上，从律师角度提出了相应的风险防范建议。此外，还附上了真实的相关法院裁判案例，供读者进一步学习。

近年来，二手房交易市场不断扩大，交易过程中产生的纠纷也不断增多，故此笔者编著了本书。本书语言通俗易懂，且结合了《中华人民共和国民法典》的最新法律规定，适合二手房交易买方和卖方、房产中介从业人员、法律专业学生、从事二手房交易法律事务的律师、不动产交易中心工作人员等读者阅读。笔者希望本书可以成为普通的二手房交易者、二手房交易行业从业者防范风险、解决纠纷、维护自身合法权益的工具书，亦能为相关法律从业者提供有价值的参考。

责任编辑：韩　冰　　　　　　　　　　　　责任校对：王　岩
封面设计：回归线（北京）文化传媒有限公司　责任印制：刘译文

二手房交易常见法律问题及典型案例

杨婷婷　苏佳丽　主编　杨红文　黄丽莎　副主编

出版发行	知识产权出版社 有限责任公司	网　　址	http://www.ipph.cn
社　　址	北京市海淀区气象路 50 号院	邮　　编	100081
责编电话	010-82000860 转 8126	责编邮箱	hanbing@cnipr.com
发行电话	010-82000860 转 8101/8102	发行传真	010-82000893/82005070/82000270
印　　刷	天津嘉恒印务有限公司	经　　销	各大网上书店、新华书店及相关专业书店
开　　本	720 mm×1000 mm 1/16	印　　张	19.25
版　　次	2020 年 11 月第 1 版	印　　次	2020 年 11 月第 1 次印刷
字　　数	330 千字	定　　价	78.00 元
ISBN 978-7-5130-7209-0			

出版权专有　侵权必究

如有印装质量问题，本社负责调换。

序

二十余年来，随着生活水平的提高，"房"与"衣""食"一样，已经成为国人刚需。二手房交易及其纠纷，遂成为律师日常业务。

作者专注二手房交易及纠纷处理实务工作多年，具有丰富的实践经验。办案之余，偶有心得，随手记之，答疑解惑。日积月累，现就"合同效力""合同履行""合同撤销与解除""违约责任""居间服务"等二手房交易纠纷常见案例类型进行分析归纳，结集出版。作者着眼于二手房交易纠纷防范，通过扼要"案情简介"，总结"争议焦点"，亮明"律师观点"，提出"律师建议"，然后罗列"相关法条"，最后援引"相关案例"。如此编排，颇费心思，方便读者。拟"开门见山"者，扫过"案情简介""争议焦点""律师观点""律师建议"，两三分钟即有答案；拟"追根溯源"者，续研"相关法条""相关案例"，或有更多共鸣。其客户至上理念，可见一斑。

是为序，并祝愿万益律师有更多作品问世！

凌　斌

（广西律师协会副会长、广西万益律师事务所主任）

2020 年 6 月 28 日

前　言

"安土重迁，黎民之性"。中国百姓自古对房子有着独特的情怀，房子对于人们而言是家的象征。加之随着经济不断发展，买房投资的人群也不断扩大，商品房买卖市场不断升温。而近些年来，随着人们消费观念的转变，以及二手房相对一手房便宜、交付时间短等优势，二手房市场不断扩大。由于交易涉及《合同法》《担保法》《物权法》《房地产管理法》及即将施行的《民法典》等多个部门法，交易风险难以防范周全，大量的二手房交易法律纠纷也随之出现。

笔者从业以来办理了大量的二手房买卖纠纷案件，由此总结了二手房交易过程中常见的41种纠纷，编写成此书。本书具有以下特点：

首先，本书对二手房买卖领域的常见法律纠纷进行了搜集整理，编写了相应的案例，对案例中的争议焦点进行了归纳总结并对焦点问题进行了法律分析；针对常见二手房交易法律纠纷，律师提出了相应的风险防范建议。此外，每一项纠纷后还附上了相关法条、真实的法院裁判案例，供读者进一步学习。

其次，本书语言通俗易懂，适合二手房交易买方和卖方、房产中介从业人员、法律专业学生、从事二手房交易法律事务的律师、不动产交易中心工作人员等阅读，受众广。

笔者希望本书能为普通的二手房交易者、二手房交易行业从业者防范交易风险、解决交易纠纷提供有价值的参考，为相关法律从业者提供实践借鉴。

最后，感谢广西民族大学的杨红文教授和夏梦老师参与本书的编写与修订工作，使本书的理论基础更加坚实。

杨红文，女，1965年1月生，广西民族大学法学院副院长、教授。1985年7月毕业于黑龙江大学法律系法学专业，获得学士学位，2004年获得硕士学位。1995年开始从事法学教学与科研工作，2006年担任硕士研究生导师，主要研究方向是刑事法学，对包括社区矫正在内的非监禁刑问题有比较长期的研究，在核心期刊等刊物发表刑罚改革的学术论文30余篇，其中在《广西民族大学学报（哲学社会科学版）》发表《经济犯罪刑罚的非监禁化理念与实现途径》、在《湖南大学学报（社会科学版）》发表《非监禁刑改革的困境与进路》、在《中央民族大学学报（哲学社会科学版）》发表《我国民族地区社区矫正的现实困境与进路》等。主持完成多项省部级等课题（2008年第三批广西壮族自治区人民检察院检察理论研究课题重点课题"刑罚执行监督问题研究"、国家民族事务委员会2009年立项"北部湾经济区立法问题研究"、2013年广西民族大学重点科研项目"刑罚执行中的人权保障问题研究"等），作为主要参加者参与广西哲学社会科学基金项目等2项，主持与参与的科研项目均已结题并获得好评。多次参加国内外学术会议，在2009年应挪威奥斯陆大学的邀请，就有关人权保护与刑罚改革的问题到挪威和我国香港进行访问。主编出版多部教材（《刑法学》和《经济法学》等）。论文多次获得奖励，其中《高校知识女性实现发展权的困境与进路》获得全国教育工会优秀论文二等奖、《促进地方股份制经济发展的政策（立法）研究》获得十三省市经济法行政法理论研讨会一等奖、《论未成年人犯罪与刑罚改革》获得广西壮族自治区刑法学术研讨大会论文三等奖。

夏梦，女，1992年10月生，法律硕士研究生，广西民族大学法学院教师、研究生秘书。参与立法后评估项目：广西壮族自治区人大常务《金秀瑶族自治县森林资源管理条例》立法后评估项目。参与研究生教改课题：广西研究生教育创新计划项目学位与研究生教育改革专项课题"以需求为导向的法学研究生联合培养基地建设研究""基于项目驱动的地方高校法学研究生实践创新能力培养体系研究——以广西高校硕士培养为分析样本"；广西民族大学学位与研究生教育改革创新课题"法律硕士培养机制改革与创新""卓越法治人才教育培养模式探索——以法律硕士为例"。

另外，本书"案情简介"部分所使用的人物名称均为化名。

目 录

第一章 合同效力 ………………………………………………… 1

1. 买了还没办证的二手房，合同是否有效? …………………… 2
2. 购房意向书能否被认定为房屋买卖合同? …………………… 9
3. 备案合同与不备案合同有冲突的，以哪份合同为准? ……… 13
4. 承租人的优先购买权被侵害，能主张房屋买卖合同无效吗? … 19
5. 房屋代售人与买受人恶意串通，合同是否有效? …………… 26
6. 夫妻只有一方签字，合同是否有效? ………………………… 33
7. 借用他人的名义买房，能否得到法律保护? ………………… 52
8. 部分继承人出售被继承人遗留房屋的合同是否有效? ……… 57
9. 转让市场运作房指标，合同是否有效? ……………………… 61
10. 买卖被查封的房屋，合同有效吗? …………………………… 68
11. 中介公司代收定金，房屋买卖关系是否成立? ……………… 77

第二章 合同履行 ………………………………………………… 86

12. 连环买卖，最后的买受人能否直接要求首个
    出卖人协助过户? ……………………………………………… 87
13. 房屋出卖人死亡，其继承人有无继续履行合同的义务? …… 92
14. 收到解除通知三个月后才提出异议，合同是否解除? ……… 97
15. 买方失联，卖方将房屋另行出售，是否构成违约? ………… 107
16. 合同注明卖方净收，个人所得税由谁承担? ………………… 116
17. 一房二卖，房屋归谁? ………………………………………… 124
18. 抵押权未消灭，要求过户的诉讼请求能否得到支持? ……… 140
19. 出卖人挪用了解押款，房屋买卖合同能否继续履行? ……… 147

20. 出售房改房，实测面积大于买卖合同面积，
    卖方能否要求补偿差价？ ………………………………… 155
21. 支付全部购房款还没过户就被查封了，能申请解封吗？ … 161
22. 轮候查封是否可以阻却房屋买卖合同的履行？ ………… 167

第三章 合同撤销与解除 ………………………………… 174

23. 买到"凶宅"，能否要求退房？ ………………………… 175
24. 合同解除采取挂号信通知的形式是否有效？ …………… 181
25. 愿意支付合同违约金，是否就可以解除合同？ ………… 188
26. 与承诺学区不一致，房屋买卖合同可撤销吗？ ………… 196
27. 房屋买卖，卖方能因为买方是"老赖"主张解除合同吗？ …… 201

第四章 违约责任 ………………………………………… 208

28. 能否依据定金收据要求双倍返还定金？ ………………… 209
29. 银行迟延放款，买房人是否构成违约？ ………………… 216
30. 守约方能否要求违约方既支付违约金又双倍返还定金？ … 220
31. 房屋共有人未在买卖合同上签字是否需要承担违约责任？ … 227
32. 卖方违约，房价上涨损失能否得到支持？ ……………… 234
33. 买方撬锁收房后，卖方还要支付逾期交房的违约金吗？ … 240
34. 卖方在贷款时不愿"做高"房价，是否承担违约责任？ … 248

第五章 居间服务 ………………………………………… 254

35. 买受人向中介公司支付了购房诚意金后，能否要求返还？ …… 255
36. 合同签订后房屋被查封，中介是否要承担赔偿责任？ … 259
37. 房屋买卖合同解除后，能否要求退中介服务费？ ……… 265
38. 业主在独家销售期限内另售房屋，是否违约？ ………… 272
39. 经办人挪用代收的房款，中介公司要负责吗？ ………… 280
40. 中介方未履行查档职责致买方损失，要如何担责？ …… 286
41. 中介方为高评高贷做出"阴阳合同"，其后合同因故解除，
    中介服务费还要照付吗？ ………………………………… 293

第一章

合同效力

1

买了还没办证的二手房，合同是否有效？

案情简介

2017年1月，王美丽与黄小鸭签订《房屋买卖合同》，约定王美丽将其名下的一套房屋出售给黄小鸭，签约后，王美丽收取了100万元的售房款。因房屋尚未取得不动产权属证书，双方约定在王美丽办证后再将房屋过户至黄小鸭名下。

2018年10月，王美丽取得不动产权属证书，但因房价上涨，王美丽没有按照约定协助黄小鸭办理房屋过户手续，并以双方在签订合同时房屋尚未取得不动产权属证书，违反了《中华人民共和国城市房地产管理法》第三十八条的规定为由主张《房屋买卖合同》无效。

争议焦点

就尚未取得不动产权属证书的房屋所订立的《房屋买卖合同》是否有效？

律师观点

王美丽与黄小鸭签订的《房屋买卖合同》是双方当事人的真实意思表示，其内容没有违反国家法律法规的强制性规定，是合法有效的合同，对买卖双方均具有约束力。

合同签订时王美丽虽未取得房屋不动产权属证书，违反了《中华人民共和国城市房地产管理法》第三十八条第（六）项"未依法登记领取权属证书的"房地产不得转让的规定，但上述法律规定属于管理性的强制性规定，并非效力性的强制性规定，且此处的"转让"应理解为产权过户行为而并非订立买卖合同的行为。而《房屋买卖合同》在通常情况下一经签订即告生效，能否过户，属合同履行的问题，不影响合同本身的效力，故王美丽以签订合同时尚未取得不动产权属证书为由，主张合同违反法律强制性规定，属于无效合同的理由不成立。

律师建议

购买尚未取得不动产权属证书的房屋可从以下几个方面加以防范：

1. 在签订《房屋买卖合同》及支付首付款前，应先到不动产登记中心查档，了解房屋的权属及是否存在查封、抵押等权利限制情况。

2. 让出卖人出具征信报告，了解出卖人的信用情况；到司法公开平台查询出卖人是否有涉诉情况，是否被法院列入限制高消费和失信被执行人名单。

3. 要求出卖人及早交付房屋，交付后，买受人应立即将房屋实际占有。以下证据可以证明已经实际占有房屋：①物业费、水电费等相应的生活缴费证明；②物业服务公司、居民委员会等出具的入住证明；③快递送达地址证明等。

4. 尽量采取一次性付款的方式；如果双方同意，可将资金交由值得信赖的第三方托管，待过户完毕时再由托管方将资金拨付给出卖人。

5. 付款应采取银行转账的方式，而不要现金支付，转账时注明用途是支付购房款；付款后要求出卖人出具收款收据，收据上注明是购房款。

6. 如果房屋总价款包含由买受人支付的物业服务、水电等费用，在《房屋买卖合同》中予以注明。

7. 要求出卖人让有经济能力的亲属或朋友作为保证人提供担保，约定保证人为出卖人履行《房屋买卖合同》提供连带责任保证担保。

相关法条

《中华人民共和国合同法》

第四十四条第一款　依法成立的合同，自成立时生效。

第五十二条　合同无效的法定情形

有下列情形之一的，合同无效：

（一）一方以欺诈、胁迫的手段订立合同，损害国家利益；

（二）恶意串通，损害国家、集体或者第三人利益；

（三）以合法形式掩盖非法目的；

（四）损害社会公共利益；

（五）违反法律、行政法规的强制性规定。

《最高人民法院关于适用〈中华人民共和国合同法〉若干问题的解释（二）》

第十四条　合同法第五十二条第（五）项规定的"强制性规定"，是指效力性强制性规定。

《中华人民共和国民法典》（于 2021 年 1 月 1 日起施行）

第一百四十三条　具备下列条件的民事法律行为有效：

（一）行为人具有相应的民事行为能力；

（二）意思表示真实；

（三）不违反法律、行政法规的强制性规定，不违背公序良俗。

第一百五十三条　违反法律、行政法规的强制性规定的民事法律行为无效。但是，该强制性规定不导致该民事法律行为无效的除外。

违背公序良俗的民事法律行为无效。

第五百零二条　依法成立的合同，自成立时生效，但是法律另有规定或者当事人另有约定的除外。

依照法律、行政法规的规定，合同应当办理批准等手续的，依照其规定。未办理批准等手续影响合同生效的，不影响合同中履行报批等义务条款以及相关条款的效力。应当办理申请批准等手续的当事人未履行义务的，对方可以请求其承担违反该义务的责任。

依照法律、行政法规的规定，合同的变更、转让、解除等情形应当办理批准等手续的，适用前款规定。

相关案例

案件名称： 王×华、单×杰行纪合同纠纷案

案号： （2018）豫 17 民终 4376 号

上诉人（原审被告）：王×华

被上诉人（原审原告）：单×杰

被上诉人（原审原告）：刘×辉

被上诉人（原审被告）：郑×青

原审被告：文华房地产中介有限公司

一审法院审理查明：

原告单×杰与原告刘×辉系夫妻关系，2015 年 5 月 25 日办理了结婚登记

手续。2018年3月18日，原告单×杰签订《房屋买卖合同》一份，该份买卖合同显示：

1. 合同抬头处卖方、甲方一栏中显示的署名为郑×青（王×华代）；买方、乙方一栏中显示的署名为原告单×杰；丙方一栏中显示加盖有文华房地产中介有限公司（以下简称"文华公司"）印章。

2. 甲方拥有位于××市××城区××地××中××城××小区××单元××房屋××套，房屋所有权证号为驻2016××××××，房屋所有权人为郑×青，房屋建筑面积为137.55平方米。乙方自愿购买上述房屋。

3. 甲乙双方协商一致同意本合同所述房产总价为人民币895000元。

4. 本合同签订时乙方支付甲方购房定金20000元，该定金在办理房产产权或过户前由丙方保管。

5. 付款方式：甲、乙双方签订本合同后，甲乙双方均在2018年5月18日以前交齐按揭所需真实有效材料及首付款并到丙方指定银行办理相关贷款手续。乙方应在2018年5月18日以前将首付款270000元整汇至银行指定账户。

6. 甲乙双方约定于2018年5月18日前办理该房产产权变更或过户相关手续。由丙方协助乙方办理房地产产权变更或过户手续，其所有费用均由甲方承担。

7. 违约责任：如甲乙任何一方拒绝履行合同或解除合同，或发生本条1、2、3违约责任，均由违约方向守约方在当天支付合同所确定的房屋实际成交价的30%作为违约金。实际损失超过违约金总额的，违约方应据实赔偿。

8. 未定其他事项：总房款895000元，包含过户费。以上时间为参考时间，实以买方为首套房，卖方办理房屋所有权证后合同正常交易。买方中介服务费5000元等条款。

该合同的落款处甲方一栏中显示为郑×青（王×华代）；乙方一栏中显示有单×杰署名；丙方一栏中显示加盖有文华公司印章，经办人处显示有郭×义（文华公司店长）署名。

合同签订当日，原告单×杰向被告文华公司交纳购房定金20000元，收条载明"今收到单×杰购房定金购房款贰万元整。郑×青（王×华代）。文华房产胡×茹。2018.3.18"，该收条中还加盖有文华公司印章。

关于该合同的签署过程，庭审中二原告称"其从网上看到房产信息后，与文华公司经办人胡×茹联系后就相约去看房，胡×茹打开的房子。看过房后就决定签订合同。签订合同时郑×青不在场，王×华称其为郑×青的亲戚，代表郑×青签订合同。当时王×华以郑×青的名义向原告出具了郑×青购买诉争房屋的购房合同原件。房价是经过王×华电话联系郑×青商讨而定的。但具体是不是与郑×青通话原告并不清楚。商量过后便签订了房屋买卖合同。签订合同时原告并不知道王×华是文华公司的法定代表人，是发生纠纷后原告才得知这一情况"。被告王×华称"房屋买卖合同及收条中显示的'郑×青'均系王×华以郑×青朋友的身份所签。郑×青系口头授权王×华签字，没有出具书面的授权书。合同签订后王×华一直跟郑×青有协调。后郑×青称卖赔了不愿意卖了"。后原告以诉称理由起诉，酿成纠纷。

一审法院认为：

行为人没有代理权、超越代理权或者代理权终止后以被代理人名义订立的合同，未经被代理人追认，对被代理人不发生效力，由行为人承担责任。 本案中，2018年3月18日，被告王×华以被告郑×青的名义与原告单×杰及被告文华公司三方签订《房屋买卖合同》一份，约定原告单×杰购买被告郑×青位于××市××城区××地××中××城××小区××单元××房屋××套，由文华公司提供居间服务。因：①该份合同系由被告王×华代表郑×青所签订，庭审中被告郑×青否认其授权王×华签订该份合同，对王×华签字的行为不予追认。②被告王×华主张郑×青口头委托王×华签订该合同，无证据证明，一审法院不予采信。③二原告提供的微信聊天记录、通话录音资料及照片不能证明被告郑×青授权王×华签订该份合同，故二原告主张其与郑×青签订了该份买卖合同，证据不足，不予采纳。④被告郑×青曾经委托惠安公司出售房屋的行为并不能推定郑×青也委托王×华将诉争房屋出售给二原告。综上，被告王×华未经被告郑×青授权以郑×青的名义与原告单×杰签订该份买卖合同，事后也未经郑×青追认，故该份买卖合同对被告郑×青不发生效力，应由被告王×华承担责任。因原告刘×辉与原告单×杰系夫妻关系，诉争房屋系在其二人婚姻关系存续期间所购买，该份房屋买卖合同的效力也应及于原告刘×辉。故原告单×杰、刘×辉与被告王×华之间形成房屋买卖合同关系；除此之外该份合同还包含另一种法律关系，即原告单×杰和刘×辉、被告王×华双方与被告文华公司之间的居间合同关系。

关于合同的解除。 根据《中华人民共和国合同法》第九十四条规定，有下列情形之一的，当事人可以解除合同：……（四）当事人一方迟延履行债务或者有他违约行为致使不能实现合同目的……本案中,因被告王×华在未取得被告郑×青授权的情况下将属于郑×青的房屋出售给二原告,造成该份买卖合同已无法继续履行,二原告购买诉争房屋的合同目的无法实现,被告王×华的行为已构成根本违约;同时原、被告双方均同意解除该份房屋买卖合同,故二原告请求解除该份房屋买卖合同,有事实和法律依据,予以支持。

合同解除后,尚未履行的,终止履行;已经履行的,根据履行情况和合同性质,当事人可以要求恢复原状、采取其他补救措施,并有权要求赔偿损失。①关于定金20000元。该定金系由被告文华公司根据合同约定的保管义务收取该20000元定金并存于文华公司处;在二原告与被告王×华的房屋买卖合同解除后,被告文华公司已无保管该定金的义务,故被告文华公司应当将其收取的20000元定金返还给二原告,现二原告请求被告文华公司返还定金20000元,予以支持。二原告请求被告郑×青返还定金,不予支持。②关于违约金。合同约定"如甲乙任何一方拒绝履行合同或解除合同,均由违约方向守约方在当天支付合同所确定的房屋实际成交价的30%作为违约金。实际损失超过违约金总额的,违约方应据实赔偿"。因被告王×华存在根本违约,致使二原告通过签订买卖合同取得诉争房屋的目的无法实现;且二原告为了履行该份合同已将其原有房屋卖掉,导致二原告现在无房可居住,给二原告造成一定的经济损失。经综合考量,酌定被告王×华向二原告支付违约金30000元。二原告请求数额中超出部分,不予支持。因被告郑×青、文华公司与二原告之间不构成房屋买卖合同关系,故二原告请求被告郑×青、文华公司对违约金承担连带赔偿责任,于法无据,不予支持。

一审法院判决:

一、解除原告单×杰与被告王×华于2018年3月18日签订的房屋买卖合同;

二、限被告王×华于本判决生效后十日内向原告单×杰、刘×辉支付违约金30000元;

三、限被告文华房地产中介有限公司于本判决生效后十日内向原告单×杰、刘×辉返还购房定金20000元;

四、驳回原告单×杰、刘×辉的其他诉讼请求。

二审法院审理查明:

案涉郑×青所有的位于××市××城区××地××中××城××小区×

×单元××房屋，郏×青未办理该房屋所有权证，一审法院认定的该房屋所有权证"驻2016××××××"，实为2016年6月23日郏×青与××省置地房地产集团有限公司签订的案涉房屋《商品房买卖合同》上的合同编号，并非该房屋所有权证号。本院对一审法院查明的其他事实予以确认。

二审法院认为：

关于案涉房屋产权证的问题。因郏×青并未办理案涉房屋所有权证，故一审法院将郏×青与××省置地房地产集团有限公司签订的《商品房买卖合同》上的合同编号"驻20160015405"认定为该房屋所有权证号错误，予以纠正。

关于王×华代郏×青与单×杰签订的《房屋买卖合同》的效力问题。王×华上诉称，依照法律规定，未依法登记领取权属证书的房产不得转让，案涉房屋未取得房屋所有权证，该房屋买卖合同违反法律的强制性规定，应为无效。本院认为，根据《中华人民共和国合同法》第五十二条规定：有下列情形之一的，合同无效：……（五）违反法律、行政法规的强制性规定。《中华人民共和国城市房地产管理法》第三十八条的规定，属于管理性规范，而非效力性规范，不属于法律、行政法规的强制性规定。《中华人民共和国物权法》第十五条规定：当事人之间订立有关设立、变更、转让和消灭不动产物权的合同，除法律另有规定或者合同另有约定外，自合同成立时生效；未办理物权登记的，不影响合同效力。虽然案涉房屋未办理所有权证书，但根据上述法律规定，王×华与单×杰签订的《房屋买卖合同》应为有效合同。

关于责任承担。依法成立的合同，双方均应履行。因王×华的违法行为，致使该房屋买卖合同无法继续履行，由此给单×杰造成了相应的损失。根据该合同约定，并结合本案实际，一审法院判令王×华赔偿单×杰、刘×辉30000元，并无不当。

二审法院判决：
驳回上诉，维持原判。

2

购房意向书能否被认定为房屋买卖合同？

案情简介

2017年11月7日，黄小鸭与王美丽签订了一份《房屋买卖意向书》，约定黄小鸭向王美丽购买一套房屋，价格为350万元。意向书中还约定，黄小鸭应于意向书签订当日支付定金10万元，剩余购房款的支付方式为分期付款，并由王美丽协助黄小鸭办理房屋过户手续。

意向书签订后，黄小鸭依约向王美丽支付了总共350万元的购房款，但王美丽却因房价上涨表示拒绝为黄小鸭办理房屋过户手续，导致双方交易未能继续进行。2018年1月，黄小鸭诉至法院，认为《房屋买卖意向书》已经具备了房屋买卖合同的主要条款且其已经履行了付款义务，双方房屋买卖合同已经成立，王美丽有义务协助其办理过户手续。王美丽则主张《房屋买卖意向书》只是双方约定的购买房屋意向，非正式的房屋购买合同，无法律约束力。

争议焦点

买方和卖方之间是否成立了房屋买卖合同关系？

律师观点

一般来说，当事人之间订立的《意向书》或《认购书》的性质一般为预约合同。预约合同是指当事人约定在将来一定期限内订立合同而达成的允诺或协议；本约合同是指当事人依据预约合同所最终订立的合同。预约合同与本约合同不同，具体到房屋买卖领域来说，当事人只能依据购房意向书、房屋认购书等预约合同请求与对方签订本约合同（即房屋买卖合同），而不能直接依据预约合同来请求对方履行买卖房屋的义务。但预约和本约不能仅从名称上来判断，如果当事人在购房意向书中已经就标的、价款、数量、支付方式等合同主要内容达成一致的，就可认定为房屋买卖合同。

在上述案例中，黄小鸭与王美丽签订的《房屋买卖意向书》里，已经具备了拟购房屋的基本状况、价款数额、价款支付方式等合同主要内容，可以认定为房屋买卖合同；且黄小鸭已向王美丽支付了全部购房款，履行了主要义务。因此双方的房屋买卖关系已经成立，均需按合同约定履行各自的义务。

律师建议

对买卖双方来说，签订《购房意向书》《认购书》等协议时应当谨慎，不能理所当然地认为上述意向书就不具有买卖合同的效力。如果《购房意向书》《认购书》等协议内容中明确了房屋买卖的主要条款，即交易价格、房屋位置、付款时间、过户时间、交房时间等，则可视为签订了《房屋买卖合同》，买受人有权选择要求出卖人继续履行该合同，或者解除合同，要求出卖人承担违约责任。因此，《意向书》《认购书》中约定的内容应尽量明确具体，针对房屋交易买卖达成的条件应在各自签订的协议中完全一致，才更有利于保护自身权益，避免"房财两空"的情况发生。

相关法条

《最高人民法院关于适用〈中华人民共和国合同法〉若干问题的解释（二）》

第一条第一款 当事人对合同是否成立存在争议，人民法院能够确定当事人名称或者姓名、标的和数量的，一般应当认定合同成立。但法律另有规定或者当事人另有约定的除外。

《最高人民法院关于审理买卖合同纠纷案件适用法律问题的解释》

第二条 当事人签订认购书、订购书、预订书、意向书、备忘录等预约合同，约定在将来一定期限内订立买卖合同，一方不履行订立买卖合同的义务，对方请求其承担预约合同违约责任或者要求解除预约合同并主张损害赔偿的，人民法院应予支持。

《最高人民法院关于审理商品房买卖合同纠纷案件适用法律若干问题的解释》

第五条 商品房的认购、订购、预订等协议具备《商品房销售管理办法》第十六条规定的商品房买卖合同的主要内容，并且出卖人已经按照约定收受购房款的，该协议应当认定为商品房买卖合同。

《中华人民共和国民法典》（于 2021 年 1 月 1 日起施行）

第二百一十五条　当事人之间订立有关设立、变更、转让和消灭不动产物权的合同，除法律另有规定或者当事人另有约定外，自合同成立时生效；未办理物权登记的，不影响合同效力。

第四百九十五条　当事人约定在将来一定期限内订立合同的认购书、订购书、预订书等，构成预约合同。

当事人一方不履行预约合同约定的订立合同义务的，对方可以请求其承担预约合同的违约责任。

相关案例

案件名称： 程×晖与北京××房地产经纪有限公司房屋买卖合同纠纷
案号： （2014）朝民初字第 27004 号

原告：程×晖
被告：北京××房地产经纪有限公司
法定代表人：吕×革

法院审理查明：

涉案房屋系被告所有，于 2008 年起租与被告所在的公司，并由被告占有使用至今。2014 年 1 月 4 日，原告与被告签订《房屋买卖意向书》，向被告购买涉案房屋，总价款为 300 万元，分别于 2014 年 1 月 4 日支付定金 10 万元，于 2014 年 2 月 20 日前支付购房款 100 万元，于 2014 年 7 月 3 日前支付剩余购房款 190 万元；原告于交付全部购房款后三日内，办理涉案房屋的过户手续，同时缴纳由此产生的各种税费；如原告未能按约定支付被告购房款，则被告认为原告放弃优先购买权，有权将此房屋出售给第三方且定金不退，此意向书终止。意向书签订当日，原告即向被告支付定金 10 万元，并于 2014 年 2 月 19 日以银行汇款的方式向被告支付购房款 100 万元。其余款项未付。

庭审中，原告称其在支付完毕第二笔购房款后，被告一直拒绝为其开具收款凭证；在约定的剩余购房款支付期限前，其与被告沟通联系合同履行的问题，但无法联系到被告，因此担心被告无法履行合同约定的过户义务，故未将剩余购房款 190 万元支付被告。在此期间，原告向被告住所地邮寄了《继续履行协议通知书》，但邮件被退回。现原告起诉要求被告继续履行合同，收取剩余款项 190 万元，并将涉案房屋过户至原告名下。

法院认为：

依法成立的合同，对当事人具有法律约束力。当事人应当按照约定履行自己的义务，不得擅自变更或者解除合同。本案中，原告与被告就涉案房屋的交易所订立之《房屋买卖意向书》，已经具备了拟购房屋的基本状况、价款数额、价款支付方式等合同主要内容，可以认定为房屋买卖合同，双方均应当按照约定履行各自义务。该意向书签订后，原告依约支付了前两笔购房款共计 110 万元，并举证证明了其未依约支付剩余购房款的原因系行使不安抗辩权，故并非原告故意违反意向书的约定致使该意向书无法继续履行。现原告起诉主动支付剩余购房款 190 万元，并要求被告履行意向书中约定的过户义务，主张合理有据，本院应当予以支持。

被告经本院合法传唤未到庭应诉，视为其放弃相应抗辩和质证权利，本院依法缺席判决。

法院判决：

一、原告程×晖于本判决生效后七日内支付被告北京××房地产经纪有限公司剩余购房款一百九十万元；

二、被告北京××房地产经纪有限公司于原告程×晖履行上述款项支付义务后三日内，协助原告程×晖将北京市朝阳区×号院×号楼×层×号房屋过户至原告程×晖名下。

3

备案合同与不备案合同有冲突的，以哪份合同为准？

案情简介

2015年5月23日，黄小鸭与王美丽签订了一份《房屋买卖合同》。王美丽将自己的一套房子出售给黄小鸭，约定价为139万元。合同约定在签订合同当天支付20万元，过户当日支付119万元。

2015年9月22日，黄小鸭与王美丽办理网签备案。为避税，在签订的《存量房买卖合同》中约定价款为120万元，于过户当天一次性付清，其余条款与《房屋买卖合同》一致。

黄小鸭在签订合同当天向王美丽支付了前期款20万元。过户完成后，王美丽要求黄小鸭支付119万元，黄小鸭以双方约定的房款是120万元为由拒绝支付。

争议焦点

备案合同《存量房买卖合同》的效力是否高于不备案合同《房屋买卖合同》的效力？双方应履行哪份合同？

律师观点

真实意思表示是民事法律行为的核心要素，如付款方式、付款数额等其他条款在"阴阳合同"中约定不一致时，除非法律另有规定，应以双方当事人的真实意思表示为准，非真实意思表示的条款对双方当事人没有法律约束力。

本案中，《房屋买卖合同》的签订是双方真实的意思表示，而《存量房买卖合同》中关于价格的约定系为达到避税目的而约定，其中关于规避税收的条款系以合法的形式掩盖违法的目的，因违反《中华人民共和国合同法》第五十二条的规定而无效，但这并不影响整个合同的效力。因此《房屋买卖合同》与《存量房买卖合同》均有效。

《房屋买卖合同》中关于价款的约定是双方真实的意思表示，黄小鸭应当按照《房屋买卖合同》的约定向王美丽支付购房款。

律师建议

为了减少税费或向银行"高评高贷"等目的而签订的"阴阳合同"，因涉及逃避税款或规避金融政策等，可能会面临罚款、行政拘留等处罚，甚至可能被追究刑事责任，因此建议买卖双方不要签订。

相关法条

《中华人民共和国合同法》

第五十二条　合同无效的法定情形

有下列情形之一的，合同无效：

（一）一方以欺诈、胁迫的手段订立合同，损害国家利益；

（二）恶意串通，损害国家、集体或者第三人利益；

（三）以合法形式掩盖非法目的；

（四）损害社会公共利益；

（五）违反法律、行政法规的强制性规定。

第五十六条　合同自始无效与部分有效

无效的合同或者被撤销的合同自始没有法律约束力。合同部分无效，不影响其他部分效力的，其他部分仍然有效。

《中华人民共和国刑法》

第二百零一条　逃税罪

纳税人采取欺骗、隐瞒手段进行虚假纳税申报或者不申报，逃避缴纳税款数额较大并且占应纳税额百分之十以上的，处三年以下有期徒刑或者拘役，并处罚金；数额巨大并且占应纳税额百分之三十以上的，处三年以上七年以下有期徒刑，并处罚金。扣缴义务人采取前款所列手段，不缴或者少缴已扣、已收税款，数额较大的，依照前款的规定处罚。对多次实施前两款行为，未经处理的，按照累计数额计算。有第一款行为，经税务机关依法下达追缴通知后，补缴应纳税款，缴纳滞纳金，已受行政处罚的，不予追究刑事责任；但是，五年内因逃避缴纳税款受过刑事处罚或者被税务机关给予二次以上行政处罚的除外。

《中华人民共和国民法典》（于 2021 年 1 月 1 日起施行）

第一百四十三条　具备下列条件的民事法律行为有效：

（一）行为人具有相应的民事行为能力；

（二）意思表示真实；

（三）不违反法律、行政法规的强制性规定，不违背公序良俗。

第一百四十六条　行为人与相对人以虚假的意思表示实施的民事法律行为无效。

以虚假的意思表示隐藏的民事法律行为的效力，依照有关法律规定处理。

第一百五十五条　无效的或者被撤销的民事法律行为自始没有法律约束力。

第一百五十六条　民事法律行为部分无效，不影响其他部分效力的，其他部分仍然有效。

其他参考

《北京市高级人民法院关于审理房屋买卖合同纠纷案件若干疑难问题的会议纪要》

四、房屋买卖中阴阳合同的效力　当事人在房屋买卖合同（包括双方已经签字的网签合同）中为规避国家税收监管故意隐瞒真实的交易价格，该价格条款无效，但该条款无效不影响合同其他部分的效力。当事人以逃避国家税收为由，要求确认买卖合同全部无效的，不予支持。

相关案例

案件名称：唐×旻与闫×红房屋买卖合同纠纷

案号：（2017）京 0115 民初 5873 号

原告（反诉被告）：唐×旻

被告（反诉原告）：闫×红

第三人：北京麦×房产经纪有限公司

法院审理查明：

2016 年 7 月 22 日，闫×红（出卖人）与唐×旻（买受人）签订《北京市存量房屋买卖合同》，约定：出卖人出售位于北京市北京经济技术开发区天宝园五里一区31幢3单元×号房屋，建筑面积206.12平方米；经买卖双方协商一致，该房屋成交总价为680万元，其中净房屋价格为385.264万元，家具、家电、装饰装修等价格为294.736万元；以自行交接的方式支付定金100万元，该笔定金作为购房款的一部分，签订本合同当日支付20万元，其余80万元于2016年8月1日前支付，若买受人以资金监管方式支付定金，则支付的首笔监管资金中即包含定金；买卖双方应于2016年10月31日前办理申请贷款手续，买受人拟贷款金额为269万元；买受人于2016年9月30日做网签时支付出卖人购房款80万元，支付方式为银行资金监管；买受人于该房屋交税过户前一个工作日前支付出卖人购房款231万元，支付方式为银行资金监管、存量房自有交易资金监管账户资金监管；买卖双方应按约定履行义务，若逾期履约，自逾期之日起违约方按成交价格的每日万分之五向守约方支付逾期违约金。自逾期之日起超过15个工作日仍未履行，守约方有权单方解除买卖合同，任一方违约造成买卖合同无法继续履行或解除，守约方可依据定金罚则或成交价格的20%向违约方索赔，违约方还应承担守约方因本次交易所支付的居间等各项费用。

2016年10月10日，双方签订补充协议，约定涉案房屋成交价格付款流程以及贷款流程以在北京麦×房产经纪有限公司签署的居间服务合同为准，所签署的草拟网签合同以及正式网签合同仅供办理房屋资金监管、房屋面签、房屋交税过户以及后期物业交接使用。

2016年7月22日，唐×旻向闫×红支付定金20万元，2016年7月29日，唐×旻向闫×红支付定金80万元。2016年10月10日，闫×红与唐×旻签订《存量房屋买卖合同》（草拟合同），载明经买卖双方协商一致，该房屋成交价格为385万元，其中自有交易结算资金为154万元，买受人向银行申办抵押贷款231万元。

在本案审理过程中，唐×旻称继续履行合同即按照合同的真实价款向闫×红给付购房款，闫×红协助唐×旻将涉案房屋过户至唐×旻名下，且唐×旻愿意将剩余购房款一次性给付闫×红。

法院认为：

依法成立的合同，对当事人具有法律约束力。当事人应当按照约定履行自己的义务，不得擅自变更或者解除合同。当事人一方不履行合同义务或者履行合同义务不符合约定的，应当承担继续履行、采取补救措施或者赔偿损失等违约责任。唐×旻与闫×红签订的《北京市存量房屋买卖合同》及附件，均系当事人真实意思表示，且不违反法律、法规的强制性规定，为有效合同，各方应当按照合同约定履行各自的义务。当事人在房屋买卖合同（包括双方已经签字的网签草拟合同）中为规避国家税收监管故意隐瞒真实的交易价格，该价格条款无效，但该条款无效不影响合同其他部分的效力。现唐×旻主张继续履行双方签订的房屋买卖合同及附件，并同意一次性将剩余购房款给付闫×红，双方签订的房屋买卖合同仍具备履行的条件，本院认为双方继续履行合同为宜，故唐×旻要求继续履行房屋买卖合同及附件的诉讼请求，理由正当、证据充分，本院予以支持。

闫×红辩称唐×旻未按照合同约定在 2016 年 9 月 30 日做网签时将购房款 80 万元支付给闫×红，唐×旻未支付 80 万元购房款已超过 15 个工作日，需要指出的是，按照双方合同约定，该 80 万元购房款的支付方式为银行资金监管。按照北京市房屋交易习惯，签订网签合同系办理房屋权属登记前提条件，办理资金监管需要买卖双方均到场方可办理。鉴于闫×红以网签价格与合同真实价格不一致为由未配合办理资金监管，故闫×红主张唐×旻逾期付款的答辩意见，本院不予采信。

双方的网签价格与合同真实价格不一致是房屋买卖合同不能正常办理的重要原因，由于双方均有义务促成网签合同的签署，在闫×红提出按照合同真实价格进行网签的情况下，双方当事人均应当就网签合同的签订进行积极协商，在协商不成的情况下，双方对于不能如期办理房屋权属登记手续存在同等过错。

综上，唐×旻要求闫×红承担违约金的诉讼请求及闫×红要求唐×旻承担违约金的反诉请求，本院均不予支持；闫×红要求解除合同的反诉请求，证据不足，本院不予支持。

法院判决：

一、原告（反诉被告）唐×旻与被告（反诉原告）闫×红继续履行双方于 2016 年 7 月 22 日签订的《北京市存量房屋买卖合同》及其《附件一》和《附件二》；

二、原告（反诉被告）唐×旻于本判决生效之日起十日内给付被告（反诉原告）闫×红剩余购房款 5800000 元；

三、被告（反诉原告）闫×红于原告（反诉被告）唐×旻履行完毕本判决第二项义务之日起十日内协助原告（反诉被告）唐×旻办理北京市北京经济技术开发区天宝园五里一区 31 号楼 3 单元×号房屋的产权转移登记手续，将上述房屋转移登记至原告（反诉被告）唐×旻名下；

四、驳回原告（反诉被告）唐×旻的其他诉讼请求；

五、驳回被告（反诉原告）闫×红的全部反诉请求。

4

承租人的优先购买权被侵害，能主张房屋买卖合同无效吗？

案情简介

2016年8月2日，王美丽将房屋出租给黄小鸭，租赁期限自2016年9月1日至2018年8月31日。

2018年6月24日，王美丽在未通知黄小鸭的情况下与黄大山签订《房屋买卖合同》，将房屋出售给黄大山。

黄小鸭认为王美丽的行为侵犯了其作为承租人享有的优先购买权，因而诉至法院，请求确认王美丽与黄大山签订的《房屋买卖合同》无效。

争议焦点

房屋买卖合同侵犯了承租人的优先购买权是否会导致合同无效？

律师观点

承租人优先购买权是指承租人在出租人出售租赁房屋时，在同等条件下有优先于第三人购买租赁房屋的权利。根据合同的相对性原则，就出租人与第三人订立的买卖合同而言，只要双方买卖的意思表示真实，且无虚高定价排除承租人行使优先购买权的恶意，就应认定为有效。

本案依据《最高人民法院关于审理城镇房屋租赁合同纠纷案件具体应用法律若干问题的解释》第二十一条的规定，黄小鸭基于优先购买权受到侵犯而诉请王美丽与第三人之间房屋买卖合同无效，不能获得支持。

同时根据《中华人民共和国合同法》的相关规定，黄小鸭作为房屋承租人，确实享有优先购买房屋的权利，王美丽理应在出售涉案房屋的合理期限内通知承租人黄小鸭，询问其是否行使优先购买权。但王美丽在出售租赁房屋时并未通知黄小鸭，导致黄小鸭的优先购买权受到侵害，黄小鸭可就其权利受损部分要求王美丽进行赔偿。

律师建议

在许多二手房交易中，交易房屋存在租赁关系是十分常见的。尽管法律上有许多相关规定予以保障买方的权益，但为了避免在交付房屋时产生纠纷，造成不必要的损失，买方在购买二手房时应仔细审查房屋权属情况、房屋是否涉及租赁关系等相关信息。如果房屋已出租，应要求承租人出具放弃优先购买权声明书，以免产生法律纠纷。

相关法条

《中华人民共和国合同法》

第二百三十条　优先购买权

出租人出售租赁房屋的，应当在出售之前的合理期限内通知承租人，承租人享有以同等条件优先购买的权利。

《中华人民共和国民法典》（于2021年1月1日起施行）

第七百二十五条　租赁物在承租人按照租赁合同占有期限内发生所有权变动的，不影响租赁合同的效力。

第七百二十六条　出租人出卖租赁房屋的，应当在出卖之前的合理期限内通知承租人，承租人享有以同等条件优先购买的权利；但是，房屋按份共有人行使优先购买权或者出租人将房屋出卖给近亲属的除外。

出租人履行通知义务后，承租人在十五日内未明确表示购买的，视为承租人放弃优先购买权。

第七百二十七条　出租人委托拍卖人拍卖租赁房屋的，应当在拍卖五日前通知承租人。承租人未参加拍卖的，视为放弃优先购买权。

第七百二十八条　出租人未通知承租人或者有其他妨害承租人行使优先购买权情形的，承租人可以请求出租人承担赔偿责任。但是，出租人与第三人订立的房屋买卖合同的效力不受影响。

《最高人民法院关于审理城镇房屋租赁合同纠纷案件具体应用法律若干问题的解释》

第二十一条　出租人出售租赁房屋未在合理期限内通知承租人或者存在其他侵害承租人优先购买权情形，承租人请求出租人承担赔偿责任的，人民法院应予支持。但请求确认出租人与第三人签订的房屋买卖合同无效的，人民法院不予支持。

相关案例

案件名称：上诉人石×涛与被上诉人广西中×股份有限公司、被上诉人广西中×股份有限公司南宁分公司，一审第三人李×杰租赁合同纠纷

案号：（2011）南市民一终字第1680号

上诉人（一审原告）：石×涛
被上诉人（一审被告）：广西中×股份有限公司
法定代表人：陈×
被上诉人（一审被告）：广西中×股份有限公司南宁分公司
负责人：杨×立
一审第三人：李×杰

一审法院审理查明：

2007年8月2日，石×涛与广西中×股份有限公司南宁分公司（以下简称"中×公司南宁分公司"）签订《房屋租赁合同》，约定由中×公司南宁分公司将位于南宁市北湖北路东三里×号×××小区××号铺面出租给石×涛用于经营，租赁期限自2007年9月1日至2008年8月31日，租赁价格为每月180元，石×涛应于合同签订之日交付3个月租金540元及押金200元。此外，双方还在合同中对其他事项进行了相关约定。

合同签订后，石×涛于2007年8月7日交给中×公司南宁分公司租金360元及押金200元。2008年8月27日，石×涛与中×公司南宁分公司续订《房屋租赁合同》，租赁期限自2008年9月1日至2009年8月31日，其他合同内容与双方于2007年8月2日签订的房屋租赁合同内容相同。

2008年8月27日，石×涛向南宁中×物业管理有限责任公司交付物业服务费用、垃圾费共计46.20元。

2009年6月24日，中×公司南宁分公司向石×涛出具《终止租赁的通知》，告知石×涛：自2009年9月1日起，中×公司南宁分公司将收回北湖北路东三里×号×××小区××号铺面，要求石×涛于2009年9月1日前到公司办理铺面退租手续；中×公司南宁分公司已将铺面出售给李×杰，2009年9月1日后如石×涛想继续租赁该铺面，与李×杰联系。

石×涛认为中×公司南宁分公司与广西中×股份有限公司（以下简称"中×公司"）的行为侵犯了其合法权益，于2010年4月诉至法院。

另查明：中×公司南宁分公司不具备独立法人资格，是中×公司的分支机构。

一审法院认为：

石×涛主张中×公司南宁分公司已将南宁市北湖北路东三里×号×××小区××号铺面出售给李×杰，但只举证了只有第1、2、3、14页的《商品房买卖合同》复印件及中×公司南宁分公司出具的《终止租赁的通知》，而中×公司、中×公司南宁分公司对石×涛的主张又不予认可，故缺乏充分有效的证据证明中×公司南宁分公司与李×杰之间的房屋买卖合同已成立，对石×涛的主张，不予采信。因石×涛未能充分证明中×公司南宁分公司与李×杰之间确实存在买卖合同关系，故对石×涛要求确认中×公司南宁分公司与李×杰之间的铺面买卖合同无效的诉讼请求，不予支持。

石×涛主张中×公司、中×公司南宁分公司给其造成经济损失，但未能举证证明，中×公司、中×公司南宁分公司又不予认可，不予采信。故对石×涛要求中×公司、中×公司南宁分公司赔偿经济损失9300元的诉讼请求，不予支持。

石×涛与被告中×公司南宁分公司之间的《房屋租赁合同》已到期，石×涛要求退还押金200元，中×公司、中×公司南宁分公司亦无异议，予以确认。中×公司、中×公司南宁分公司应从2009年9月1日起按银行同期同类贷款利率支付押金利息。中×公司南宁分公司不具备独立法人资格，不能独立承担民事责任，故其主管部门中×公司应与中×公司南宁分公司承担连带责任。

物业服务费用并非中×公司、中×公司南宁分公司向石×涛收取，故石×涛要求中×公司、中×公司南宁分公司退还物业服务费用并支付利息，缺乏事实依据，不予支持。

一审法院判决：

一、中×公司与中×公司南宁分公司连带返还石×涛押金200元并支付押金利息（利息计算：自2009年9月1日起至本案生效判决规定的履行期限最后一日止，以200元为基数，按中国人民银行同期流动资金贷款利率分段计付）；

二、驳回石×涛的其他诉讼请求。

二审法院审理查明：

一审查明的事实确实无误，本院予以确认。

补充查明：石×涛于2009年7月中旬收到中×公司南宁分公司的《终止租赁的通知》，并在2009年9月1日前搬出。中×公司南宁分公司于2009年9月1日后将讼争房屋的使用权交付给李×杰。

二审法院认为：

承租人优先购买权是指承租人在出租人出卖所租赁房屋时，同等条件下有优先于第三人购买所承租房屋的权利。优先购买权之设，追求的主要是生存和安全价值，目的是维护和稳定既有经济秩序，充分发挥财产的使用效能，而不是对出卖人所有权的限制，因为法律对财产权的限制必须具有充分的正当性，这是鼓励投资和创造，促进交易，增加社会财富积累的基本要求。

就出卖人而言，优先购买权是设定在其标的物上的一种负担，但此种负担只是限制其自由选择买方的权利，其占有、使用、收益和处分的权能并未受限，因此并无实质上的不利益。

就优先购买权人而言，该项权利意味着购买机会上的优遇和排斥他人取得特定标的物所有权的保障，但并不意味着购买条件上的优惠。

所以，从立法创设优先购买权的旨意出发，基于稳定房屋的使用关系而赋予承租人优先购买房屋的权利所产生的承租人优先购买权，从性质上说应确定为债权，归入附强制缔约义务的请求权范畴。强制缔约，是指个人或企业负有应相对人之请求，与其订立合同的义务，即对相对人之要约，非有正当理由不得拒绝承诺。

因此，在出租人违反强制缔约义务将租赁物出卖给第三人的情形中，承租人可以诉请公权力介入，强迫出租人依照同等条件与其签订买卖合同。

但是，尽管在出租人未尽通知义务而与第三人订立买卖合同的场合，享有优先购买权的承租人一经行使权利，即可与出租人形成买卖合同关系，该优先购买权的行使仍不能影响出租人与第三人之间成立的买卖合同的效力。因为根据合同的相对性原则，合同只在合同当事人之间成立和生效，非合同当事人的行为一般不应影响合同的效力，除非出租人与第三人以承租人优先购买权的不行使作为合同的停止条件或以承租人优先购买权的行使作为合同的解除条件。

所以，就出租人与第三人订立的买卖合同而言，只要双方买卖的意思表示真实，且无虚高定价排除承租人行使优先购买权的恶意，就应认定为有效。也就是说，承租人优先购买权是一种强制缔约请求权，在承租人优先购买权受侵害场合，承租人主张行使优先购买权时，其与出租人之间即按照同等条件形成买卖合同关系，但出租人与第三人间的买卖合同并不因此而无效，只是承租人可依据优先购买权的保护，主张优先保护履行其与出租人形成的买卖合同，第三人因承租人优先购买权之行使无法取得标的物之所有权，其可依有效的买卖合同要求出租人承担违约责任或者赔偿责任。

正是基于上述理由，《最高人民法院关于审理城镇房屋租赁合同纠纷案件具体应用法律若干问题的解释》第二十一条作出了"出租人出卖租赁房屋未在合理期限内通知承租人或者存在其他侵害承租人优先购买权情形，承租人请求出租人承担赔偿责任的，人民法院应予支持。但请求确认出租人与第三人签订的房屋买卖合同无效的，人民法院不予支持。"的规定。

本案中，石×涛作为南宁市北湖北路东三里×号×××小区××号房屋的承租人，在收到出租人中×公司南宁分公司发出的包含房屋已转卖第三人内容的《终止租赁的通知》，以及初步掌握出租人与第三人签订的房屋买卖合同部分证据材料之后，无证据证明其已主张行使承租人优先购买权而请求中×公司南宁分公司履行强制缔约义务，且在本案诉讼中也未提出行使优先购买权的诉求，而仅是要求确认中×公司南宁分公司与第三人间的房屋买卖合同无效。该诉讼请求，根据前述理由不能成立，本院不予支持。

中×公司南宁分公司在其发出的《终止租赁的通知》中称"我公司已将该铺面出售给了李×杰先生"，而本案又无证据证明中×公司南宁分公司在此之前已尽其"出租人出卖租赁房屋的，应当在出卖之前的合理期限内通知承租人"的义务，故石×涛的承租人优先购买权确受侵害，其请求中×公司南宁分公司赔偿损失，合法有据。但是，石×涛未能就其损失提供证据证实，应承担举证不能的不利法律后果，本院对其该项诉讼请求不予支持。

石×涛请求中×公司及其南宁分公司连带返还押金200元及其利息的诉请，一审法院已全部支持，故石×涛的该项诉求已获满足，其对一审法院就此作出的相关判项并无上诉利益，且《房屋租赁合同》的履行期限已届满，中×公司南宁分公司亦对返还押金并支付利息无异议，一审法院对此作出的判处正确无误，故本院予以维持。

石×涛在承租期间基于对房屋的占有、使用等而依租赁合同的约定向物业公司交纳物业服务费用，系其履行合同义务之行为，该义务的履行并无不当，且中×公司南宁分公司亦非接受该义务履行的相对人，故石×涛请求中×公司及其南宁分公司返还物业服务费用，不能成立，本院不予支持。

二审法院判决：
驳回上诉，维持原判。

5

房屋代售人与买受人恶意串通，合同是否有效？

案情简介

2018年5月25日，黄小鸭办理委托公证书，全权委托王美丽代为办理房屋的注销抵押手续、签订房屋买卖合同、过户、收取售房款等与出售其名下房屋相关的一切事宜。

2018年8月3日，王美丽在黄小鸭不知情的情况下代黄小鸭与李大勇签订《房屋买卖合同》，将房屋出售给李大勇，成交价为100万元，并立即办理了房屋过户手续。当日，李大勇出具授权委托书委托王美丽代为领取新的房屋所有权证，并委托王美丽将房屋重新出售，售价为180万元。

2018年8月25日，黄小鸭经查档才得知其房屋已经登记在了李大勇名下。但黄小鸭一直未收到过售房款，且房屋一直由黄小鸭居住占有，也未收到任何腾房通知。案件发生后，经评估，所售房屋的市场价值为160万元。

争议焦点

房屋代售人与买受人是否构成恶意串通？房屋买卖合同是否有效？

律师观点

1. 本案构成恶意串通

本案中，黄小鸭向王美丽出具公证《委托书》，双方就房屋的出售事宜形成委托代理关系。代理人在行使代理权过程中，应当充分维护被代理人的利益，不得滥用代理权。王美丽在黄小鸭完全不知情的情况下与李大勇签订《房屋买卖合同》，约定的房屋成交价格为100万元，与160万元的市场价格存在显著的差异；并且，在办理完过户手续的当天，李大勇又以180万元的价格委托王美丽销售该房屋。这说明王美丽和李大勇都明知100万元的价格明显低于市场价格。在黄小鸭不知情的情况下，应认定王美丽与李大勇存在恶意串通行为。

2. 房屋买卖合同无效

《中华人民共和国合同法》第五十二条第（二）项规定，恶意串通，损害国家、集体或者第三人利益的合同无效。

本案中，王美丽与李大勇恶意串通，由王美丽低价将黄小鸭的房屋出售给李大勇，损害了黄小鸭的利益，因此房屋买卖合同无效。

律师建议

1. 出卖人确实不便自己办理售房手续需要委托他人的，尽可能委托给熟悉且可信的人去办理。

2. 委托事项要明确，建议将出售价格的区间等重要事项列入委托书中。

3. 不轻易办理"全权代理"的公证委托书，尽量一事一委托，收取购房款的事项不要委托给他人。

相关法条

《中华人民共和国民法总则》

第一百四十三条　具备下列条件的民事法律行为有效：

（一）行为人具有相应的民事行为能力；

（二）意思表示真实；

（三）不违反法律、行政法规的强制性规定，不违背公序良俗。

第一百四十六条　行为人与相对人以虚假的意思表示的民事法律行为无效。

《中华人民共和国合同法》

第五十二条　合同无效的法定情形

有下列情形之一的，合同无效：

（一）一方以欺诈、胁迫的手段订立合同，损害国家利益；

（二）恶意串通，损害国家、集体或者第三人利益；

（三）以合法形式掩盖非法目的；

（四）损害社会公共利益；

（五）违反法律、行政法规的强制性规定。

《中华人民共和国民法典》（于 2021 年 1 月 1 日起施行）

第一百三十二条　民事主体不得滥用民事权利损害国家利益、社会公共利益或者他人合法权益。

第一百四十三条　具备下列条件的民事法律行为有效：

（一）行为人具有相应的民事行为能力；

（二）意思表示真实；

（三）不违反法律、行政法规的强制性规定，不违背公序良俗。

第一百四十六条　行为人与相对人以虚假的意思表示的民事法律行为无效。

第一百五十四条　行为人与相对人恶意串通，损害他人合法权益的民事法律行为无效。

相关案例

案件名称： 陈×龙等与杨×强房屋买卖合同纠纷

案号：（2018）京01民终1569号

上诉人（原审被告）：陈×龙

被上诉人（原审原告）：杨×强

原审被告：丁×磊

第三人：焦×颖

一审法院审理查明：

602号房屋原登记于杨×强名下，该房屋建筑面积为130.28平方米。

2016年12月12日，杨×强与焦×颖在北京市方正公证处的公证下签订《借款合同》，并申请赋予该合同强制执行效力。该合同约定，杨×强因资金周转需要向焦×颖借款173万元，月息为2%，借款期限为1个月。当日，焦×颖向杨×强提供借款173万元。2016年12月15日，北京市方正公证处作出（2016）京方正内民证字第××××××号《具有强制执行效力的债权文书公证书》，载明自前面的《借款合同》生效即借款支付之日起，本公证书具有强制执行效力。

2016年12月12日，杨×强在北京市方正公证处的公证下签署《委托书》，主要内容为：杨×强要出售602号房屋，因不能亲自办理，特委托受托人丁×磊全权代为办理解除抵押登记、签订房屋买卖合同、过户、收取售房款、提款等与出售此房相关的一切事宜，委托期限为自签订之日起至上述委托事项办完为止。2016年12月15日，北京市方正公证处作出（2016）京方正内民证字第×××××号《公证书》，对上述委托事项予以公证。

2016年12月12日，杨×强将602号房屋所有权证交付给焦×颖。2017年3月10日，杨×强将602号房屋的原始购房合同及契税票据交付给焦×颖。

2017年4月7日，丁×磊代理杨×强与陈×龙签订《存量房屋买卖合同（自行成交版）》（合同编号：CW×××××），约定杨×强将602号房屋出售给陈×龙，成交价格为256万元。该合同对于购房款支付方式及期限、房屋交付期限、过户期限、违约责任等均未作约定。当日，丁×磊代理杨×强与陈×龙办理了602号房屋所有权转移登记手续。现该房屋登记于陈×龙名下。

一审法院认为：

根据《中华人民共和国合同法》第五十二条第（二）项规定，恶意串通，损害国家、集体或者第三人利益的，合同无效。 本案中，认定丁×磊代理杨×强与陈×龙签订的《存量房屋买卖合同（自行成交版）》的效力，应从丁×磊行使代理权是否合法、陈×龙购买房屋时是否为善意这两个方面去分析。

关于丁×磊行使代理权是否合法问题。 根据本案查明的事实，杨×强向丁×磊出具《委托书》，并办理了公证，双方就602号房屋的出售事宜形成委托代理关系。

首先，代理关系的成立一般具有浓厚的人身信赖性质，往往基于被代理人对代理人的知识、能力、信用等的高度信任。根据丁×磊的陈述，其与杨×强之前并不认识，是接受焦×颖的通知配合办理卖房事务，从而到公证处与杨×强办理了公证委托。可见，丁×磊作为代理人，并非基于杨×强的信任和选任而产生。

其次，代理人应在代理权限内，以被代理人的名义实施民事法律行为。代理人在行使代理权过程中，应当充分维护被代理人的利益，不得滥用代理权。根据本案查明的事实，丁×磊代理杨×强与陈×龙于2017年4月7日签订《存量房屋买卖合同（自行成交版）》，约定的房屋成交价格为256万元，并于当日办理了产权过户手续。但根据杨×强提供的委托出售房屋协议，602号房屋在此之前的市场价格即已远高于256万元，丁×磊与陈×龙确定的房屋成交价格明显过低。并且，对于确定的256万元的房屋成交价格，丁×磊并未提供证据证明已向杨×强如实报告并经过杨×强同意。基于焦×颖向杨×强提供借款，焦×颖与丁×磊早前就已相识并通知丁×磊前去配合办理卖房事宜，以及焦×颖收取杨×强房屋所有权证、购房合同、契税票据等事实，法院对丁×磊持《承诺书》以证明房屋成交价格256万元系在杨×强"以不低于地区指导价的价格尽快出售上述房产"的授权范围内进行代理活动的主张不予采信。

最后，代理事务完成后，丁×磊应当将取得的购房款转交给杨×强，但是丁×磊并未转交。丁×磊主张将购房款中的250余万元代为偿还了焦×颖借款，但其未参与借款利息的确定，亦未举证证明已取得杨×强的合法授权。

综合以上分析可见，丁×磊的代理行为不是为了维护杨×强获取最大利益，相反却是损害了杨×强的正当利益。因此，丁×磊主观上存在过错，构成对代理权的滥用。

关于陈×龙购买房屋时是否为善意问题。陈×龙经法院传票传唤，两次开庭均无正当理由拒不到庭，法院依法缺席审理。

首先，如上分析，丁×磊代理杨×强与陈×龙签订《存量房屋买卖合同（自行成交版）》，约定的房屋成交价格256万元明显低于市场价格。作为一般普通房屋买受人，对于房地产市场行情应有较为清醒的认知，对于明显低价的房屋交易应负有更加谨慎的注意义务。根据陈×龙的书面答辩意见，其于买房之前曾试着联系杨×强，但未打通电话，其在未接触房屋产权人杨×强的情况下，即信赖丁×磊有权以如此之低价出售602号房屋，而不作进一步审查确认，不符合常理，难言其有理由相信丁×磊有代理权。故此，对于丁×磊滥用代理权损害杨×强合法利益的行为，陈×龙明知或者应当知道，主观上构成重大过失，亦属恶意。

其次，陈×龙书面辩称已向丁×磊全额支付购房款，但未提供相应证据。本案中，丁×磊虽认可收取了陈×龙支付的全部购房款，但并不能因此而免除陈×龙的举证义务。

最后，陈×龙书面辩称为购买602号房屋，到现场了解了房屋情况，并做了多方考察，但就其实地查看房屋的事实，陈×龙并未举证证明。丁×磊主张曾陪同陈×龙实地查看房屋，亦未提供相应证据。

可见，陈×龙在明知或者应当知道丁×磊以明显低于市场价格的情况下与其签订房屋买卖合同会损害杨×强的合法利益，仍然与丁×磊进行交易，主观上构成恶意。602号房屋虽然现在已转移登记至陈×龙名下，但因转让价格不合理，陈×龙受让该房屋时并非善意，故陈×龙并不构成对602号房屋所有权的善意取得。

综合上述分析，丁×磊与陈×龙签订《存量房屋买卖合同（自行成交版）》，并据此办理602号房屋的所有权转移登记行为，构成恶意串通，损害了杨×强的合法利益，该合同依法应属无效。

《中华人民共和国合同法》第五十八条规定：合同无效或者被撤销后，因该合同取得的财产，应当予以返还；不能返还或者没有必要返还的，应当折价补偿。有过错的一方应当赔偿对方因此所受到的损失，双方都有过错的，应当各自承担相应的责任。涉案《存量房屋买卖合同（自行成交版）》无效后，陈×龙应当协助杨×强将602号房屋恢复登记至杨×强名下。杨×强要求丁×磊、焦×颖协助办理恢复登记，缺乏依据，法院不予支持。

一审法院判决：

一、确认被告丁×磊代理原告杨×强与被告陈×龙于2017年4月7日签订的《存量房屋买卖合同（自行成交版）》（合同编号：CW××××××）无效；

二、被告陈×龙于本判决生效后十日内协助原告杨×强将位于北京市昌平区602的房屋恢复登记至原告杨×强名下；

三、驳回原告杨×强的其他诉讼请求。

二审法院认为：

恶意串通，损害国家、集体或者第三人利益的，合同无效。

本案中，根据本案查明的事实，杨×强向丁×磊出具《委托书》，并办理了公证，双方就602号房屋的出售事宜形成委托代理关系。代理人在行使代理权过程中，应当充分维护被代理人的利益，不得滥用代理权。根据丁×磊的陈述，其与杨×强之前并不认识，其是接受焦×颖的通知配合办理卖房事务，从而到公证处与杨×强办理了公证委托。根据本案查明的事实，丁×磊代理杨×强与陈×龙签订《存量房屋买卖合同（自行成交版）》，约定的房屋成交价格为256万元，并于当日办理了产权过户手续。但根据杨×强提供的委托出售房屋协议，602号房屋在此之前的市场价格即已远高于256万元，丁×磊与陈×龙确定的房屋成交价格明显过低，且丁×磊并未提供证据证明其已向杨×强如实报告房屋成交价格并经过杨×强同意。基于焦×颖向杨×强提供借款，焦×颖与丁×磊早前就已相识并通知丁×磊前去配合办理卖房事宜，以及焦×颖收取杨×强房屋所有权证、购房合同、契税票据等事实，一审法院对丁×磊持《承诺书》以证明房屋成交价格256万元系在杨×强"以不低于地区指导价的价格尽快出售上述房产"的授权范围内进行代理活动的主张不予采信，并无不当。

根据丁×磊自述，其收到陈×龙给付的房款256万元后，其并未将房款转交杨×强。杨×强亦表示未收到房款。丁×磊主张将房款中的251万元代为偿还了杨×强向焦×颖的借款，但其未参与此前借款利息的确定，亦未举证证明已取得杨×强的合法授权。由此可见，丁×磊的代理行为不是为了维护被代理人杨×强获取最大利益，相反却是损害了杨×强的正当利益，丁×磊主观上存在恶意。

陈×龙作为房屋买受人对于房地产市场行情应有较为清醒的认知，对于明显低价的房屋交易应负有更加谨慎的注意义务。陈×龙在未接触房屋产权人杨×强的情况下，即信赖丁×磊有权以256万元明显过低价格出售602号房屋，而未作进一步审查确认。陈×龙明知或者应当知道丁×磊低价出售602号房屋损害杨×强合法利益，且房屋买卖合同中对于房屋交付期限、过户期限、违约责任等买房人应特别注意的事项未作约定，亦未能充分证明其实地查看房屋，其在此情况下购买602号房屋，不符合常理，其主观上构成恶意。虽然602号房屋已转移登记至陈×龙名下，但因转让价格不合理，陈×龙受让该房屋时并非善意，故陈×龙并不构成对602号房屋所有权的善意取得。

综上，丁×磊与陈×龙签订602号房屋《存量房屋买卖合同（自行成交版）》，并办理所有权转移登记的行为，构成恶意串通，损害了杨×强的合法利益，该合同依法应属无效。

合同无效或者被撤销后，因该合同取得的财产，应当予以返还；不能返还或者没有必要返还的，应当折价补偿。有过错的一方应当赔偿对方因此所受到的损失，双方都有过错的，应当各自承担相应的责任。该合同依法被确认无效后，陈×龙应当依法协助杨×强将602号房屋恢复登记至杨×强名下。

原审判决正确。陈×龙的上诉请求和理由，缺乏事实根据和法律依据，本院不予支持。

二审法院判决：
驳回上诉，维持原判。

6

夫妻只有一方签字，合同是否有效?

案情简介

黄大山与黄小鸭为夫妻关系，二人婚后共同购买了一套房屋，登记在双方名下。

2018年1月13日，黄小鸭与王美丽通过中介签订了一份《房屋买卖合同》，约定黄小鸭按照市场价格将上述房屋出售给王美丽。签约时黄大山不在场，合同上黄大山的签名由黄小鸭代签。

2018年2月11日，王美丽依约将首期房款转到了黄小鸭银行账户上，黄小鸭向王美丽出具了《房款收据》。

2018年3月20日，黄小鸭向王美丽交付了房屋，但尚未办理过户手续。

2018年4月2日，黄大山拒绝协助王美丽办理房屋过户手续并诉至法院，要求法院确认黄小鸭与王美丽就涉案房屋签订的《房屋买卖合同》无效。

争议焦点

夫妻只有一方签字，将夫妻共有房屋卖给第三人，合同是否有效？

律师观点

本案系房屋登记在夫妻双方名下，但房屋买卖合同仅有夫或妻一方签字，买受人与一方先行签订合同，而配偶事后不予追认的情形。

在上述案例中，黄小鸭与王美丽签订的房屋买卖合同，交易价格合理，且双方系经中介公司居间服务建立的买卖关系，并无其他利害关系；王美丽也依约向黄小鸭支付了交易价款。王美丽的购买行为符合一般交易习惯，交易过程合乎常理，不存在恶意串通，损害他人利益的情形。根据《最高人民法院关于审理买卖合同纠纷案件适用法律问题的解释》第三条第一款"当事人一方以出卖人在缔约时对标的物没有所有权或者处分权为由主张合同无效的，人民法院不予支持"的规定，除非有证据证明合同存在《合同法》第五十二条规定的法定无效情形，否则合同效力不会受到影响，仍为有效。本案无证据证明存在《合同法》第五十二条规定的法定无效情形，因此《房屋买卖合同》合法有效。

但由于黄大山拒绝追认，物权无法发生变动，该合同无法继续履行。王美丽只能选择解除合同，要求黄小鸭返还购房款并承担相应的违约责任。

律师建议

在二手房交易中，常有夫妻一方擅自卖房引发纠纷的诉讼产生。因此签订房屋买卖合同之前注意以下几点，有助于避免法律风险。

1. 买受人在购买房屋前，应当实地查看交易房屋，要求出卖人出示房屋产权证书，并到房管部门查询产权证的真实性，核实是否存在隐性共有人。

2. 在签订房屋买卖合同时，要查看产权人的身份证件并了解其婚姻状况，若出卖人称其未婚，应要求其出具未婚状况承诺书；若出卖人称其有配偶，则应要求其出示结婚证，并要求夫妻双方均到场签字。

3. 如果夫妻一方因特殊情况无法到场，买受人应要求到场一方出具经过公证的授权委托书、代理人的身份证件及同意出售共有房屋的书面承诺，并审查委托权限。

4. 最好能与未到场一方通过电话或视频确认配偶同意出售房屋，并录制音视频留存。

5. 选择通过具备合法资质的房产中介公司与出卖人建立买卖关系，避免被认定为恶意串通而导致合同无效。

相关法条

《中华人民共和国合同法》

第五十二条　合同无效的法定情形

有下列情形之一的，合同无效：

（一）一方以欺诈、胁迫的手段订立合同，损害国家利益；

（二）恶意串通，损害国家、集体或者第三人利益；

（三）以合法形式掩盖非法目的；

（四）损害社会公共利益；

（五）违反法律、行政法规的强制性规定。

第一百零七条　违约责任

当事人一方不履行合同义务或者履行合同义务不符合约定的，应当承担继续履行、采取补救措施或者赔偿损失等违约责任。

《中华人民共和国物权法》

第九十七条　共有物处分或者重大修缮

处分共有的不动产或者动产以及对共有的不动产或者动产作重大修缮的，应当经占份额三分之二以上的按份共有人或者全体共同共有人同意，但共有人之间另有约定的除外。

第一百零六条　善意取得

无处分权人将不动产或者动产转让给受让人的，所有权人有权追回；除法律另有规定外，符合下列情形的，受让人取得该不动产或者动产的所有权：

（一）受让人受让该不动产或者动产时是善意的；

（二）以合理的价格转让；

（三）转让的不动产或者动产依照法律规定应当登记的已经登记，不需要登记的已经交付给受让人。受让人依照前款规定取得不动产或者动产的所有权的，原所有权人有权向无处分权人请求损害赔偿。当事人善意取得其他物权的，参照前两款规定。

《中华人民共和国婚姻法》

第十七条　夫妻共有财产

夫妻在婚姻关系存续期间所得的下列财产，归夫妻共同所有：

（一）工资、奖金；

（二）生产、经营的收益；

（三）知识产权的收益；

（四）继承或赠与所得的财产，但本法第十八条第三项规定的除外；

（五）其他应当归共同所有的财产。

夫妻对共同所有的财产，有平等的处理权。

《中华人民共和国民法典》（于 2021 年 1 月 1 日起施行）

第一百四十三条　具备下列条件的民事法律行为有效：

（一）行为人具有相应的民事行为能力；

（二）意思表示真实；

（三）不违反法律、行政法规的强制性规定，不违背公序良俗。

第二百九十九条 共同共有人对共有的不动产或者动产共同享有所有权。

第三百条 共有人按照约定管理共有的不动产或者动产；没有约定或者约定不明确的，各共有人都有管理的权利和义务。

第三百零一条 处分共有的不动产或者动产以及对共有的不动产或者动产作重大修缮、变更性质或者用途的，应当经占份额三分之二以上的按份共有人或者全体共同共有人同意，但是共有人之间另有约定的除外。

第三百一十一条 无处分权人将不动产或者动产转让给受让人的，所有权人有权追回；除法律另有规定外，符合下列情形的，受让人取得该不动产或者动产的所有权：

（一）受让人受让该不动产或者动产时是善意；

（二）以合理的价格转让；

（三）转让的不动产或者动产依照法律规定应当登记的已经登记，不需要登记的已经交付给受让人。

受让人依据前款规定取得不动产或者动产的所有权的，原所有权人有权向无处分权人请求损害赔偿。

当事人善意取得其他物权的，参照适用前两款规定。

第五百六十六条 合同解除后，尚未履行的，终止履行；已经履行的，根据履行情况和合同性质，当事人可以请求恢复原状或者采取其他补救措施，并有权请求赔偿损失。

合同因违约解除的，解除权人可以请求违约方承担违约责任，但是当事人另有约定的除外。

主合同解除后，担保人对债务人应当承担的民事责任仍应当承担担保责任，但是担保合同另有约定的除外。

第五百七十七条 当事人一方不履行合同义务或者履行合同义务不符合约定的，应当承担继续履行、采取补救措施或者赔偿损失等违约责任。

第一千零六十二条 夫妻在婚姻关系存续期间所得的下列财产，为夫妻的共同财产，归夫妻共同所有：

（一）工资、奖金、劳务报酬；

（二）生产、经营、投资的收益；

（三）知识产权的收益；

（四）继承或者受赠的财产，但是本法第一千零六十三条第三项规定的除外；

（五）其他应当归共同所有的财产。

夫妻对共同财产，有平等的处理权。

《最高人民法院关于审理买卖合同纠纷案件适用法律问题的解释》

第三条　当事人一方以出卖人在缔约时对标的物没有所有权或者处分权为由主张合同无效的，人民法院不予支持。

出卖人因未取得所有权或者处分权致使标的物所有权不能转移，买受人要求出卖人承担违约责任或者要求解除合同并主张损害赔偿的，人民法院应予支持。

《最高人民法院关于适用〈中华人民共和国婚姻法〉若干问题的解释（三）》

第十一条　一方未经另一方同意出售夫妻共同共有的房屋，第三人善意购买、支付合理对价并办理产权登记手续，另一方主张追回该房屋的，人民法院不予支持。

夫妻一方擅自处分共同共有的房屋造成另一方损失，离婚时另一方请求赔偿损失的，人民法院应予支持。

《最高人民法院关于适用〈中华人民共和国婚姻法〉若干问题的解释（一）》

第十七条　婚姻法第十七条关于"夫或妻对夫妻共同所有的财产，有平等的处理权"的规定，应当理解为：

（一）夫或妻在处理夫妻共同财产上的权利是平等的。因日常生活需要而处理夫妻共同财产的，任何一方均有权决定。

（二）夫或妻非因日常生活需要对夫妻共同财产做重要处理决定，夫妻双方应当平等协商，取得一致意见。他人有理由相信其为夫妻双方共同意思表示的，另一方不得以不同意或不知道为由对抗善意第三人。

相关案例

案件名称：雷×娜、周×融房屋买卖合同纠纷

案号：（2016）桂01民终4300号

上诉人（原审被告、反诉原告）：雷×娜

上诉人（原审第三人）：周×融

被上诉人（原审原告、反诉被告）：雷×鸿

一审法院审理查明：

2008年2月4日，雷×鸿（乙方）与雷×娜（甲方）签订了一份《指标房转让协议书》，载明：甲方自愿将其参加广西军粮配送中心实行市场运作方式购买的位于长堽路×号建房指标一套转让给乙方，乙方分两次支付给甲方转让金56000元，甲方不得以任何理由再向乙方收取任何其他费用。房屋建造过程中，甲方暂以自己名字无偿为乙方办理交款、办证等一切手续，在甲方的有效票据上由乙方支付款项；所需购房首付8万元由乙方以现金方式支付，剩余房款由甲方以公积金贷款的方式进行交款，款项由乙方足额支付；甲方所拥有的建房权归乙方所有，从乙方支付购房款起，该房屋所有权为乙方所拥有，甲方不得反悔。如甲方反悔，必须向乙方支付三倍购房款的赔付；以甲方名义办得房屋所有权证后，该证交给乙方保管，乙方不得用该证进行抵押贷款，乙方可随时要求甲方将房屋所有权证原定的名字转为乙方所需的名下，所产生的费用由乙方或者买受人承担，甲方应积极配合并提供一切有关过户所需要的材料。该协议书还就其他事项进行了约定。

签订协议书当日，雷×鸿向雷×娜支付了房屋转让金6000元，雷×娜同日出具收条予以确认。后雷×鸿又分别于2009年6月5日、2009年8月8日向雷×娜支付30000元、20000元，雷×娜于2009年8月19日出具收据确认收到讼争房屋转让金共计56000元。

2009年2月26日，雷×娜（乙方）与广西军粮配送中心（甲方）签订《市场运作方式建设住房合同》，载明甲方在南宁市以市场运作方式建设职工住房，乙方购买南宁市兴宁区长堽路×号×栋住宅楼×单元×号房。

2015年5月12日，雷×鸿（乙方）与雷×娜（甲方）签订了一份《存量房买卖合同》，其中载明：一、甲方自愿将坐落于南宁市兴宁区长堽路×号×栋住宅楼×单元×号房（房屋建筑总面积137.14m²）出售给乙方。二、甲乙双方议定上述房屋买卖成交价为431364.93元。三、付款方式：现金或转账；付款期限：已付清。四、甲方应在收到乙方全部房款10日内，将房屋交付给乙方。五、乙方不能按期向甲方付清房款，或甲方不能按期向乙方交付房产，每逾期一日，由违约方按全部房款的1%向对方支付违约金……十、本合同自双方签字之日起生效……十二、双方约定的其他事项：1.自本合同签订之日起15日内，甲方负责办理完买卖房屋过户变更登记手续（指乙方获得南宁市房屋产权交易中心受理回执），逾期办理，每逾期一日，以该房屋转让总价为基数，按月利率3%，赔偿乙方。2.任何一方违约，守约方因提起诉讼而支出的律师诉讼代理服务费、诉讼费、财产保全费等费用由违约方承担。

2015年5月15日，雷×鸿缴纳了购买该房屋的契税（个人房屋买卖）23158.69元。

因雷×娜未能按约定办理房屋过户手续，雷×鸿起诉至一审法院，雷×娜则提出反诉，诉请如前。

诉讼过程中，雷×鸿表示涉案房屋转让价款包括以下价款：讼争房屋指标转让金56000元，代雷×娜交付的房款80000元、50000元、2405元、18000元，购房契税5725.07元，物业专项维修资金10559.78元以及偿还按揭款共计208675.08元。其中讼争房屋按揭款从2009年10月偿还至2015年4月2日：2009年10月至12月按每月885.17元偿还，2010年期间按每月885.2元偿还，2011年期间按每月924元偿还，2012年、2013年期间均按每月978元偿还，2014年1月至2015年3月期间均按每月943元偿还，2015年4月2日一次性偿还146692.17元，共计208675.08元。个别月份由于不清楚还款具体数额，所以实际偿还1000元或1050元，故雷×鸿实际偿还的总金额多于前述金额，但在结算时双方是按照208675.08元确认按揭款的总金额及购房款总金额。

另查明，雷×鸿以雷×娜名义分别于2007年12月22日、2009年2月27日、2010年1月7日、2010年8月6日向广西军粮配送中心交付讼争首期房款80000元、50000元（雷×鸿转账时间为2009年2月20日）、2405元（雷×鸿转账时间为2009年12月31日）、18000元（雷×鸿转账时间为2010年8月5日）；雷×鸿以雷×娜名义于2010年1月7日交纳讼争房屋契税5725.07元；雷×鸿亦以雷×娜名义于2014年8月1日交纳讼争房屋物业专项维修资金10559.78元。2008年2月4日雷×娜出具一份《收条》，载明："今收到雷×鸿购买本人参加广西军粮配送中心实行市场运作方式建设住房壹套（130平方米）的首付款捌万元整（￥80000）。特此证明。"

雷×鸿向雷×娜名下公积金还款账户转账情况如下：2010年6月1日、7月11日、8月13日、9月2日、10月2日、11月3日、12月1日以及2011年1月13日、1月31日、3月3日、4月4日、5月5日分别转账885.2元，2011年6月3日转账1000元、2011年8月2日（雷×鸣转）、9月5日（雷×鸣转）、10月2日、11月2日、12月2日（杨×勇转）分别转账924元，2012年1月4日（杨×勇转）、2月1日转账949.02元，2012年3月2

日、4月1日分别转账1000元，2012年5月2日、6月4日、7月3日、8月1日、9月5日、10月8日、10月31日、12月5日及2013年1月5日、2月2日分别转账978元，2013年3月5日、4月3日、5月2日、6月3日、7月5日、8月1日、8月31日、10月8日、11月7日、12月2日及2014年1月3日、2月8日、3月3日、4月9日、5月5日、6月2日、7月2日、8月4日、8月31日、10月6日、11月3日、12月2日以及2015年1月4日分别转账943元，2015年2月1日、3月1日分别转账938.3，2015年4月2日转账146692.17元以及现存400元。此外，2010年5月27日，雷×娜向雷×鸿出具一份《收条》，载明收到雷×鸿交来讼争房屋2009年10月至2010年5月期间的公积金贷款的还款共计7081.6元。双方均确认按揭款以雷×娜名义办理由雷×鸿负责偿还。

另外，雷×鸿于2010年9月2日向雷×娜转入885.2元，于2011年7月3日向雷×娜转账1050元（汇款人处注明"雷×鸣"，客户签名为"雷×鸿"）。案外人雷某分别于2011年8月2日、2011年9月5日向雷×娜转账924元，案外人杨×勇分别于2011年12月2日、2012年1月4日向雷×娜转账924元。经一审法院向案外人雷某、杨×勇调查，其二人均表示向雷×娜所转款项均是代雷×鸿向雷×娜支付的按揭款。雷×鸿还表示2011年7月3日所转账1050元，系其本人所转，"雷×鸣"是银行工作人员的笔误。雷×娜对此前述内容均不予认可，并认为前述案外人所转款项非雷×鸿所转，与本案无关。

雷×娜名下公积金还款账户逾期还款情况：2011年4月8日逾期16.15元本金未还，2011年5月5日偿还该本金以及支付罚息0.08元；2011年5月8日逾期54.98元本金未还，次日偿还该本金及支付罚息0.01元；2012年2月8日逾期26.58元本金未还，2012年3月2日偿还该本金及支付罚息0.12元；2012年3月8日逾期4.34元本金未还，2012年3月21日偿还逾期本金0.24元，于2012年4月1日偿还逾期本金4.1元及支付罚息0.02元；2012年9月8日逾期18.74元本金未还，次日偿还该逾期本金；2014年4月8日逾期本金375.48元、利息539.17元未还，次日偿还该本金及支付利息539.34元；2015年2月8日逾期400.8元本金、利息236.4元未还，次日偿还该逾期本金及支付利息236.51元。2015年4月2日提前清偿该按揭贷款。

还查明，雷×娜与周×融于2009年9月28日登记结婚。讼争房屋于2014年10月14日办理产权登记（房屋所有权证号：邕房权证字第××号，建筑面积137.14m²），登记所有权人为雷×娜，单独所有。该房系2009年2月参加广西军粮配送中心市场运作方式建房，该房屋曾于2009年8月19日办理银行按揭贷款抵押登记，但已于2015年4月24日注销该抵押登记。雷×鸿、雷×娜确认现由雷×鸿管理、掌控。雷×娜与周×融于2009年9月28日登记结婚，据此周×融认为讼争房屋为雷×娜与其的夫妻共同财产，本案诉讼遗漏必要诉讼参与人，雷×娜单方与雷×鸿签订的《存量房买卖合同》无效。雷×娜还明确表示在签订《存量房买卖合同》后，其在发现因雷×鸿逾期偿还按揭贷款导致失信问题时即不同意办理讼争房屋过户登记手续。雷×娜还认为双方约定逾期办理过户登记手续违约金过高，如法院认定雷×娜存在违约的情况下，违约金应予以调低。

2015年8月30日，雷×鸿与广西广合律师事务所签订《委托代理合同》，委托广西广合律师事务所代理本案诉讼，为此雷×鸿支付律师诉讼代理服务费20000元。周×融因本案支付了律师诉讼代理服务费9500元。

因周×融诉请主张《指标房转让协议书》《存量房买卖合同》的效力有可能与一审法院认定不一致，遂向其释明可变更诉讼请求，周×融明确表示坚持原诉请，不作变更。

再查明，2015年5月15日，雷×娜、周×融在南宁市青秀山风景区地方税务局就本案讼争所涉南宁市兴宁区长堽路×号×栋×单元×号房的二手房买卖交易办理了契税交纳手续，并共同在《家庭唯一住房诚信保证书》上签字。周×融认可前述办税事宜系雷×鸿通知其与雷×娜一同前去办理的，但去之前并不知道是将该房屋卖与雷×鸿。

一审法院认为：

关于双方签订的《指标房转让协议书》《存量房买卖合同》的效力问题。 雷×鸿、雷×娜于2008年2月4日签订的《指标房转让协议书》，意思表示真实，且亦未违反法律的禁止性规定。双方就雷×娜参加案外人广西军粮配送中心以市场运作方式建设住房分配指标的转让协议达成合意，并约定房屋建造过程中，暂以雷×娜名义办理交款、办证等手续。签订协议书当日，雷×鸿分别向雷×娜支付6000元指标转让金及80000元购房款。雷×娜于2009年2月26日与案外人广西军粮配送中心签订《市场运作方式建设住房合同》时确定其选购房屋即本案诉讼房屋，此时前述指标转让协议所涉及房屋已确定，雷×鸿、雷×娜双方即已就诉讼房屋买卖达成一致合意。雷×鸿后亦向雷×娜支付完剩余50000元的指标转让金。从本案查明情况看，除了首期房款80000元系由雷×娜本人于2007年12月20日向案外人广西军粮配送中心支付外，其余的房款（包含以被告名义办理的银行按揭贷款）均在双方签订《指标房转让协议书》后，由雷×鸿以雷×娜名义支付。2015年5月12日，雷×鸿、雷×娜所签订的《存量房买卖合同》，实为双方前述指标房转让协议书所涉的房屋买卖的追认与补充，其合同意思表示真实，内容亦未违反法律的禁止性规定。

周×融提出讼争房屋属于两人的夫妻共同财产，而雷×娜单方处分，故雷×鸿、雷×娜所签订的《指标房转让协议书》《存量房买卖合同》无效。一审法院认为，由于雷×鸿、雷×娜双方签订《指标房转让协议书》、雷×娜与案外人广西军粮配送中心签订《市场运作方式建设住房合同》均在雷×娜与周×融结婚之前，双方就房屋买卖形成合意即成立房屋买卖合同关系是在雷×娜与周×融结婚之前，雷×鸿、雷×娜所签订的《存量房买卖合同》仅仅是对前述《指标房转让协议书》的追认及补充，虽然取得房屋所有权证是在雷×娜、周×融结婚之后，但购买该房屋的首期款、按揭贷款等款项均系雷×鸿实际支付，该房的银行按揭贷款亦是在雷×娜、周×融结婚前已办理，本案中无证据证实在雷×娜、周×融结婚后讼争标的房屋相关主要款项的实际支付或负担系由两人夫妻共同财产开支，房屋所有权证亦记载由所有权人雷×娜"单独所有"，故对外雷×娜就讼争房产享有完全的处分权。

雷×娜与周×融之间就该房产的权属分配或约定是否另有约定，不影响雷×鸿与雷×娜之间的房屋买卖合同效力。即使讼争标的房屋属于雷×娜与周×融的夫妻共同财产，依据《最高人民法院关于审理买卖合同纠纷案件适用法律问题的解释》第三条第一款"当事人一方以出卖人在缔约时对标的物没有所有权或者处分权为由主张合同无效的，人民法院不予支持。"的规定，前述《指标房转让协议书》《存量房买卖合同》亦应为有效。

而且，根据本案查明的事实，雷×娜与周×融是夫妻关系，从日常生活经验来说，对于本案标的房屋的买卖，夫妻双方均知情是一般常情，且2015年5月15日，雷×娜、周×融在南宁市青秀山风景区地方税务局就本案讼争标的房屋交易办理了二手房买卖交易的契税交纳手续，周×融亦认可前述办税事宜系雷×鸿通知其与雷×娜一同前去办理的，由此可见，周×融对于雷×娜将标的房屋出售给雷×鸿一事是明知或应当明知的；周×融抗辩不知道该二手房买卖交易税费手续的办理是针对出卖给雷×鸿的，却未能提供相应的证据予以佐证，故一审法院对其主张不予采信；周×融明知雷×娜将讼争标的房屋出卖与雷×鸿而未提出异议，视为其同意雷×娜该出卖行为，雷×鸿有充分理由相信雷×娜有权代表周×融处理与讼争房产买卖有关的事项。

综上，《指标房转让协议书》《存量房买卖合同》为有效合同，合同当事人应当恪守履行。周×融诉请要求确认《指标房转让协议书》《存量房买卖合同》无效，一审法院不予支持。

关于讼争房屋的权属以及雷×鸿要求雷×娜办理过户登记问题。 如前所述，作为《指标房转让协议书》的补充，《存量房买卖合同》约定讼争房屋的购房款为431364.93元。雷×鸿表示该价款包含了指标转让金56000元，以雷×娜名字交付的房款80000元、50000元、2405元、18000元，购房契税5725.07元，物业专项维修资金10559.78元以及偿还按揭款共计208675.08元。雷×鸿对于诉讼房屋价款的构成陈述符合《指标房转让协议书》的约定及交易习惯，一审法院予以采信。雷×鸿为证明其已经支付了指标转让金、房款、契税、物业专项维修资金提交了雷×娜出具的收条、相应的转账记录、契税完税证以及物业专项维修资金专用收据，故一审法院对雷×鸿该主张亦予以支持。

至于涉案房屋的按揭款问题，雷×鸿、雷×娜双方均确认按揭款以雷×娜名义办理由雷×鸿负责偿还，一审法院对此予以确认。从一审法院查明的情况来看，雷×鸿于2010年6月1日至2015年4月2日所存转入雷×娜名下公积金贷款还款账户的款项均为雷×鸿代偿讼争房屋的按揭贷款，共计201603.19元，以及现金向雷×娜支付2009年10月至2010年5月期间的按揭贷款共计7081.6元，雷×鸿实际向雷×娜支付按揭款共计208684.79元。

综上，雷×鸿于2015年4月2日即已支付讼争房屋购房款431374.64元，雷×鸿、雷×娜于2015年5月12日签订《存量房买卖合同》后，亦已于2015年5月15日缴纳诉讼房屋个人房屋买卖契税，已完全履行《存量房买卖合同》中约定的支付购房款义务，依据《中华人民共和国合同法》第六十条的规定，雷×娜应该按照约定全面履行合同义务。

本案中，《指标房转让协议书》"以甲方名义办得房屋所有权证后，该证交给乙方保管，乙方不得用该证进行抵押贷款，乙方可随时要求甲方将房屋所有权证原定的名字转为乙方所需的名下，所产生的费用由乙方或者买受人承担，甲方应积极配合并提供一切有关过户所需要的材料"，以及《存量房买卖合同》"自本合同签订之日起 15 日内，甲方负责办理完买卖房屋过户变更登记手续（指乙方获得南宁市房屋产权交易中心受理回执），逾期办理，每逾期一日，以该房屋转让总价为基数，按月利率3%，赔偿乙方"的约定，雷×娜应按照合同规定的时间内配合、协助办理过户手续，但雷×娜至今未履行前述义务，现雷×鸿要求雷×娜协助办理诉讼房屋过户变更登记至雷×鸿名下，符合双方的约定，予以支持。

至于雷×娜主张雷×鸿存在逾期支付银行按揭贷款的行为，违约在先，故其有权行使先履行抗辩权拒绝履行合同约定义务。在雷×鸿、雷×娜于2015年5月12日签订《存量房买卖合同》时即已经注明房款已付清，且雷×鸿实际上亦已经足额支付合同约定的房款，在此情况下可以推断雷×鸿、雷×娜在签订合同时即已经对支付房款事宜进行了结算并达成一致合意，现雷×娜又以雷×鸿存在逾期还款为由行使先履行抗辩权，违反了合同法诚实信用原则，故一审法院对雷×娜该抗辩主张不予支持。

至于雷×娜主张雷×鸿未偿还 2010 年 9 月，2011 年 7 月、8 月、9 月、12 月，2012 年 1 月、9 月、10 月、11 月、12 月的按揭款问题，雷×鸿提交转账时间分别为 2010 年 9 月 2 日、2011 年 7 月 3 日，汇款人为雷×鸿的工商银行个人业务凭证（复印件），转账时间为 2011 年 8 月 2 日、9 月 5 日，汇款人为"雷某"的工商银行个人业务凭证（复印件）的转账信息，与雷×娜名下公积金贷款还款账户交易明细的相关转款内容一致，故一审法院对该部分证据予以采信。同时，雷×娜名下公积金贷款还款账户交易明细载明了案外人杨×勇于 2011 年 12 月、2012 年 1 月分别向雷×娜转账 924 元，雷某于 2012 年 9 月至 12 月分别每月向雷×娜转账 978 元。此外，诉讼过程中，经一审法院向案外人雷某、杨×勇核实，其二人均表示其均是受雷×鸿的委托向雷×娜所转的款项。

综上，虽然雷×鸿确实存在少量逾期还款的行为，但相对其已履行绝大部分合同义务而言，此仅是雷×鸿履行合同过程中的瑕疵，并不构成违约，且双方亦已确认雷×鸿已履行完毕支付房款的义务，故雷×娜的该抗辩主张缺乏依据，一审法院不予采信。

因本案为房屋买卖合同纠纷，而非所有权确认纠纷，本案所涉合同中亦无所有权归属的约定，雷×鸿基于合同要求直接确认讼争房屋所有权归其所有，不予支持。

关于雷×鸿要求雷×娜支付逾期办理过户登记手续的违约金问题。依据

《存量房买卖合同》"自本合同签订之日起15日内，甲方负责办理完买卖房屋过户变更登记手续（指乙方获得南宁市房屋产权交易中心受理回执），逾期办理，每逾期一日，以该房屋转让总价为基数，按月利率3%，赔偿乙方"的约定，雷×娜明确表示至今未办理过户登记手续，已构成违约，依据《中华人民共和国合同法》第一百零七条的规定，现雷×鸿要求雷×娜支付逾期办理房屋过户登记手续违约金，符合双方的约定，一审法院予以支持。

至于违约金计算方式问题，依据《中华人民共和国合同法》第一百一十四条的规定，雷×娜主张双方约定以合同约定购房总价款431364.93元为基数按月利率3%计付逾期办理过户登记手续的违约金过高并请求予以调整。本案中，雷×娜逾期办理过户登记手续直接导致的雷×鸿损失实质相当于雷×娜占用合同约定购房总价款相同数额资金期间的利息，现合同中约定按月利率3%计付逾期办理过户登记手续的违约金已远远高于同期贷款利率，故酌情认定本案违约金计算方式：以431364.93元为基数，从雷×娜逾期之日即2015年5月28日起算至雷×娜办结讼争房屋过户更名登记手续之日止，按中国人民银行同期流动资金贷款利率的1.5倍分段计付。

关于雷×鸿、雷×娜、周×融均诉请负担律师诉讼代理服务费的主张。雷×鸿、雷×娜签订的《存量房买卖合同》约定："任何一方违约，守约方因提起诉讼而支出的律师诉讼代理服务费、诉讼费、财产保全费等费用由违约方承担。"

现雷×娜存在逾期办理过户更名手续的违约行为，雷×鸿要求其承担本案律师诉讼代理服务费20000元，符合前述合同约定，亦有委托代理合同及发票为证，予以支持。

雷×娜要求雷×鸿负担其支付出的律师诉讼代理服务费，不符合前述合同约定，不予支持。

周×融要求雷×鸿、雷×娜负担其因本案支出的律师诉讼代理服务费，没有合同依据及法律依据，不予支持。

关于雷×娜要求雷×鸿承担违约赔偿金问题。雷×娜主张因雷×鸿未按时偿还按揭抵扣导致其信用损失。本案为合同之诉，在合同履行过程中，雷×鸿确实存在少量逾期还款的履行瑕疵行为，但并未达到违约的严重程度，且从雷×鸿的还款中已经支付了相应逾期还款产生利息的事实来看，雷×娜也无充分证据证明其具体所遭受实际损失，故一审法院对雷×娜该项主张不予支持。

至于雷×娜提出因雷×鸿逾期还款导致其失信产生的名誉损失、精神损害以及因雷×鸿到雷×娜家中闹事导致雷×娜家人病情恶化所造成的损失，该部分主张明显属侵权法律关系调整的范畴，不应在本案一并处理，故在本案中不予认定及处理。

至于雷×娜要求雷×鸿承担雷×娜名下公积金贷款还款账户被他人盗刷造成雷×娜损失问题，作为合同当事人，在履行过程中对于相关身份、账号等信息负有非经对方同意不得透露的保密附随义务，但本案中雷×娜未能提交证据证实其账户确实被盗刷以及被盗刷系因雷×鸿违反该义务而导致，故一审法院对雷×娜该项主张不予支持。

关于周×融要求判令雷×鸿向其支付房屋使用费50000元的诉请。 雷×鸿系依据其与雷×娜所签订的《指标房转让协议书》《存量房买卖合同》而占有、使用讼争标的房屋，如前述本院的认定，雷×鸿占有、使用该标的房屋的行为有合法依据，不构成对周×融民事权益的非法侵犯，对于周×融此项诉请，一审法院不予支持。

诉讼过程中，周×融申请对讼争房屋2014年10月15日起至2016年6月30日期间租金标准进行评估。同理，一审法院不予准许。

一审法院判决：

一、雷×鸿与雷×娜于2008年2月4日签订的《指标房转让协议书》、于2015年5月12日签订的《存量房买卖合同》合法有效；

二、雷×娜协助雷×鸿办理将南宁市兴宁区长堽路×号×栋住宅楼×单元×号房（房屋所有权证号：邕房权证字第××号，建筑面积137.14m²）变更登记至雷×鸿名下的手续；

三、雷×娜向雷×鸿支付逾期办理房屋过户更名手续违约金（违约金计算：以431364.93元为基数，从2015年5月28日起至南宁市兴宁区长堽路×号×栋住宅楼×单元×号房过户更名至雷×鸿名下之日止，按中国人民银行同期流动资金贷款利率的1.5倍分段计付）；

四、雷×娜向雷×鸿支付律师诉讼代理服务费20000元；

五、驳回雷×鸿的其他诉讼请求；

六、驳回雷×娜的反诉请求；

七、驳回周×融的诉讼请求。

二审法院审理查明：

1. 对一审查明《指标房转让协议书》载明：甲方自愿将其参加广西军粮配送中心实行市场运作方式购买的位于长堽路×号建房指标一套转让给乙方，雷×娜、周×融提出异议，主张协议中约定的是甲方取得的建房指标转让给乙方，并非甲方购买的建房指标，对雷×娜、周×融该异议，本院经核查双方签订的《指标房转让协议书》第一条约定，甲方自愿将本人在本单位参加广西军粮配送中心实行市场运作取得建房指标130平方米壹套转让给乙方，一审认定为购买的建房指标有误，本院予以更正。

2. 雷×娜、周×融主张本案诉争的房屋是南宁长堽路×号×栋×单元×号房，并非南宁长堽路×号×栋住宅楼×单元×号房。根据双方提交的证据显示，雷×娜与雷×鸿签订的《指标房转让协议》《存量房买卖合同》及雷×娜与广西军粮配送中心签订的《市场运作方式建设住房合同》中约定的房屋为南宁长堽路×号×栋×单元×号房，雷×娜取得的房屋所有权证登记的房屋为南宁长堽路×号×栋住宅楼×单元×号房，两者的区别仅仅是一个写有住宅楼，一个没有写，其他地址、栋号、单元号、房号均一致，雷×娜、周×融并未举证证明南宁长堽路×号×栋×单元×号房和南宁长堽路×号×栋住宅楼×单元×号房是两套住房，故对雷×娜、周×融该异议，本院不予采纳。

3. 对一审查明雷×鸿以雷×娜名义分别于2007年12月22日、2009年2月27日、2010年1月7日、2010年8月6日向广西军粮配送中心交付诉争首期房款80000元、50000元、2405元、18000元；雷×鸿以雷×娜名义于2010年1月7日交付讼争房屋契税5725.07元；雷×鸿亦以雷×娜名义于2014年8月1日交付讼争房屋物业专项维修资金10559.78元。雷×娜、周×融提出异议，并主张80000元首付款是雷×娜自己支付的，并非雷×鸿向广西军粮配送中心支付的，50000元是雷×鸿代雷×娜支付的，2405元、18000元、5725.07元是雷×鸿代雷×娜和周×融支付的。对80000元首付款，雷×鸿、雷×娜均认可是雷×娜于2007年12月22日向广西军粮配送中心支付，雷×鸿在2008年2月4日才向雷×娜支付该款，故一审认定80000元首付款也是雷×鸿以雷×娜名义支付有误，本院予以纠正。

对其他款项雷×娜、周×融均认可是雷×鸿支付，但认为并非是以雷×娜的名义支付，而是代雷×娜和周×融支付，但未提供相应证据证实，也与雷×鸿与雷×娜签订的《指标房转让协议书》的约定不符，故对其该异议本院不予采纳。

4. 对一审查明双方均确认按揭款以雷×娜名义办理由雷×鸿负责偿还，雷×娜、周×融提出异议，并主张雷×娜办理的住房公积金贷款是由雷×娜和周×融负责偿还的，但雷×娜、周×融对此未提交相应证据证实，且与其一审自认的事实不符，本院不予支持。

5. 对一审查明雷×鸿、雷×娜确认讼争房屋现由雷×鸿管理、掌控，雷×娜提出异议。但其在一审庭审中已认可讼争房屋是由雷×鸿管理、掌控，其在二审也认可广西军粮配送中心于2012年将讼争房屋交付后，其即将该房钥匙交给雷×鸿，故对雷×娜该异议，本院不予支持。对一审查明其他事实，双方没有异议，本院予以确认。

二审法院认为：

关于雷×娜与雷×鸿签订的《指标房转让协议书》《存量房买卖合同》的效力问题。《指标房转让协议书》《存量房买卖合同》均是雷×娜与雷×鸿双方真实意思表示，雷×娜主张其签订《存量房买卖合同》是被迫签订，但未提交证据证实，本院不予采信。《指标房转让协议书》签订时，雷×娜虽未取得讼争房屋的所有权，但雷×娜在2014年10月14日已取得讼争房屋的所有权证，而雷×娜取得所有权证后，又与雷×鸿于2015年5月12日就讼争房屋的转让签订了《存量房买卖合同》，故双方签订的《指标房转让协议书》《存量房买卖合同》并未违反相关法律法规关于合同效力性的禁止性规定，上述两份合同均为有效合同。

雷×娜、周×融以讼争房屋为两人夫妻共同财产，雷×娜未经周×融同意将讼争房屋转让给雷×鸿为由主张上述合同无效。对此，本院认为，雷×鸿、雷×娜签订《指标房转让协议书》、雷×娜与广西军粮配送中心签订《市场运作方式建设住房合同》均在雷×娜与周×融结婚之前。虽然讼争房屋取得房屋所有权证是在雷×娜、周×融结婚之后，但购买该房屋的首期款80000元，雷×鸿在2008年2月4日即雷×娜与周×融结婚之前已支付给雷×娜。雷×娜与中国工商银行股份有限公司南宁市民族支行就讼争房屋贷款签订的个人购房借款/担保合同是在2009年9月8日，也是在雷×娜与周×融登记结婚之前，虽该贷款偿还时间是在雷×娜与周×融结婚之后，但该贷款仅是以雷×娜名义办理，实际是由雷×鸿偿还，讼争房屋所有权证亦记载所有权人为雷×娜"单独所有"，雷×娜、周×融并无证据证实讼争房屋属两人夫妻共同财产，故对讼争房屋雷×娜享有完全的处分权。

即便讼争的房屋属于雷×娜与周×融的夫妻共同财产，依据《最高人民法院关于审理买卖合同纠纷案件适用法律问题的解释》第三条第一款规定"当事人一方以出卖人在缔约时对标的物没有所有权或者处分权为由主张合同无效的，人民法院不予支持"，前述《指标房转让协议书》《存量房买卖合同》亦应为有效。且2015年5月15日，雷×娜、周×融在南宁市青秀山风景区地方税务局就本案讼争标的房屋交易办理了二手房买卖交易的契税交纳手续，周×融亦认可前述办税事宜系雷×鸿通知其与雷×娜一同前去办理的。由此可见，周×融对于雷×娜将讼争房屋出售给雷×鸿一事是明知或应当知道的；周×融抗辩不知道讼争房屋买卖交易税费手续的办理是针对出卖给雷×鸿的，却未能提供相应的证据予以佐证，故一审法院认定周×融明知雷×娜将讼争标房屋出卖于雷×鸿而未提出异议，视为其同意雷×娜该出卖行为，并无不当。

综上，雷×娜、周×融以讼争房屋属两人夫妻共同财产为由，主张雷×娜未经周×融同意与雷×鸿签订的《指标房转让协议书》《存量房买卖合同》无效，理由不成立，本院不予支持。

关于合同应否继续履行及雷×娜应否承担违约责任。《指标房转让协议书》《存量房买卖合同》既为有效合同，双方应按照合同约定履行各自义务。双方约定讼争房屋的购房款为431364.93元。雷×鸿表示该价款包含了指标转让金56000元，购房首付款80000元、50000元、2405元、18000元，购房契税5725.07元，物业专项维修资金10559.78元，以及偿还按揭款共计208675.08元。雷×鸿对于诉讼房屋价款的构成陈述符合《指标房转让协议书》的约定，也与雷×鸿提交的雷×娜出具的收条、相应的转账记录、契税完税证以及物业专项维修资金专用收据相吻合，且雷×鸿与雷×娜签订的《存量房买卖合同》在付款时限中也明确已付清，故雷×鸿主张其已付清购房款，本院予以采信。

雷×鸿已付清购房款，雷×娜则应依约协助雷×鸿办理房屋过户手续。雷×娜主张雷×鸿存在逾期支付银行按揭贷款的行为，违约在先，故其有权行使先履行抗辩权拒绝履行合同约定义务。虽然雷×鸿确实存在少量逾期还款的行为，但相对其已履行绝大部分合同义务而言，此仅是雷×鸿履行合同过程中的瑕疵，并不构成根本性违约，且雷×鸿在2015年5月12日与雷×娜签订《存量房买卖合同》时已履行完毕支付房款的义务，双方合同明确约定自该合同签订之日起 15 日内，雷×娜负责办理完买卖房屋过户变更登记手续。故雷×娜以雷×鸿存在逾期还款为由，主张其有权拒绝履行协助办理过户的义务，本院不予支持。

雷×鸿要求雷×娜协助办理诉讼房屋过户变更登记至雷×鸿名下，符合双方的约定，一审法院予以支持并无不当，本院予以维持。

雷×娜至今未按约定履行协助办理房屋过户变更登记手续，构成违约，应承担违约责任。《存量房买卖合同》约定，雷×娜违约，每逾期一日，以房屋转让总价为基数，按月利率3%赔偿乙方。一审认定合同中约定按月利率3%计付逾期办理过户登记手续的违约金过高，将违约金计算方式调整为：以431364.93元为基数，从雷×娜逾期之日即2015年5月28日起算至雷×娜办结讼争房屋过户更名登记手续之日止，按中国人民银行同期流动资金贷款利率的1.5倍分段计付，雷×鸿对此并无异议，本院予以维持。

关于雷×鸿应否向雷×娜承担赔偿责任。雷×娜主张因雷×鸿未按时偿还按揭贷款导致其信用损失。虽然雷×鸿确实存在少量逾期还款的行为，但雷×鸿已经支付了相应逾期还款产生的利息。雷×娜主张雷×鸿逾期还贷给其造成不良信息记录损失为14117.53元，但未能提交相应证据证实，对其该主张，本院不予支持。

至于雷×娜主张因雷×鸿到雷×娜家中闹事导致雷×娜家人病情恶化，雷×鸿应承担由此所造成的损失及要求雷×鸿承担雷×娜名下公积金贷款还款账户被他人盗刷造成的损失。该部分主张属侵权法律关系调整的范畴，而本案为雷×鸿与雷×娜的合同之诉，雷×娜的该主张与本案合同之诉不属同一法律关系调整范围，不应在本案一并处理，本院在本案中不予认定及处理。

关于雷×鸿应否向周×融支付房屋使用费50000元的问题。雷×鸿占有、使用讼争房屋是依据其与雷×娜所签订的《指标房转让协议书》《存量房买卖合同》，且是由雷×娜将房屋交给雷×鸿，故雷×鸿占有、使用该讼争房屋的行为有合法依据，周×融要求雷×鸿向其支付房屋使用费，没有依据，一审法院不予支持正确。

关于雷×鸿、雷×娜、周×融均诉请的律师诉讼代理服务费。雷×鸿、雷×娜签订的《存量房买卖合同》约定："任何一方违约，守约方因提起诉讼而支出的律师诉讼代理服务费、诉讼费、财产保全费等费用由违约方承担。"现雷×娜存在逾期办理过户更名手续的违约行为，雷×鸿要求其承担本案律师诉讼代理服务费20000元，符合双方约定，亦有委托代理合同及发票为证，一审法院予以支持正确。雷×娜要求雷×鸿负担其支付的律师诉讼代理服务费，不符合前述合同约定，本院不予支持。周×融要求雷×鸿负担其因本案支出的律师诉讼代理服务费，没有合同依据及法律依据，本院亦不予支持。

二审法院判决：
驳回上诉，维持原判。

7

借用他人的名义买房，能否得到法律保护？

案情简介

2014年1月，黄小鸭欲购买一套房屋，但因自己名下有多套房已无法申请按揭贷款，为了以银行贷款的方式购买该房屋，黄小鸭与其表妹莫莉花口头约定，由黄小鸭支付首付20万元，以莫莉花的名义购买房屋并办理银行按揭贷款手续，相应的月供也由黄小鸭支付，房屋的所有权归黄小鸭所有。

2014年3月，黄小鸭入住该房屋，购房合同、房屋权属证书、贷款合同、购房发票等原件也一并交由黄小鸭持有。

2018年11月，黄小鸭得知莫莉花在外欠下巨额债务，为防范风险，黄小鸭多次要求莫莉花将房屋过户至黄小鸭名下，但莫莉花一直未予以配合，并辩称上述房屋归其所有。黄小鸭于是将莫莉花诉至法院，要求法院确认案涉房屋归其所有。

争议焦点

黄小鸭与莫莉花是否存在借名买房的关系？涉案房屋归谁所有？

律师观点

借名买房是指借名人（实际出资人）经出名人（被借用名字的人）同意，以出名人的名义买房并登记，但房屋所有权归属于借名人一方的行为。

判断借名买房关系是否成立一般从以下几个方面进行审查：

1. 双方是否有借名买房的合意。
2. 是否签订有借名买房协议。
3. 购房款的支付情况。
4. 购房票据、房屋权属证书原件的持有及房屋的占有使用等情况。

本案中，黄小鸭与莫莉花虽无借名买房的书面协议，但综合本案关于案涉房屋的出资、占有使用、房屋权属证书原件的持有等情况分析，黄小鸭与莫莉花双方之间具有借名买房合意的高度盖然性。

根据《最高人民法院关于适用〈中华人民共和国物权法〉若干问题的解释（一）》第二条的规定："当事人有证据证明不动产登记簿的记载与真实权利状态不符、其为该不动产物权的真实权利人，请求确认其享有物权的，应予支持。"因此，要认定黄小鸭与莫莉花存在借名买房关系，案涉房屋归黄小鸭所有，需要黄小鸭提供上述四点所涉及的证据，以此来证明不动产登记簿的记载与真实权利状态不符。

律师建议

借名人借用他人名义购买房屋时，可以从以下几个方面保护自身权益，降低法律风险：

1. 签订书面的《借名买房协议》，明确双方的权利义务。
2. 首付款及月供的支付均采取银行转账的方式，并保存好支付凭证。
3. 购房合同、房屋所有权证、购房发票等原件由借名人保管。
4. 借名人保存好实际占有使用房屋的证据。如果房屋为自己居住，则保留好物业服务费用、水电费等相应的生活缴费证明及快递物流送达地址证明等；如果房屋出租给他人居住，则借名人直接与承租人签订《租赁合同》并以银行转账的方式收取租金。
5. 借名人先到不动产登记部门办理二次抵押，可防范出名人私自将房屋抵押给他人而造成财产流失。

相关法条

《最高人民法院关于适用〈中华人民共和国物权法〉若干问题的解释（一）》

第二条 当事人有证据证明不动产登记簿的记载与真实权利状态不符、其为该不动产物权的真实权利人，请求确认其享有物权的，应予支持。

《中华人民共和国民法典》（于2021年1月1日起施行）

第二百零九条 不动产物权的设立、变更、转让和消灭，经依法登记，发生效力；未经登记，不发生效力，但是法律另有规定的除外。

依法属于国家所有的自然资源，所有权可以不登记。

第二百二十条　权利人、利害关系人认为不动产登记簿记载的事项错误的，可以申请更正登记。不动产登记簿记载的权利人书面同意更正或者有证据证明登记确有错误的，登记机构应当予以更正。

不动产登记簿记载的权利人不同意更正的，利害关系人可以申请异议登记。登记机构予以异议登记，申请人自异议登记之日起十五日内不提起诉讼的，异议登记失效。异议登记不当，造成权利人损害的，权利人可以向申请人请求损害赔偿。

相关案例

案件名称：××小额贷款有限公司、陈×执行异议之诉纠纷
案号：（2019）冀民终12号

上诉人（原审被告、申请执行人）：××小额贷款有限公司
法定代表人：孔×萍，该公司经理
上诉人（原审被告、被执行人）：陈×
被上诉人（原审原告、案外人）：孙×

一审法院审理查明：

2009年6月，房产中介北京×××房地产经纪有限公司将本案涉案房屋人济山庄C座××××（位于北京市海淀区）作为房源推荐给杜×然（孙×之妻）。2009年7月11日，杜×然代替陈×签字以陈×作为购买人与出售人慕×坡签订《买卖定金协议书》，约定购买涉案房屋，并对房屋价款及定金、服务费用支付进行了约定。

2009年7月15日，陈×与慕×坡签订《居间成交确认书》，对陈×作为购买人购买慕×坡出售的涉案房屋进行了确认，并确认了契税、工本费、居间报酬由购买方承担。同日，陈×与慕×坡签订《北京市存量房屋买卖合同》，孙×于当日向北京×××房地产经纪有限公司支付涉案房屋买卖居间服务费35000元，后于2009年8月15日再次支付居间服务费35000元。

2009年8月10日慕×坡与陈×填写《房屋所有权转移登记申请书》。慕×坡分别于2009年8月10日、2009年8月11日缴纳城市建设税等，转账凭证由孙×保管。2009年8月11日孙×缴纳印花税5元。同日以陈×名义分别缴纳二手房交易契税、房屋登记收费，并办理所有权人为陈×的房屋所有

权证。孙×于2009年8月12日向慕×坡转账500000元。涉案房屋登记在陈×名下至今。涉案房屋所有权证、契税发票、房屋登记收费收据、印花税发票、居间服务费收据现均由孙×保管。

另查明,孙×与陈×、秦×签订《劳动谅解相关协议》,约定孙×借用陈×、秦×名义购买房屋两套。孙×提供银行转账凭证、流水记录及和陈×之间短信记录,主张涉案房屋首付款及贷款由孙×支付并每月偿还。

陈×与××小额贷款有限公司之间借款合同纠纷一案,沧州中院(2013)沧民初字第221号民事调解书已生效并进入执行拍卖程序。孙×向沧州中院提出执行异议,沧州中院作出(2015)沧执异字第1号执行裁定,驳回孙×的异议。

一审法院认为:

《中华人民共和国物权法》规定对不动产权属采取登记生效原则,根据公示公信原则不登记不发生所有权变化,不得对抗善意第三人。但在对物权权属有争议的当事人之间,登记的不动产物权权利人虽然在法律上推定为权利人,但这种效力只是法律上的"推定"。现实生活中基于经济生活的复杂性和各种原因,也会产生不动产的权利人与产权登记产权人不一致的情形,故应在审查具体法律关系的基础上进一步明确权利人。

本案中,孙×提供的证据之间能够互相印证,已经形成完整的证据链条,可证实由其缴纳房屋首付款及购房相关费用并偿还贷款月供实际居住,且房屋所有权证及相关票据的原件均由孙×保管,北京×××房地产经纪有限公司作为涉案房屋的中介公司对该房屋的购买过程也出具了情况说明。陈×提供了买卖合同复印件、二手房交易发票复印件、房屋所有权证复印件主张涉案房屋系其购买,但涉案房屋的首付款交付及贷款月供、居住情况其均未能提供证据证实,陈×提供的证据不足以证明该涉案房屋是其出资购买。孙×与陈×之间借名买房的事实成立,孙×为涉案房屋的权利人。陈×与××小额贷款有限公司之间是合同之债,××小额贷款有限公司并非已完成购买交易并过户登记的善意购买人,对该涉案房屋并未享有优先权的物权。故孙×对涉案房屋享有的权利,足以排除对执行标的的执行,故孙×的诉讼请求,予以支持。

一审法院判决:

一、北京市海淀区人济山庄C座×××房屋归孙×所有;

二、不得执行位于北京市海淀区人济山庄 C 座×××× 房屋。

二审法院认为：

本案争执的焦点问题有两个：一是涉案房屋是否属孙 × 所有；二是孙 × 对涉案房屋是否享有足以排除强制执行的民事权益。

首先，关于涉案房屋是否属孙 × 所有的问题。孙 × 主张其借陈 × 之名购买涉案房屋，孙 × 为涉案房屋实际所有权人。对此，孙 × 提交的《买卖定金协议书》《居间成交确认书》《北京市存量房屋买卖合同》、银行转账凭证、流水记录、房屋所有权证、契税发票、房屋登记收费收据、印花税发票、居间服务费等证据之间能够互相印证，以上证据原件均由孙 × 保管，涉案房屋亦由孙 × 占有使用，能够形成完整的证据链条，且有孙 × 与秦 × 签订的《劳动谅解相关协议》和北京×××房地产经纪有限公司作为涉案房屋的中介公司对该房屋购买过程出具的情况说明予以佐证，可以证明孙 × 借陈 × 之名购买涉案房屋的事实。陈 × 上诉不认可孙 × 借陈 × 之名购买涉案房屋的事实，但陈 × 提交的证据不能证实陈 × 支付涉案房屋首付款及贷款月供并由其占有使用涉案房屋，且对孙 × 持有房屋所有权证、契税发票、房屋登记收费收据、印花税发票、居间服务费等证据原件以及孙 × 实际占有使用涉案房屋，不能作出合理解释，故本院对陈 × 不认可孙 × 借陈 × 之名购买涉案房屋事实的上诉主张，不予支持。沧州中院作出（2018）冀 09 民初 278 号民事判决确认涉案房屋属孙 × 所有，并无不当。

其次，关于孙 × 对涉案房屋是否享有足以排除强制执行的民事权益的问题。孙 × 借陈 × 之名购买涉案房屋，并不违反法律强制性规定，亦不违反国家和社会公共利益。孙 × 为涉案房屋的实际所有权人，对涉案房屋享有足以排除强制执行的民事权益。

综上，××小额贷款有限公司与陈 × 上诉请求均理据不足，应予驳回。沧州中院（2018）冀 09 民初 278 号民事判决认定事实清楚，判决结果正确，本院予以维持。

二审法院判决：

驳回上诉，维持原判。

8

部分继承人出售被继承人遗留房屋的合同是否有效？

案情简介

王美丽有四个小孩，分别为王老壹、王老贰、王老叁、王老肆。2018年7月26日，王美丽去世，留下一套房屋，没有进行遗产分割。

2018年8月5日，王老壹、王老贰跟黄小鸭签订《房屋买卖合同》，将王美丽遗留的房屋出售给黄小鸭。

黄小鸭多次催促王老壹、王老贰办理过户手续，王老壹、王老贰均以各种理由拖延，黄小鸭于是诉至法院，要求确认《房屋买卖合同》有效，并要求王老壹、王老贰将房屋过户至黄小鸭名下。

争议焦点

遗产未分割，部分继承人将被继承人遗留房屋出售，房屋买卖合同是否有效？买受人能否要求将房屋过户至其名下？

律师观点

王老壹、王老贰与黄小鸭作为完全民事行为能力人，双方在意思表示一致的情况下签订了《房屋买卖合同》，涉案房屋是王美丽的遗产，因该遗产未进行分割，属于王老壹等四人共同共有。但王老壹、王老贰作为其中两位共同共有人，对该房屋有部分处分权，这与无权处分是有区别的。《最高人民法院关于审理买卖合同纠纷案件适用法律问题的解释》第三条第一款规定："当事人一方以出卖人在缔约时对标的物没有所有权或者处分权为由主张合同无效的，人民法院不予支持。"因此，即使王老壹、王老贰属于无权处分，黄小鸭也不能因此主张《房屋买卖合同》无效。

《中华人民共和国物权法》第九十七条规定："处分共有的不动产或者动

产以及对共有的不动产或者动产作重大修缮的，应当经占份额三分之二以上的按份共有人或者全体共同共有人同意，但共有人之间另有约定的除外。"根据该规定，因该房屋为四人共同共有，如王老叁、王老肆不同意出售该房屋，则房屋的所有权无法发生变动，即黄小鸭无法要求将房屋过户至其名下。

但黄小鸭可以依据《最高人民法院关于审理买卖合同纠纷案件适用法律问题的解释》第三条第二款规定："出卖人因未取得所有权或者处分权致使标的物所有权不能转移，买受人要求出卖人承担违约责任或者要求解除合同并主张损害赔偿的，人民法院应予支持。"主张违约责任或损害赔偿。

律师建议

1. 签订《房屋买卖合同》前应当进行查档，并核对查档证明、房屋所有权证上所有权人与出卖人是否一致，如为遗留的财产，应当要求出卖人出具遗产分割给出卖人的证明，如法院的调解书、公证处的继承公证书等有公信力的遗产分割证明。

2. 如尚未进行分割，应当在办理继承手续后再与继承人签订房屋买卖合同。

相关法条

《中华人民共和国物权法》

第九十七条　共有物处分或者重大修缮

处分共有的不动产或者动产以及对共有的不动产或者动产作重大修缮的，应当经占份额三分之二以上的按份共有人或者全体共同共有人同意，但共有人之间另有约定的除外。

《最高人民法院关于审理买卖合同纠纷案件适用法律问题的解释》

第三条　当事人一方以出卖人在缔约时对标的物没有所有权或者处分权为由主张合同无效的，人民法院不予支持。

出卖人因未取得所有权或者处分权致使标的物所有权不能转移，买受人要求出卖人承担违约责任或者要求解除合同并主张损害赔偿的，人民法院应予支持。

《中华人民共和国民法典》（于 2021 年 1 月 1 日起施行）

第三百零一条　处分共有的不动产或者动产以及对共有的不动产或者动产作重大修缮、变更性质或者用途的，应当经占份额三分之二以上的按份共有人或者全体共同共有人同意，但是共有人之间另有约定的除外。

相关案例

案件名称：杨×刚、李×国房屋买卖合同纠纷

案号：（2017）鄂民申 2801 号

再审申请人（一审原告、二审上诉人）：杨×刚
被申请人（一审被告、二审被上诉人）：李×国
被申请人（一审被告、二审被上诉人）：李×芳
被申请人（一审被告、二审被上诉人）：李×华
被申请人（一审被告、二审被上诉人）：李×

法院认为：

关于本案中的《房屋买卖协议》是否有效的问题。李×国、杨×刚作为完全民事行为能力人，双方在意思表示一致的情况下签订了《房屋买卖协议》，后李×华在《房屋买卖协议》上也签了字，表明其对《房屋买卖协议》内容是认可的。杨×刚提供的与李×、李×芳的通话录音证据，不能证明李×、李×芳认可《房屋买卖协议》内容。涉案房屋是李×国等四人父母遗产，因该遗产未继承分割，属于李×国等四人共同共有，李×国、李×华作为其中两位共同共有人，买卖该房屋虽未取得另外两位共同共有人的同意，但该买卖行为不属于无处分权的人处分他人财产，因为李×国、李×华对该房屋有部分处分权，而且《最高人民法院关于审理买卖合同纠纷案件适用法律问题的解释》第三条规定："当事人一方以出卖人在缔约时对标的物没有所有权或者处分权为由主张合同无效的，人民法院不予支持。出卖人因未取得所有权或者处分权致使标的物所有权不能转移，买受人要求出卖人承担违约责任或者要求解除合同并主张损害赔偿的，人民法院应予支持。"故本案中《房屋买卖协议》是有效的合同。

虽然本案中《房屋买卖协议》是有效的合同，但根据《中华人民共和国物权法》第二十九条、第三十一条有关因继承享有不动产物权的，处分该物权时，依照法律规定需要办理登记的，未经登记，不发生物权效力的规定，涉案房屋目前仍未取得房屋所有权证，不具备物权变动的基础条件。而且，涉案房屋系李×国等四人父母的遗产，属于李×国等四人共同共有。根据

《中华人民共和国物权法》第九十七条的规定，处分共有的不动产应当经占份额三分之二以上的按份共有人或者全体共同共有人同意。杨×刚在与李×国签订《房屋买卖协议》时，明知涉案房屋没有房屋所有权证，且李×国交给其的土地使用证上的权利人为李×国等四人的父亲李×才，故杨×刚存在过错，不构成善意取得。因此杨×刚请求李×国等四人协助其办理涉案房屋产权登记以及土地使用权变更登记，并支付违约金45600元，原判决不予支持并无不当。杨×刚可以通过要求出卖人承担违约责任，或者积极与四被申请人协商完备物权变动的条件等途径维护自身合法权益。

法院裁定如下：
驳回杨×刚的再审申请。

9

转让市场运作房指标，合同是否有效?

案情简介

2007年10月9日，王美丽与黄小鸭签订一份《市场运作建设住房转让协议》，约定王美丽将自己参加本单位市场运作建设住房的认购指标转让给黄小鸭，黄小鸭支付王美丽10000元作为指标转让费。

2008年5月8日，黄小鸭以王美丽的名义向市场运作建房单位支付了购房款400000元，缴纳了房屋契税12000元。

2011年10月29日，王美丽将房屋的钥匙及相关资料交付给黄小鸭后，黄小鸭正式入住。

2015年9月2日，王美丽以房屋认购资格具有身份属性，其未经单位同意将指标转让给黄小鸭，损害了社会公共利益为由，向法院提起诉讼，请求法院确认《市场运作建设住房转让协议》无效，要求黄小鸭将房屋返还给王美丽。

2015年9月10日，黄小鸭向法院提起反诉，请求法院确认上述协议有效，并要求王美丽配合黄小鸭办理房屋过户手续。

争议焦点

王美丽与黄小鸭签订的《市场运作建设住房转让协议》是否有效?

律师观点

协议有效。

黄小鸭与王美丽具备完全民事行为能力，双方经平等、自愿协商订立《市场运作建设住房转让协议》，系双方真实意思表示。黄小鸭与王美丽订立协议时，涉案房屋尚未建成，该协议所指向的涉案市场运作房享有的权利属于资格权利，是一种可期待物权，本质上属债权范畴，双方订立《市场运作建设住房转让协议》约定转让该资格权利，内容未违反法律、行政法规的强制性规定，也未侵害国家或案外第三人的合法权益，亦没有违背公序良俗；且双方订立协议后，黄小鸭已付清涉案房屋的建房款，房屋也已交付给黄小鸭，协议得到实际履行。王美丽以损害社会公共利益为由，主张该协议为无效合同，显然违背诚实信用原则。因此该《市场运作建设住房转让协议》应属有效合同，双方均应恪守履行。

律师建议

1. 应签订书面的转让协议。
2. 如出卖人已结婚，要求其配偶共同签署协议。
3. 购房款、税费、维修基金等费用的支付应采取银行转账的方式，并保存好支付凭证。
4. 要求出卖人及时交付房屋，买受人对相关资料原件进行妥善保管。
5. 达到过户条件后，及时督促出卖人办理房屋过户手续。

相关法条

《中华人民共和国合同法》

第八条　依合同履行义务原则

依法成立的合同，对当事人具有法律约束力。当事人应当按照约定履行自己的义务，不得擅自变更或者解除合同。

依法成立的合同，受法律保护。

第四十四条　合同的生效

依法成立的合同，自成立时生效。

法律、行政法规规定应当办理批准、登记等手续生效的，依照其规定。

第六十条　严格履行与诚实信用

当事人应当按照约定全面履行自己的义务。

当事人应当遵循诚实信用原则，根据合同的性质、目的和交易习惯履行通知、协助、保密等义务。

《中华人民共和国物权法》

第十五条　合同效力和物权效力区分

当事人之间订立有关设立、变更、转让和消灭不动产物权的合同，除法

第一章　合同效力

律另有规定或者合同另有约定外，自合同成立时生效；未办理物权登记的，不影响合同效力。

《最高人民法院关于审理买卖合同纠纷案件适用法律问题的解释》

第三条　当事人一方以出卖人在缔约时对标的物没有所有权或者处分权为由主张合同无效的，人民法院不予支持。

出卖人因未取得所有权或者处分权致使标的物所有权不能转移，买受人要求出卖人承担违约责任或者要求解除合同并主张损害赔偿的，人民法院应予支持。

第四十五条　法律或者行政法规对债权转让、股权转让等权利转让合同有规定的，依照其规定；没有规定的，人民法院可以根据合同法第一百二十四条和第一百七十四条的规定，参照适用买卖合同的有关规定。

权利转让或者其他有偿合同参照适用买卖合同的有关规定的，人民法院应当首先引用合同法第一百七十四条的规定，再引用买卖合同的有关规定。

《中华人民共和国民法典》（于 2021 年 1 月 1 日起施行）

第二百一十五条　当事人之间订立有关设立、变更、转让和消灭不动产物权的合同，除法律另有规定或者当事人另有约定外，自合同成立时生效；未办理物权登记的，不影响合同效力。

第四百六十五条　依法成立的合同，受法律保护。

依法成立的合同，仅对当事人具有法律约束力，但是法律另有规定的除外。

第五百零二条　依法成立的合同，自成立时生效，但是法律另有规定或者当事人另有约定的除外。

依照法律、行政法规的规定，合同应当办理批准等手续的，依照其规定。未办理批准等手续影响合同生效的，不影响合同中履行报批等义务条款以及相关条款的效力。应当办理申请批准等手续的当事人未履行义务的，对方可以请求其承担违反该义务的责任。

依照法律、行政法规的规定，合同的变更、转让、解除等情形应当办理批准等手续的，适用前款规定。

第五百零九条　当事人应当按照约定全面履行自己的义务。

当事人应当遵循诚信原则，根据合同的性质、目的和交易习惯履行通知、协助、保密等义务。

当事人在履行合同过程中，应当避免浪费资源、污染环境和破坏生态。

相关案例

案件名称： 郭×生、陈×房屋买卖合同纠纷
案号：（2017）桂01民终2270号

上诉人（原审原告）：郭×生
被上诉人（原审被告）：陈×

一审法院审理查明：

2005年9月9日，郭×生（乙方）与陈×（甲方）签订一份《广西区林业局市场运作建设住房转让协议》，其中约定："一、甲方作为区林业局有名额报名购买区林业局市场运作建设住房一套（区林业厅凤岭小区×栋×房，建筑面积218平方米，每平方米估算2000元），现甲方自愿将自己参加区林业局市场运作建设住房的名额转给乙方，乙方以甲方名义报名参加区林业局市场运作建设住房，建房及办房产证的费用由乙方承担，所建房屋所有权属于乙方单独所有，甲方对此住房无任何受益，作为回报，乙方支付甲方现金壹万元。二、乙方在以甲方名义参加区林业局市场运作建设住房过程中，甲方必须无条件协助乙方办理建房及办房产证等跟该房有关需办理的所有手续。直至房产证最后更名为乙方名字为止，办理手续的费用应由乙方承担，但因甲方自身原因而产生的费用则不包括在内（如交通费、通信费等）。"

2007年8月10日，陈×（乙方）与其任职单位广西区林业局（甲方，现更名为广西区林业厅）签订一份《职工市场运作建房合同》，载明：甲方为了改善职工住房条件，采用市场运作方式在南宁市凤岭建设住宅楼，建房所需全部资金一律由乙方承担。双方约定："一、甲方负责组织职工筹集资金按市场运作方式建设住房并持有关资料为职工办理房屋所有权证，所需费用由乙方承担。交房时间2008年11月底。因基础超深增加工程量及不可抗拒的因素等造成工期延误，交房时间顺延。二、乙方的住房为玉兰路×号第×区第×栋×单元×层×号，房屋建筑面积218平方米。另外分摊共用面积、车位一个的面积待定。核定房价款约为人民币479600元。按基建部门的规定分四次交清。实际建房价款以房屋竣工结算后的实际造价为准。三、市场运作方式建房参照商品房建设管理有关规定执行。四、本契约未尽事项甲、乙双方可另行议定，其补充议定书双方签章后与本契约具有同等效力。"

上述住房转让协议、合同签订之后，郭×生以陈×名义向其单位支付了购房款479600元，交纳了房屋契税14388元。2011年5月31日，陈×办理了林业新村第×区×号楼×单元×号房屋的交接手续。同日，陈×将涉案房屋的钥匙及相关凭据等交付给郭×生。

一审法院认为：

关于《广西区林业局市场运作建设住房转让协议》是否有效的问题。首先，涉案房屋性质为市场运作方式建设住房，而单位开发市场运作方式建设住房的目的是合理利用单位土地资源，改善职工住房条件。陈×取得认购指标后，将房屋对外出售获取利益，损害了其他职工的合法权益。其次，根据市场运作方式建设住房的性质，认购资格具有明显的人身属性，陈×将其认购的住房对外出售，未经林业厅同意，损害了社会公共利益。最后，依据《中华人民共和国城市房地产管理法》第三十八条规定，未依法登记领取权属证书的房地产不得转让。涉案房屋至今未取得房屋所有权证书，房屋所有权不明晰，陈×出售房屋的行为违反了前述法律的强制性规定。根据《中华人民共和国合同法》第五十二条的规定，郭×生、陈×签订的《广西区林业局市场运作建设住房转让协议》应属无效合同。

关于郭×生的诉讼请求能否支持的问题。如前所述，双方签订的《广西区林业局市场运作建设住房转让协议》为无效合同。《中华人民共和国合同法》第五十八条规定：合同无效或者被撤销后，因该合同取得的财产，应当予以返还；不能返还或者没有必要返还的，应当折价补偿。有过错的一方应当赔偿对方因此所受到的损失，双方都有过错的，应当各自承担相应的责任。因此，郭×生要求陈×交付讼争房屋并将该房屋过户至郭×生名下，应予驳回。同时，双方对讼争车位的使用权及所有权未做约定，故郭×生主张陈×交付讼争车位并将该车位过户至郭×生名下，亦应予驳回。

一审法院判决：
驳回郭×生的全部诉讼请求。

二审法院审理查明：
本院对一审判决认定的事实予以确认。
本院另查明：经本院依职权向广西壮族自治区林业厅调查，广西壮族自治区林业厅出具《关于协助调查有关情况的复函》载明：一、陈×与我厅于2007年8月10日签订的《职工市场运作建房合同》，当时住房正在建设当中，不存在41711号车位号，住房合同意向性的安排车位，也没有明确车位使用权或是所有权的问题。二、我厅职工郭×生以陈×名义购买的林业新村×区×栋×单元×层×号房已付款479600元，住房交给购房户使用以后，根据广西南宁林业新村车库分配建议方案中的抽签安排，取得41711号车位号，该款中原则上包含41711号车位款项，但目前我厅林业新村职工市场运作房尚未完成项目竣工总结算，车位款的具体数额暂无法确定。

二审法院认为：

上诉人郭×生与被上诉人陈×具备完全民事行为能力，双方经平等、自愿协商订立《广西区林业局市场运作建设住房转让协议》，系双方真实意思表示。上诉人郭×生与被上诉人陈×订立协议时，涉案房屋尚未建成，该协议所指向的涉案市场运作房享有的权利属于资格权利，是一种可期待物权，本质上属债权范畴，双方订立《广西区林业局市场运作建设住房转让协议》约定转让该资格权利，内容未违反法律、行政法规的强制性规定，亦未侵害国家或案外第三人的合法权益，该《广西区林业局市场运作建设住房转让协议》应属有效合同，双方均应恪守履行。

被上诉人陈×以违反《中华人民共和国城市房地产管理法》第三十八条第（六）项的规定及损害社会公共利益为由，主张该协议为无效合同。本院认为，《中华人民共和国城市房地产管理法》第三十八条第（六）项属行政管理性规定，不属于认定民事合同效力的强制性规范，《广西区林业局市场运作建设住房转让协议》的内容亦未违背公序良俗，被上诉人陈×的主张理由不充分，本院不予支持。

再者，双方订立协议后，上诉人郭×生已付清涉案房屋的建房款，现该房建成后已交付上诉人郭×生，《广西区林业局市场运作建设住房转让协议》已实际履行，现被上诉人陈×以前述理由主张合同无效，显然违背诚实信用原则。被上诉人陈×又以上诉人未依约支付转让费10000元为由主张《广西区林业局市场运作建设住房转让协议》已解除。本院认为，双方自2005年9月9日订立合同至被上诉人陈×于2011年将房屋交付给上诉人郭×生，其间被上诉人陈×对于订立《职工市场运作建房合同》、缴纳房款及契税、办理交房等手续均予以配合，从未向上诉人郭×生追讨欠款或要求解除合同，若上诉人郭×生未支付转让费，被上诉人陈×的上述行为显然与常理不符，其抗辩理由并不充分，本院不予采纳。据此，上诉人郭×生请求确认《广西区林业局市场运作建设住房转让协议》有效，合法有据，本院予以支持。

成立并生效的合同对当事人均具有约束力，双方应恪守履行。双方签订的《广西区林业局市场运作建设住房转让协议》第二条约定，被上诉人陈×负有协助上诉人郭×生办理建房及办房产证等相关手续的合同义务。因目前涉案房屋及车位是否完全具备办理不动产登记的条件尚不明确，因此待涉案房屋及车位具备办理不动产登记手续的条件后，被上诉人陈×应协助上诉人郭×生办理不动产过户手续，过户至上诉人郭×生名下。被上诉人陈×辩称《广西区林业局市场运作建设住房转让协议》没有约定车位的转让事项，但从广西壮族自治区林业厅《关于协助调查有关情况的复函》可知，上诉人已付建房款中包括车位的款项，且上诉人已实际占有使用涉案车位，故被双方约定转让的资格权利应包含车位，被上诉人陈×的抗辩理由并不成立，本院不予采纳。关于房屋交付的问题，双方均确认被上诉人陈×办理涉案房屋的交接手续后，已将涉案房屋的钥匙及相关凭据交付给上诉人郭×生，被上诉人陈×的交付义务已履行完毕，上诉人郭×生再次主张被上诉人陈×履行交付义务，于法无据，本院不予支持。

综上所述，一审判决认定基本事实清楚，但适用法律错误，实体处理不当，本院予以纠正。

二审法院判决：

一、撤销南宁市青秀区人民法院（2015）青民一初字第1426号民事判决；

二、上诉人郭×生与被上诉人陈×于2005年9月9日签订的《广西区林业局市场运作建设住房转让协议》为有效合同；

三、被上诉人陈×待南宁市玉兰路1号林业新村第×区×号楼×单元×号房屋及×号车位具备办理不动产登记手续条件后六十日内协助上诉人郭×生将上述房屋及车位过户至上诉人郭×生名下；

四、驳回上诉人郭×生的其他诉讼请求。

10

买卖被查封的房屋，合同有效吗？

案情简介

2018年10月20日，王美丽与黄小鸭签订《房屋买卖合同》，约定由王美丽将其名下房产售予黄小鸭，成交总价为40万元。双方在合同中就分期给付购房款的时间、数额以及违约责任进行了详细约定。同时，王美丽和黄小鸭均知晓交易房屋目前尚处于被法院查封的状态，因而双方约定所有查封、解封的相关事宜均由王美丽负责，待房屋解除查封后王美丽应协助黄小鸭办理过户手续。

2018年12月3日，黄小鸭按照合同约定分期给付了房款15万元，但王美丽一直未能履行解除房屋查封的合同义务，黄小鸭诉至法院要求王美丽退还购房款并赔偿违约金。王美丽称依照《中华人民共和国城市房地产管理法》第三十八条第二款"司法机关和行政机关依法裁定、决定查封或者以其他形式限制房地产权利的不得转让"的规定，双方签订的买卖合同应属无效。

争议焦点

买卖被法院查封的房屋，双方签订的《房屋买卖合同》有效吗？买受人能否要求出卖人赔偿违约金？

律师观点

依据《中华人民共和国物权法》第十五条规定的区分原则，签订房屋买卖合同属于债权行为，而房屋的过户属于物权行为，涉案房屋是否存在查封，仅对房屋的过户（即物权行为）发生影响，并不影响合同（即债权行为）的效力。同时，买卖双方是在平等、自愿基础上签订的合同，并不存在《中华人民共和国合同法》第五十二条规定的无效情形。《中华人民共和国城市房地产管理法》第三十八条的规定仅属于管理性强制规定，而不能作为认定合同效力的法律依据，所以买卖合同合法有效，黄小鸭可要求王美丽返还购房款并赔偿违约金。

律师建议

1. 购买二手房之前要进行查档，尽量不要冒险选择所有权状况有限制的房屋，因为很可能无法顺利取得房屋所有权。

2. 若购买已经被法院查封的二手房，可将购房款直接支付到法院账户用于解除查封，并在合同中明确付款的方式。

3. 房屋解除查封后，立即办理房屋所有权变更登记手续，以免在过户前有其他债权人再次将房屋进行查封。

相关法条

《中华人民共和国合同法》

第八条　依合同履行义务原则

依法成立的合同，对当事人具有法律约束力。当事人应当按照约定履行自己的义务，不得擅自变更或者解除合同。

依法成立的合同，受法律保护。

第五十二条　合同无效的法定情形

有下列情形之一的，合同无效：

（一）一方以欺诈、胁迫的手段订立合同，损害国家利益；

（二）恶意串通，损害国家、集体或者第三人利益；

（三）以合法形式掩盖非法目的；

（四）损害社会公共利益；

（五）违反法律、行政法规的强制性规定。

第六十条　严格履行与诚实信用

当事人应当按照约定全面履行自己的义务。当事人应当遵循诚实信用原则，根据合同的性质、目的和交易习惯履行通知、协助、保密等义务。

第一百零七条　违约责任

当事人一方不履行合同义务或者履行合同义务不符合约定的，应当承担继续履行、采取补救措施或者赔偿损失等违约责任。

《最高人民法院关于适用〈中华人民共和国合同法〉若干问题的解释（二）》

第十四条　合同法第五十二条第（五）项规定的"强制性规定"，是指效力性强制性规定。

《中华人民共和国物权法》

第十五条　合同效力和物权效力区分

当事人之间订立有关设立、变更、转让和消灭不动产物权的合同，除法律另有规定或者合同另有约定外，自合同成立时生效；未办理物权登记的，不影响合同效力。

《中华人民共和国城市房地产管理法》

第三十八条　下列房地产，不得转让：

（一）以出让方式取得土地使用权的，不符合本法第三十九条规定的条件的；

（二）司法机关和行政机关依法裁定、决定查封或者以其他形式限制房地产权利的；

（三）依法收回土地使用权的；

（四）共有房地产，未经其他共有人书面同意的；

（五）权属有争议的；

（六）未依法登记领取权属证书的；

（七）法律、行政法规规定禁止转让的其他情形。

《中华人民共和国民法典》（于 2021 年 1 月 1 日起施行）

第一百一十九条　依法成立的合同，对当事人具有法律约束力。

第一百四十三条　具备下列条件的民事法律行为有效：

（一）行为人具有相应的民事行为能力；

（二）意思表示真实；

（三）不违反法律、行政法规的强制性规定，不违背公序良俗。

第一百五十三条　违反法律、行政法规的强制性规定的民事法律行为无效。但是，该强制性规定不导致该民事法律行为无效的除外。

违背公序良俗的民事法律行为无效。

第二百一十五条　当事人之间订立有关设立、变更、转让和消灭不动产物权的合同，除法律另有规定或者当事人另有约定外，自合同成立时生效；未办理物权登记的，不影响合同效力。

第五百零二条　依法成立的合同，自成立时生效，但是法律另有规定或者当事人另有约定的除外。

依照法律、行政法规的规定，合同应当办理批准等手续的，依照其规定。未办理批准等手续影响合同生效的，不影响合同中履行报批等义务条款以及相关条款的效力。应当办理申请批准等手续的当事人未履行义务的，对方可以请求其承担违反该义务的责任。

依照法律、行政法规的规定，合同的变更、转让、解除等情形应当办理批准等手续的，适用前款规定。

第五百七十七条　当事人一方不履行合同义务或者履行合同义务不符合约定的，应当承担继续履行、采取补救措施或者赔偿损失等违约责任。

相关案例

案件名称：王×旎、肖×房屋买卖合同纠纷
案号：（2018）粤20民终295号

上诉人（原审被告）：王×旎
被上诉人（原审原告）：肖×
原审第三人：交通银行股份有限公司中山分行
主要负责人：韩×明，该行行长

一审法院审理查明：

1. 2015年2月3日，王×旎就涉案房产签署委托书，委托赵×英办理如下事项：确定买方、商议并决定该房屋的出售价格，签署买卖合同；接受房地产登记机关询问，到房地产登记机关开具房屋证明、调取相关档案，以及办理涉案房屋的过户手续；协助买主办理涉案房屋银行贷款按揭、房屋抵押登记相关手续；代收售房款包括银行按揭贷款部分。还委托了其他事项，并明确，受托人在办理上述事项过程中，在委托权限范围内依法签署的一切相关文件、实施的法律行为及产生的法律后果，委托人均予以承认，并承担其法律责任。委托期限自委托书签署之日起至办完上述事宜止。2015年2月4日，广东省珠海市珠海公证处出具（2015）粤珠珠海第××××号公证书，内容有："兹证明王×旎于2015年2月3日来我处，在本公证员面前，在前面的委托书上签名捺右手食指指模。"

2. 2015年10月30日，王×旎（卖方、甲方，甲方代理人赵×英）、肖×

(买方、乙方)与鹏锦公司(经纪方、丙方)签订《房屋买卖合同》,约定:甲方将位于中山市×××房[权属人:王×旎,房产证号:粤房地权证中府字第××号,土地证号:中府国用(2012)第易33087××号,有抵押登记]售予乙方,成交总价为200000元。第一笔房款:甲方有银行按揭,有法院查封,待甲方解除查封后,乙方做公证委托,甲方转委托权给乙方,乙方以200000元减去银行未到期本金123220元,乙方一次性支付76780元给甲方,银行未到期本金从2015年11月1日起由乙方按月交纳,并负责偿还未到期本金123220元。如甲方中途不卖、一房多卖、重卖、该房产查封,导致乙方无法顺利办理产权过户或无法顺利领取房屋所有权证,均视为甲方违约,甲方除将所收全部房款(或定金)和乙方所缴纳的银行按揭费退回乙方,还需支付同等金额的违约金(含乙方所缴纳的银行按揭费)给乙方;如乙方有装修甲方还需赔偿装修费给乙方。该房产和原来买卖合同引起查封,甲方乙方都知晓,签订本合同与原合同买卖合同无关,所有查封解封均由甲方负责,甲乙双方必须按现有约定执行。合同还约定了其他内容。

3. 赵×英分别于2015年10月30日、2015年11月3日出具收款收据,确认收到肖×支付的购房款16780元、60000元,并明确:除银行按揭剩余款已全部付清。

4. 2015年11月8日,王×旎(卖方、甲方,甲方代理人赵×英)、肖×(买方、乙方)签订《房屋买卖补充协议》,补充约定公证委托办理时间、交房时间等内容。

5. 肖×提供的中山市不动产登记资料证明表(2016年10月16日)显示,涉案房产为王×旎单独所有,并于2012年10月25日办理抵押登记,抵押权人为交通银行中山分行。涉案房产现依肖×申请被一审法院查封,其他查封已解除。

6. 肖×提供的银行卡交易明细显示,肖×分别于2015年10月30日、2015年11月3日向赵×英转账16780元、60000元。2015年11月、12月,2016年1月、2月、5月至7月、9月至12月,2017年1月至11月,肖×每月向余×业(赵×英丈夫)转账1000元。

7. 王×旎提供房屋买卖合同及房屋租赁合同显示,2015年2月7日,涉案房产已经出售给周×。涉案房产2014年3月8日至2015年3月8日承租人为案外人秦×,2015年6月30日至2017年6月30日承租人为案外人彭×龙。

8.2016年11月14日，中山长宜房地产代理有限公司出具证明，证明王×旎于2015年8月19日将涉案房产出售给案外人陈×莉，因王×旎无法自行解除房产被查封事宜，导致无法继续履行合同。

9.一审庭审中，肖×述称之所以与赵×英签订购房合同，是因为有公证委托书、房屋所有权证原件及房屋钥匙；其从2015年11月起按约支付银行按揭款，并支付76780元购房款；肖×是自然人，锦鹏公司是法人；本案限制交易的情形已不存在，肖×同意代王×旎向银行偿还银行贷款。王×旎述称，2015年10月肖×一开始是与赵×英沟通的；同月，肖×已装修入住，赵×英报警后无法解决，只能把涉案房产转让给肖×。公证委托书是针对与周×签订合同所做，当时制作了一式五份，由于王×旎对法律知识不熟，因此与周×签订合同后没有收回公证委托书；因为与其母亲是一家人，所以没有收回房屋所有权证原件。房屋出租给彭×龙，合同约定租期为2015年6月至2017年6月，实际上只出租了2015年7月至9月；据赵×英陈述，彭×龙通过现金支付三个月租金及押金，然后不知道和肖×怎么沟通的，把涉案房产出售了。王×旎确认余×业是其丈夫。第三人交通银行中山分行述称，截至2017年11月12日，借款人尚欠银行113533.06元。每月应偿还供楼款732.13元，但利率调整后每月供楼款可能会变化。如果肖×代为偿还银行贷款是代余×业偿还。

一审法院认为：

本案为房屋买卖合同纠纷。双方争议的焦点为赵×英代王×旎与肖×签订的《房屋买卖合同》是否有效。

王×旎经公证委托赵×英，赵×英代理王×旎与肖×签订房屋买卖合同及补充协议书，该行为未超越公证委托书确定的代理权限。王×旎称赵×英与肖×存在恶意串通情形，但未提供任何证据予以证明，一审法院不予采信。

虽然涉案合同签订时，涉案房屋处于被查封状态，但买卖被查封的房屋不违反法律强制性规定。此外，肖×系中介方的法定代表人，购买涉案房产、一房多卖也不违反法律强制性规定，故涉案合同合法有效，双方均应恪守履行。

合同约定，所有查封、解封均由王×旎负责。合同签订后，肖×已依约向王×旎代理人赵×英支付购房款共计76780元，并代为偿还按揭贷款；王×旎未依约解除查封，导致涉案房屋无法过户至肖×名下，构成违约，应当承担违约责任。现涉案房产已经解除查封，涉案合同有继续履行之可能，对于肖×要求王×旎继续履行涉案合同的主张，一审法院予以支持。涉案房产抵押给交通银行中山分行，肖×应代为申请提前还贷，并按合同约定支付剩余贷款及利息。交通银行中山分行收取贷款后，应当申请注销抵押权。注销抵押权后，王×旎应将涉案房产过户给肖×。

一审法院判决：
一、王×旎与肖×继续履行签订于2015年10月30日的《房屋买卖合同》；肖×于一审判决生效之日起七日内向第三人交通银行中山分行申请提前还款并支付贷款及利息以注销抵押权，第三人交通银行中山分行收到上述款项后七日内申请注销抵押权；
二、王×旎应于抵押权注销后七日内将位于中山市×××房的房产过户给肖×。

二审法院审理查明：
一审判决审理查明的事实清楚，本院予以确认。
本院另查明：
1. 2018年3月12日，余×业向本院提交中止审理申请书，以其对于涉案房屋买卖合同的签订不知情，王×旎单方出售涉案房屋的行为属于无权处分，损害其合法权益，其将通过另案诉讼主张权利为由，请求本院中止本案的审理。
2. 2015年10月30日，王×旎（卖方、甲方，甲方代理人赵×英）、肖×（买方、乙方）与鹏锦公司（经纪方、丙方）签订的《房屋买卖合同》就房屋所有权过户时间的事宜约定：甲方有法院查封，甲方解除查封后，由乙方还清银行按揭后，乙方可自行决定房屋所有权过户时间，但乙方过户前必须告知甲方，乙方有权决定房屋所有权过户人或者指定的人，甲方不得有异议。
3. 2015年11月8日，王×旎（卖方、甲方，甲方代理人赵×英）、肖×（买方、乙方）签订《房屋买卖补充协议》，双方约定：在甲方房屋法院诉讼解封后，甲、乙双方办理房屋所有权公证委托书，如不办理房屋所有权公证委托书，甲方可直接过户给乙方。

二审法院认为：
本案为房屋买卖合同纠纷。根据民事诉讼的相对性审查规则，二审应当围绕当事人的上诉请求进行审理；当事人没有提出请求的，不予审理。但一审判决违反法律禁止性规定，或者损害国家利益、社会公共利益、他人合法权益的除外。故本案二审争议焦点为：涉案的房屋买卖合同是否有效。对此，本院作如下分析：

第一，虽然王×旎主张赵×英的代理权限仅限于代理其与案外人周×完成另案房屋买卖合同的相关事宜，赵×英无权代王×旎签订涉案的房屋买卖合同。但根据广东省珠海市珠海公证处出具的（2015）粤珠珠海第×××号公证书载明的内容来看，王×旎公证委托赵×英进行涉案房屋的交易事宜，王×旎并未将委托交易对象限定为案外人周×，该公证书亦未提及王×旎此前与周×存在的房屋买卖合同关系。故王×旎的该说法，理据不足，本院不予采信。本院认定赵×英与肖×签订涉案的房屋买卖合同并未超出其委托代理权限。

第二，王×旎以肖×系中介方鹏锦公司的法定代表人，涉案房屋买卖合同名为买卖合同实为委托出售合同为由，主张涉案房屋买卖合同系赵×英与肖×恶意串通的结果，该合同损害了王×旎的合法权益，属于无效合同。虽然从双方签订合同的内容来看，王×旎与肖×签订的涉案房屋买卖合同确实约定了转委托公证的事宜，而且从双方关于"房屋产权过户时间"的约定内容来看，肖×可以自行决定房屋产权过户对象及过户时间，即双方当事人在涉案房屋买卖合同中约定的上述内容存在将两次房产过户手续简化为办理一次房产过户手续，有规避交易过户税费的嫌疑，应属于无效条款。但双方已通过签订补充协议的方式变更了上述约定内容，即双方最终约定，王×旎可不办理产权公证委托书，直接将涉案房产过户至肖×名下，此为正常的房产交易的约定，并不违反法律或行政法规的规定。而肖×在本案中也是按照该约定提起本案诉讼，主张将涉案房产过户至其本人名下，所以双方关于办理过户的约定合法有效。王×旎以此为由主张涉案合同无效，明显缺乏依据。此外，因涉案房屋买卖合同已明确约定了房屋转让的价格，故肖×是否是中介方的法定代表人，并不影响王×旎出售涉案房屋并收取房屋价款的权益。同时，王×旎主张涉案合同无效所依据的《房地产经纪管理办法》并不属于《中华人民共和国合同法》第五十二条第（五）项规定的"法律、行政法规"。王×旎以涉案房屋买卖合同违反《房地产经纪管理办法》的相关规定为由主张涉案合同无效，理据不足，本院亦不予支持。

第三，虽然涉案房屋买卖合同签订前，赵×英已就涉案房屋与案外人周×签订房屋买卖合同。但签订房屋买卖合同的行为属于负担行为、债权行为，就同一房屋所签订的数份房屋买卖合同是否能够履行，应如何履行，属于合同履行的问题。我国现行法律并未规定"一房多卖"的行为所涉的相关合同属于无效合同。故王×旎以涉案房屋属于"一房多卖"为由，主张涉案房屋买卖合同无效，理据不足，本院不予支持。

第四，虽然涉案房屋买卖合同签订时，涉案房屋上有查封，但如前所述，签订房屋买卖合同属于债权行为，而房屋的过户属于物权行为。涉案房屋是否存在查封，仅对房屋的过户（即物权行为）发生影响，并不影响合同的效力。同时，王×旎主张合同无效所依据的《中华人民共和国城市房地产管理法》第三十八条的相关规定属于管理性规定，不能作为认定涉案合同效力的法律依据。

此外，虽然王×旎的配偶余×业主张涉案房屋买卖合同的签订未征得其同意，王×旎单方出售涉案房屋的行为属于无权处分。但从涉案房屋买卖合同的履行过程来看，肖×签订涉案房屋买卖合同后，已根据合同约定向余×业名下的银行账户转账支付多笔款项用于涉案房屋偿还交通银行中山分行的抵押贷款，余×业并未提供证据证明其在此期间曾向肖×提出过异议。故本院认定余×业对于涉案房屋买卖合同的签订系知晓的，一审判决判令双方当事人继续履行涉案房屋买卖合同并无不当，本院予以维持。

综上，上诉人王×旎的上诉请求没有事实及法律依据，本院不予支持。一审判决认定事实清楚，适用法律正确，处理并无不当，应予维持。

二审法院判决：
驳回上诉，维持原判。

11

中介公司代收定金，房屋买卖关系是否成立？

案情简介

王美丽委托中介公司出售其名下的一套房屋，中介公司遂将房屋介绍给黄小鸭，并通过微信告诉黄小鸭购房条件、价格、支付方式及交房时间等信息。买卖双方达成意向后，出卖人王美丽给中介公司发微信，同意以94万元的价格出售该房屋，并委托中介公司代收买受人黄小鸭保证金1万元后转入其银行账户，到账后该笔保证金自动转为购房定金，若违约则赔付买受人双倍定金和经纪方定金4%的服务费，且承诺收到房款后于2018年6月2日前到中介公司和买受人签订买卖合同以及办理相关过户手续。

2018年5月18日，黄小鸭向中介公司支付1万元保证金，中介公司给黄小鸭出具收据，并注明出卖人王美丽签收后，该笔保证金自动转为定金。同日，黄小鸭作为买受人在《房屋买卖合同》上签名，但王美丽未在该合同上签名。

2018年5月21日，中介公司将1万元保证金通过支付宝转账支付给王美丽，并在转账说明中注明款项是购买房屋的定金。但之后王美丽突然决定取消交易，并向中介公司返还买受人定金1万元和赔偿中介服务费200元。黄小鸭因此诉至法院，要求王美丽和中介公司双倍返还其定金2万元。

争议焦点

买卖双方在未签订买卖合同的情况下，中介公司代出卖人收取了定金，房屋买卖关系是否成立？

律师观点

买卖关系是否成立，关键是看中介公司是否已取得出卖人的授权或者取得出卖人的事后追认。对于买卖双方而言，定金的目的即保证双方能按时签订正式的房屋买卖合同，如果一方违约导致无法签订合同，定金是对守约方的保护和救济。

根据《中华人民共和国民法总则》第一百六十二条的规定，只要买受人开出的买卖条件明确具体，并且中介公司取得了出卖人同意以该条件出售房屋的代收定金授权，中介公司便可作为出卖人的代理人收取定金，其代理行为对出卖人产生法律效力，双方买卖关系成立。若中介公司没有取得授权，但出卖人在事后对中介公司的代收行为予以追认，或亲自收下中介公司转交的定金，买卖关系也同样成立。

上述案例中，买卖双方之间没有签订书面的房屋买卖合同，但是通过王美丽发给中介公司的微信、中介公司出具的定金收据和使用支付宝转付定金的记录等证据，可以证明双方之间已形成了事实上的房屋买卖合同关系。双方之间的房屋买卖合同关系是在自愿、平等的基础上建立的，没有违反法律、行政法规的强制性规定，是合法有效的。

出卖人王美丽收到定金后，没有按其在微信中确认的时间与买受人黄小鸭签订房屋买卖合同和办理过户手续，并将已收取的定金退还给中介公司，该行为已构成违约。买受人黄小鸭要求出卖人王美丽双倍返还定金依法有据。但中介公司为居间人，不是房屋买卖关系的相对方，也不是定金的实际收受方，中介公司只是取得出卖人授权后代收取定金的代理人，故黄小鸭要求中介公司双倍返还定金没有依据。

律师建议

1. 在房屋买卖交易过程中，留存交易记录和凭证十分重要，日后产生纠纷时，保留下来的证据是维护自身合法权益的关键。

2. 作为买受人，若向中介公司支付定金，应要求中介公司提供出卖人的书面授权，或当场通过电话、短信或微信等方式与出卖人进行确认并留存证据。

3. 对于中介公司，在实际交易过程中，通常出卖人对中介公司的授权仅为口头授权，虽然法律上认可基于口头授权，中介公司可以代出卖人收取定金，但是需要有相应的证据证实。为防止过后出卖人反悔而中介公司又缺乏相关证据证明授权来源，中介公司应在代收定金前进行书面确认或通过电话录音、短信或微信等方式予以确认并留存证据，亦可要求出卖人直接提供收款账户由买受人直接支付。

相关法条

《中华人民共和国民法总则》

第一百六十二条 代理人在代理权限内，以被代理人名义实施的民事法律行为，对被代理人发生效力。

《中华人民共和国担保法》

第八十九条 当事人可以约定一方向对方给付定金作为债权的担保。债务人履行债务后，定金应当抵作价款或者收回。给付定金的一方不履行约定的债务的，无权要求返还定金；收受定金的一方不履行约定的债务的，应当双倍返还定金。

《最高人民法院关于适用〈中华人民共和国担保法〉若干问题的解释》

第一百一十五条 当事人约定以交付定金作为订立主合同担保的，给付定金的一方拒绝订立主合同的，无权要求返还定金；收受定金的一方拒绝订立合同的，应当双倍返还定金。

《中华人民共和国民法典》（于2021年1月1日起施行）

第一百六十二条 代理人在代理权限内，以被代理人名义实施的民事法律行为，对被代理人发生效力。

第五百八十六条 当事人可以约定一方向对方给付定金作为债权的担保。定金合同自实际交付定金时成立。

定金的数额由当事人约定；但是，不得超过主合同标的额的百分之二十，超过部分不产生定金的效力。实际交付的定金数额多于或者少于约定数额的，视为变更约定的定金数额。

第五百八十七条 债务人履行债务的，定金应当抵作价款或者收回。给付定金的一方不履行债务或者履行债务不符合约定，致使不能实现合同目的的，无权请求返还定金；收受定金的一方不履行债务或者履行债务不符合约定，致使不能实现合同目的的，应当双倍返还定金。

相关案例

案件名称：季×诉孙×华定金合同纠纷

案号：（2014）沪一中民二（民）终字第2382号

上诉人（原审被告）：季×
被上诉人（原审原告）：孙×华
原审第三人：吴×

一审法院审理查明：

季×系上海市浦东新区高青路×弄×号302室房屋（以下简称"系争房屋"）所有权人。2013年11月4日，孙×华为购买系争房屋，向第三人上海锐×房地产经纪事务所（以下简称"锐×房产事务所"）支付购房意向金5000元。

2013年11月6日，孙×华先行签署《房地产买卖居间协议》一份，该居间协议中"买受方（乙方）"处手写为孙×华姓名，"出卖方（甲方）"处未作填写，居间方盖印为"上海瑞阳不动产"。居间协议约定系争房屋总房价款为488万元，孙×华支付5000元作为购房意向金，如出卖方在买卖合同上签字，则该意向金转为定金，以担保买卖合同履行；并约定了委托期限、居间义务、居间报酬等内容。

同日，孙×华另签署编号为SH00000××的《房屋买卖合同》一份，该《房屋买卖合同》中"买受方（乙方）"手写为孙×华姓名，"出卖方（甲方）"处未作填写，约定系争房屋转让价款为488万元。该合同第三条约定："为办理交易过户手续之需，甲、乙双方同意于本合同签署后10个工作日内前往居间方签订示范文本的《上海市房地产买卖合同》。除另有约定外，前述约定期限届满日为甲、乙双方签订示范合同的日期。"该合同第四条付款方式约定为："4.1乙方应于签订示范合同并申请办理公证手续（若需）后当日内，通过居间方转付或自行支付甲方首期房价款（含定金）119万元（包含尾款5万元，由居间方代为保管）；4.2乙方通过银行贷款方式支付第二期房价款266万元，乙方应于签订示范合同并申请公证手续（若需）后7日内向贷款银行申请贷款，签订一切相关合同，办理其他一切相关手续；贷款的放款期限以贷款银行规定或借款合同约定为准，但乙方应于取得（□以贷款银行为抵押权人的他项权证，□以乙方为权利人过户的收件收据）（注：上述两项内容前方框内未作选择）后5个工作日将其交付给贷款银行；4.3乙方应于2014年1月15日前支付甲方房价款103万元；4.4乙方应于本合同第七条约定的过户期限内或满足该条约定的过户条件前办理出符合过户及抵押登记条件的银行贷款手续，若乙方申请的贷款额度不足或者无法获得贷款的，应当在过户同时将相应部分房价款支付甲方。"第六条约定:"甲、乙双方应于乙方银行贷款划入甲方收款账户后2天内对该房地产进行验看、清点,确认无误后,由甲方交付给乙方,并由乙方自行或通过居间方支付甲方5万元。"第七条约定:"甲、乙双方应于2014年1月15日之前向房地产交易中心申请办理产权过户及抵押(若有)登记手续。"第十一条约定:"本合同所涉定金为担保本次买卖交易的顺利履行而设立。甲方同意将收到的定金交居间方保管,若甲方将该房地产权证原件交居间方保管,则甲方可以从居间方处取回保管的定金。在甲方收到乙方支付的定金后,若甲方违约不卖,则应向乙方双倍返还定金;若乙方违约不买,则已支付甲方的定金不予返还。"第十七条手写条款约定:"甲、乙双方约定488万元为甲方净到手价,定金在甲方签字当天补到贰万元整。甲方确定此房是满五年唯一。过户5个工作日贷到账。乙方看到甲方产权证原件当天定金补足壹拾万元。"

孙×华在上述《房地产买卖居间协议》及《房屋买卖合同》落款处签名后,第三人吴×于当日将《房地产买卖居间协议》及《房屋买卖合同》通过手机微信拍照方式发送给季×,并微信告知季×将上述文件发送至季×邮箱。季×随后微信回复:"4.2条没勾清楚。"第三人吴×在《房屋买卖合同》相应条款处"以乙方为权利人过户的收件收据"内容前方框内打钩,再将打钩内容以手机微信拍照方式发送给季×。之后,第三人吴×根据季×要求在该合同第十七条手写条款内容后补写:"尾款变为贰万元,从第二笔付款103万元中扣除。"第三人吴×再次以手机微信拍照方式将补写内容发送给季×。

2013年11月7日,季×向第三人吴×发送微信内容为:"昨晚不方便接电话,你没写款清交房。"同日,第三人吴×向季×发送微信,告之季×授权格式,内容为:"本人(姓名+身份证号码)同意以编号SH00000××的《房屋买卖合同》条件出售高青路×弄×号302室的房屋,并授权吴×签署此协议。"并将吴×本人的身份证以手机微信拍照方式发送给季×。

2013年11月8日,季×通过微信将其银行账号、开户银行名称、身份证照片发送给第三人吴×,并发送微信内容:"本人(季×34070219760401××××)同意以编号SH00000××的《房屋买卖合同》条件出售高青路×弄×号302室的房屋,并授权吴×签署此协议。款清交房。"之后,季×将系争房屋所有权证以手机微信拍照方式发送给第三人吴×。当日,第三人吴×代季×在上述《房屋买卖合同》上签字。孙×华向第三人锐×房产事务所支付购房意向金15000元。

2013年11月9日，季×向第三人吴×发送微信，询问定金到账事宜，第三人吴×在《房屋买卖合同》第十七条手写条款内容后再次补充："乙方愿意11月9日支付中介方捌万元，由中介方代为支付给甲方作为定金。"之后，季×同意由第三人吴×将孙×华支付的2万元作为定金汇入季×银行账户，其中50元作为汇款手续费由吴×扣除，吴×实际汇入季×银行账户19950元。之后，孙×华将其余定金8万元汇入季×银行账户。当日，季×与第三人吴×另有电话联系，通话中，季×对孙×华是否有贷款能力提出质疑，吴×称可通过花钱方式将孙×华贷款资质做成首套房等。

2013年11月14日，季×向第三人吴×发送微信，内容为："小吴，由于卖房决定的时候受到误导，我决定取消交易及授权，打到我账上的款可退。请和你的客户沟通并安排善后。谢谢。"

2013年11月15日，季×向第三人吴×发送微信，提出：孙×华购买系争房屋并非首套，无法贷到买卖合同约定的贷款成数，并且无法过户后5个工作日到账等。

2013年11月16日，第三人锐×房产事务所对系争房屋的买卖合同进行了网上信息登记，登记的卖售人为"王×来"，买受人为"吴×"。当日，季×与第三人吴×微信往来，季×仍对孙×华贷款记录能否消除提出疑虑，第三人吴×进行解释。

2013年11月17日，季×向第三人锐×房产事务所负责人员蒋×发送《取消交易及所有相关委托之正式通知》的电子邮件，内容为：因吴×声称客户可贷款266万元，并可以过户后5天内贷款全款到账，并汇款99950元到季×账户，但之后客户告知季×其无银行关系，要给银行钱才能办出贷款，该节事实系重要欺诈情节，会给交易带来风险，故取消委托等。同日，季×与第三人吴×的微信往来中，第三人吴×向季×发送微信内容：如孙×华贷款办不出，其公司愿意拿266万元垫资，在过户当天支付；同时，孙×华也愿意若贷款不成一次性付款等。

2013年11月23日，孙×华及其丈夫姚×君通过第三人吴×手机与季×通话，季×认为消除孙×华贷款记录的做法存在风险，怀疑过户后5日贷款是否能到账，提及要求孙×华一次性付款。姚×君提出双方可签订补充协议，过户5个工作日内贷款未到账，则孙×华现金补足，以解决季×提出的贷款风险问题。季×对此未置可否。

2013年11月26日，季×与孙×华丈夫姚×君通话，姚×君要求季×明确房屋是否仍出售，季×提出前段时间资金紧张，并提出自己愿意出售房屋，但其丈夫不愿出售。孙×华提出加价至500万元，季×表示次日回复。

2013年11月28日，季×与姚×君再次通话，姚×君提出因季×不再出售房屋，要求补偿孙×华5万元。季×表示只同意补偿2万元，姚×君让步至4万元，季×不予同意。谈话中，季×提及愿意以510万元的价格重新将房屋出售给孙×华。

2013年12月3日，姚×君向季×发送微信提出，因季×不愿出售房屋，要求退还10万元定金等。季×微信回复，交易取消系中介方欺诈造成，中介方应承担责任；同意退还定金，但提出退定金要中介方确认，且要孙×华书面说明交易取消等。

2014年1月，孙×华诉至原审法院，要求解除双方就系争房屋签订的买卖合同，季×双倍返还孙×华定金20万元。季×辩称，孙×华及第三人吴×存在恶意串通行为，损害其利益，其不存在因房价上涨而不愿履约的行为，其在整个立约过程中并无过错。同意解除买卖合同，但不同意孙×华双倍返还定金之诉请，孙×华之定金应归其所有。第三人吴×、锐×房产事务所共同述称，季×所述孙×华之贷款风险并不存在。

至庭审结束止，季×尚未退还孙×华定金。

一审法院认为：
依法成立的合同，受法律保护。

关于本案争议焦点一：第三人吴×代季×签订的《房屋买卖合同》是否有效。法院认为，季×通过微信方式授权第三人吴×代为签订《房屋买卖合同》，其授权内容明确，授权方式于法不悖。第三人吴×基于季×的授权，以季×的名义与孙×华签订《房屋买卖合同》，由此产生的法律效果直接归属于季×，孙×华与季×之间就系争房屋的《房屋买卖合同》成立并生效。季×主张孙×华与第三人恶意串通及存在欺诈行为，该辩解缺乏相应依据，法院不予采纳。

关于本案争议焦点二：就系争房屋的《房屋买卖合同》未能履行是否系季×违约造成。法院认为，孙×华与季×之间就系争房屋的《房屋买卖合同》成立并生效后，孙×华依据《房屋买卖合同》向季×支付了10万元定金，季×已收取该定金后，方通过微信及邮件等方式，提出其拒绝履行《房屋买卖合同》及取消授权的意思表示。而季×提出拒绝履约的理由系认为合同约定的贷款方式下，孙×华的贷款成数及放款时限存在交易风险。对此，法院认为，季×并无确切证据表明孙×华之付款能力存在障碍，且即使存在孙×华贷款成数不足的情形，双方《房屋买卖合同》中亦对孙×华的现金补付义务作了明确约定，并不存在季×主张之贷款风险。故季×主张拒绝履约的理由，并不构成合法抗辩事由，法院不予采纳。孙×华主张《房屋买卖合同》解除，季×对合同解除亦无异议，法院予以准许，双方的《房屋买卖合同》应予解除。因《房屋买卖合同》解除系季×违约造成，按买卖合同约定应当双倍返还定金，孙×华之诉讼请求，法院予以支持。

一审法院判决：

一、解除第三人吴×代被告季×与原告孙×华就上海市浦东新区高青路×弄×号302室房屋签订的《房屋买卖合同》；

二、被告季×应于本判决生效之日起十日内双倍返还原告孙×华定金共计20万元。

二审法院认为：

尽管2013年11月在涉案的《房地产买卖居间协议》《房屋买卖合同》签订时上诉人季×不在上海，但其通过微信的方式同意并委托中介吴×为其代理人代为出售系争房屋，而被上诉人孙×华亦据此向季×转账支付了10万元定金（吴×扣除了50元作为汇款手续费），因此季×与孙×华之间就系争房屋建立了定金合同法律关系。之后，吴×与季×多次微信往来商谈系争房屋具体的出售事宜，但最终季×以担心孙×华贷款不成、无力支付全额房款等理由而要求解约，但又未就此提供其不安的相应依据，因此季×该担忧因缺乏充分有效的依据而不成立。在此情况下，双方最终未能签订《上海市房地产买卖合同》，系争房屋未进一步交易成功的原因及责任在于季×，故孙×华可以要求季×双倍返还定金。

原审法院根据查明的事实所作本案判决，客观有据，应予维持。上诉人季×的上诉请求，缺乏依据，本院不予支持。

二审法院判决：

驳回上诉，维持原判。

第二章
合同履行

12

连环买卖，最后的买受人能否直接要求首个出卖人协助过户？

案情简介

2018年6月9日，王美丽将一套房子卖给了黄小鸭。在办理过户前，黄小鸭又将房子卖给了李小花。因房屋尚未过户至黄小鸭名下，黄小鸭无法配合李小花办理过户手续，李小花将王美丽诉至法院要求王美丽将房屋过户至其名下。

争议焦点

出卖人将房屋出售给买受人，买受人再出售给第三人，买受人未要求出卖人协助办理过户手续，第三人是否有权要求出卖人将房屋过户至其名下？

律师观点

协助办理房屋过户手续是房屋买卖中出售方应履行的一项附随义务。黄小鸭与王美丽签订的《房屋买卖合同》合法有效，王美丽应当按照约定将房屋过户至黄小鸭名下，但因黄小鸭并未向王美丽提出请求，黄小鸭未取得该房屋的所有权，不具备将房屋所有权过户给李小花的条件，也不具备协助李小花办理房屋过户的条件。而李小花与王美丽之间不存在房屋买卖合同关系，根据合同的相对性原则，李小花无权请求王美丽将房屋过户至其名下。

律师建议

1. 买受人在签订房屋买卖合同前应当核实房屋所有权人与合同相对方是否一致，如买受人明知房屋尚未过户至出卖人名下，应在合同中约定无法过户的违约责任。

2. 在起诉时买受人应当明确诉讼的对象为合同的相对方。

相关法条

《中华人民共和国合同法》

第八条　依合同履行义务原则

依法成立的合同，对当事人具有法律约束力。当事人应当按照约定履行自己的义务，不得擅自变更或者解除合同。

依法成立的合同，受法律保护。

《中华人民共和国民法典》（于 2021 年 1 月 1 日起施行）

第一百一十九条　依法成立的合同，对当事人具有法律约束力。

第五百零九条　当事人应当按照约定全面履行自己的义务。

当事人应当遵循诚信原则，根据合同的性质、目的和交易习惯履行通知、协助、保密等义务。

当事人在履行合同过程中，应当避免浪费资源、污染环境和破坏生态。

相关案例

案件名称：周×强、周×平等与庞×球、张×芳房屋买卖合同纠纷

案号：（2015）贵民二终字第165号

上诉人（一审原告）：周×强

上诉人（一审原告）：周×平

被上诉人（一审被告）：庞×球

被上诉人（一审被告）：张×芳

被上诉人（一审被告）：朱×洪（又名朱洪）

一审法院审理查明：

2004年11月15日，张×芳、朱×洪与庞×球签订一份《契约》，约定：张×芳、朱×洪将其夫妻共有的登记在张×芳名下的坐落于贵港市港北区××镇××小区××号的楼房一幢［房屋所有权证号：××，国有土地使用证号：贵国用（2001）字第××号］转让给庞×球。

2009年11月5日，庞×球（甲方）与周×强、周×平（乙方）签订《商住楼土地转让协议书》，约定：庞×球以150万元的价格将上述房屋转让

给周×强、周×平；甲方有责任协助乙方办理该房屋权属过户手续，所需税费及其他转户费或其他一切费用由乙方自行解决。

协议书签订后，周×强、周×平依约向庞×球交付购房款140万元。庞×球将该房屋交付给周×强、周×平使用，同时移交了该房屋的房屋所有权证和国有土地使用证，与张×芳的房屋买卖契约及出租给韦×华使用的租赁协议。

2010年1月5日，周×强、周×平付给庞×球办理国有土地使用证和房屋所有权证变更登记手续费3万元。

2014年8月18日，周×强、周×平向港北区人民法院提起诉讼，请求庞×球、张×芳、朱×洪将贵港市港北区××镇××小区××号楼房的房屋所有权证、国有土地使用证变更过户到其名下。

另查明，上述房屋的建设用地使用权类型为划拨性质，使用权面积为103.2平方米，房屋建筑面积为705.2平方米。

一审法院认为：

本案的争议焦点为：庞×球、张×芳、朱×洪是否应共同协助周×强、周×平办理房屋所有权的过户变更登记手续。

周×强、周×平要求庞×球履行协助办理房屋产权的过户变更登记手续的诉讼请求应不予支持。

首先，庞×球转让给周×强、周×平的房屋是张×芳、朱×洪转让给庞×球的夫妻共有房屋，庞×球已付清购房款，张×芳、朱×洪也交付了房屋，但房屋所有权一直登记在张×芳名下，并未变更登记至庞×球名下，依法物权尚未转移，庞×球未依法享有该房屋的不动产物权。

其次，由于房屋物权属于张×芳、朱×洪共有，庞×球将未依法享有物权的房屋转让给周×强、周×平属于无权处分行为，并且双方订立合同后至今，庞×球亦未取得房屋的处分权。原告请求本院判令被告庞×球将其无处分权的物权转移（过户）登记其名下，于法无据，且无法履行。

再次，从庞×球交付房屋以及相关产权证书来看，双方当事人在签订《商住楼土地转让协议书》时已明知房屋是登记在张×芳名下，庞×球转让房屋属无权处分行为，周×强、周×平仅依据该份合同是无法实现房屋物权的变更登记，构成对合同该项约定的客观履行不能，由此造成的交易风险应由当事人自行承担。

因此，周×强、周×平请求被告庞×球将已由原告购买的坐落于贵港市港北区××镇××小区××号房屋的房屋所有权证、国有土地使用证变更过户到原告名下（房屋价值 150 万元）依据不足，理由不充分，对该诉讼请求不予支持。

张×芳、朱×洪不应承担协助周×强、周×平办理房屋过户变更登记手续的责任。

首先，本案讼争的法律关系是房屋买卖合同纠纷，由于涉讼房屋已经两次协议转让，其中一份合同的当事人是张×芳、朱×洪与庞×球，另外一份合同的当事人是庞×球与周×强、周×平。张×芳、朱×洪不是庞×球与周×强、周×平签订合同的当事人，不应对该合同承担义务。

其次，债权人要求债务人履行义务的基础是合同的约定或者是法律的规定。本案周×强、周×平主张张×芳、朱×洪与庞×球共同履行协助义务，既没有合同的约定，也没有法律的规定，因此周×强、周×平主张张×芳、朱×洪与庞×球共同承担协助义务依据不足，对该请求不予支持。

一审法院判决：

驳回周×强、周×平的诉讼请求。本案一审案件受理费 18300 元，由周×强、周×平承担。

二审法院认为：

协助办理房屋过户手续是房屋买卖中出售方应履行的一项附随义务。张×芳、朱×洪与庞×球签订的《契约》合法有效，张×芳、朱×洪收取庞×球购房款并交付了房屋后，有义务协助庞×球办理房屋过户手续，将房屋过户到庞×球名下。但由于庞×球并未向张×芳、朱×洪提出请求并未向房产管理部门申请和交纳相关税费，以致张×芳、朱×洪原坐落于贵港市港北区××镇××小区××号房屋［房屋所有权证号：××，国有土地使用证号：贵国用（2001）字第××号］尚未过户到庞×球名下，庞×球未取得该房屋的所有权，不具备将房屋所有权过户给上诉人的条件，也不具备协助上诉人办理房屋过户的条件。上诉人与张×芳、朱×洪不存在合同关系，无权请求张×芳、朱×洪直接将房屋过户至其名下。因此，上诉人请求庞×球、张×芳、朱×洪将贵港市港北区××镇××小区××号楼房的房屋所有权证、国有土地使用证变更过户到其名下缺乏事实和法律依据，一审法院驳回其诉讼请求并无不当,应当维持;上诉人上诉理由不能成立,应当驳回。

二审法院判决：
驳回上诉,维持原判。

13

房屋出卖人死亡，其继承人有无继续履行合同的义务？

案情简介

2017年6月5日，王美丽与黄小鸭签订一份《房屋买卖合同》，约定王美丽将房屋出售给黄小鸭，双方应于2017年7月25日办理过户手续。

2017年6月29日，王美丽意外死亡。

2017年7月12日，王美丽的遗产分割完毕，涉案房屋由王小丽继承，并已将涉案房屋过户至王小丽名下。

2017年7月15日，黄小鸭得知王美丽死亡，涉案房屋已经由王小丽继承，遂向王小丽发出《履行合同通知书》，要求王小丽按照《房屋买卖合同》约定的时间配合办理过户手续。

2017年7月25日，王小丽以出卖人已死亡，合同终止为由拒绝配合办理过户手续，于是黄小鸭诉至法院要求王小丽继续履行《房屋买卖合同》。

争议焦点

房屋出卖人死亡，其继承人是否有义务继续履行合同？

律师观点

王美丽与黄小鸭签订的《房屋买卖合同》合法有效，对双方均具有约束力，王美丽作为出卖方应当依照该《房屋买卖合同》的约定履行相应的合同义务。王美丽死亡后，王小丽作为王美丽的继承人在继承涉案房屋所有权的同时，也继受了《房屋买卖合同》项下的权利义务，王美丽的死亡不属于导致合同终止的事由。因此，王小丽作为王美丽的继承人，在继承了《房屋买卖合同》项下的权利义务后应当继续履行合同，配合黄小鸭办理涉案房屋的过户手续。

律师建议

1. 得知合同一方死亡，另一方应当及时与房屋继承人取得联系，向继承人发出履行合同通知，要求继承人配合办理相关手续；该通知应附上房屋买卖合同的复印件，以便继承人知悉合同内容并进行相应的配合。

2. 如果买受人因出卖人死亡而想要解除合同，则需在合同中约定将该情形作为可以解除合同的条件；如该条件出现后，买受人应及时向出卖人的继承人发出解除合同的通知。

相关法条

《中华人民共和国合同法》

第六十条　严格履行与诚实信用

当事人应当按照约定全面履行自己的义务。当事人应当遵循诚实信用原则，根据合同的性质、目的和交易习惯履行通知、协助、保密等义务。

第一百零七条　违约责任

当事人一方不履行合同义务或者履行合同义务不符合约定的，应当承担继续履行、采取补救措施或者赔偿损失等违约责任。

《中华人民共和国继承法》

第三条　遗产范围

遗产是公民死亡时遗留的个人合法财产，包括：

（一）公民的收入；

（二）公民的房屋、储蓄和生活用品；

（三）公民的林木、牲畜和家禽；

（四）公民的文物、图书资料；

（五）法律允许公民所有的生产资料；

（六）公民的著作权、专利权中的财产权利；

（七）公民的其他合法财产。

第三十三条　继承遗产与清偿债务

继承遗产应当清偿被继承人依法应当缴纳的税款和债务，缴纳税款和清偿债务以他的遗产实际价值为限。超过遗产实际价值部分，继承人自愿偿还的不在此限。

继承人放弃继承的，对被继承人依法应当缴纳的税款和债务可以不负偿还责任。

《中华人民共和国民法典》（于 2021 年 1 月 1 日起施行）

第五百零九条　当事人应当按照约定全面履行自己的义务。

当事人应当遵循诚信原则，根据合同的性质、目的和交易习惯履行通知、协助、保密等义务。

当事人在履行合同过程中，应当避免浪费资源、污染环境和破坏生态。

第五百七十七条　当事人一方不履行合同义务或者履行合同义务不符合约定的，应当承担继续履行、采取补救措施或者赔偿损失等违约责任。

第一千一百二十二条　遗产是自然人死亡时遗留的个人合法财产。

依照法律规定或者根据其性质不得继承的遗产，不得继承。

第一千一百五十九条　分割遗产，应当清偿被继承人依法应当缴纳的税款和债务；但是，应当为缺乏劳动能力又没有生活来源的继承人保留必要的遗产。

第一千一百六十一条　继承人以所得遗产实际价值为限清偿被继承人依法应当缴纳的税款和债务。超过遗产实际价值部分，继承人自愿偿还的不在此限。

继承人放弃继承的，对被继承人依法应当缴纳的税款和债务可以不负清偿责任。

相关案例

案件名称：贾×欣与熊×房屋买卖合同纠纷

案号：（2014）一中民终字第 03514 号

上诉人（原审被告）：贾×欣

被上诉人（原审原告）：熊×

一审法院审理查明：

刘×与贾×欣系母子关系，贾×欣系刘×与贾×独子。

2012 年 12 月 22 日，贾×欣、刘×与熊×签订《北京市存量房买卖合同》，其中约定：出卖人为刘×、贾×欣，买受人为熊×；出卖人所售房屋 142 号，房屋性质为已购公房；经买卖双方协商一致，该房屋按套计价，总成交价格为人民币 1550000 元；买受人向公积金管理中心申办贷款，买受人因自身原因未获得银行或公积金管理中心批准的，买受人应继续申请其他银行贷款，或自筹剩余房价款；出卖人未按照约定将房屋交付买受人的，每逾期一日，出卖人应支付买受人已付房价款10%的违约金，逾期十日的，买受人有权选择解除合同，买受人选择解除合同的，出卖人应向买受人支付总房款的10%的违约金；买受人未按照约定的时间付款的，每逾期一日，买受人应支付出卖人已付房价款10%的违约金，逾期十日的，出卖人有权选择解除合同，出卖人选择解除合同的，买受人应向出卖人支付总房款的10%的违约金；当事人双方同意，该房屋取得房屋所有权证之日起一日内或买受人取得批贷许可之日起二十日内，双方共同向房屋权属登记部门申请房屋权属转移登记手续；自本合同签订之日起，当事人双方不得变更合同条款，不得单方面解除本合同，买受人向出卖人支付定金人民币贰万元作为担保；如因当事人一方的原因致使该房屋自本合同签订之日起半年内未取得房屋权属证书的，本合同继续履行，由过错方向另一方支付房价款的10%作为补偿。

补充约定：补充协议与合同正文约定不符的，以补充协议为准。1. 合同签订当日支付定金贰万元整，佣金叁万壹仟元整；2. 买受人于2012年12月28日支付壹拾捌万元整首付款；3. 买受人申请公积金贷款，出卖人必须配合，批贷当时支付剩余首付款，并于3日内双方办理产权登记手续；4. 出卖人收到总房款155万元后，最晚于2013年6月30日前交房。

合同签订当日，熊×向刘×、贾×欣支付定金2万元，刘×、贾×欣向熊×出具收条。2012年12月28日，熊×向刘×、贾×欣支付房屋购置首付款18万元，刘×、贾×欣向熊×出具《首付款收据》1张。后双方因为房屋价格、办理贷款问题产生纠纷，最终未协商一致，熊×未办理成功住房公积金贷款。

另查明：涉案房屋现登记在贾×欣父亲贾×名下，贾×于刘×、贾×欣与熊×签订上述《北京市存量房买卖合同》之前即已去世，刘×于2013年12月11日去世。案件审理中，熊×向法院交纳剩余房屋购置款135万元。

一审法院认为：

依法成立的合同，对当事人均具有法律约束力，当事人应本着诚实信用的原则按照约定履行自己的义务，不得擅自变更或解除合同。

本案中，诉争房屋原系贾×与刘×的夫妻共同财产，在贾×去世之后，贾×对于诉争房屋的财产份额应由其合法继承人予以继承。本案现有证据证实，刘×、贾×欣系贾×合法的第一顺位继承人，在没有证据证明有其他合法继承人以及存在继承人丧失、放弃继承权等法定情形的前提下，刘×、贾×欣应是诉争房屋的共有权人，对于诉争房屋有充分的处分权。故刘×、贾×欣与熊×签订的《北京市存量房买卖合同》属合法有效，当事人应依约履行。现刘×已去世，且熊×已将合同约定的剩余房屋购置款全部交付，作为诉争房屋所有权唯一的合法继承人，贾×欣已通过继承取得诉争房屋的所有权，理应按照合同约定协助熊×办理诉争房屋过户手续并交付房屋。故对于熊×要求贾×欣继续履行合同、协助办理过户以及交付房屋的诉讼请求，法院予以支持。

同时，贾×欣在庭审中提出因"国五条"的出台，其再行购买其他房屋可能会缴纳税费，所以才与熊×协商上涨房屋价格，但贾×欣在庭审中自认诉争房屋系其唯一住房且是在20世纪购买的，北京市为贯彻"国五条"出台的细则规定的个人所得税针对的对象是取得住房不满五年或者出卖住房系家庭生活非唯一住房的出卖人，因此，对于此意见，法院难以采纳。

一审法院判决：

贾×欣于本判决生效之日起十日内协助熊×将142号的房屋直接过户至熊×名下，并交付给熊×。

二审法院认为：

因继承取得物权的，自继承开始时发生效力。诉争房屋虽登记在贾×名下，但在贾×去世时，刘×、贾×欣作为贾×合法的第一顺位继承人，即基于继承取得了诉争房屋的所有权，因此贾×欣以诉争房屋未登记在其名下主张合同无效的上诉请求缺乏法律依据，本院不予支持。

当事人应当按照合同约定履行自己的义务，刘×去世后，贾×欣作为唯一继承人，享有对诉争房屋的全部所有权，其应当依约履行合同。依照双方签订的合同，熊×支付剩余房款的来源为公积金贷款，并未约定熊×支付剩余房款的期限为2013年6月30日。贾×欣以熊×未在2013年6月30日前支付剩余房款为由主张熊×违约缺乏法律依据，本院不予采信。

现熊×已将合同约定的剩余房屋购置款交付，合同具备继续履行的条件，贾×欣负有继续履行合同、协助熊×办理过户及交付房屋的义务。

原审判决认定事实清楚，适用法律正确，应予维持。

二审法院判决如下：

驳回上诉，维持原判。

14

收到解除通知三个月后才提出异议，合同是否解除？

案情简介

2018年4月30日，黄小鸭与王美丽签订了《房屋买卖合同》，约定由王美丽将其名下的房屋出售给黄小鸭，黄小鸭应在2018年5月1日支付首付款30万元，逾期15天未支付，王美丽有权解除合同。

因黄小鸭未如期付款，王美丽于2018年5月5日向黄小鸭邮寄了《催款函》，要求黄小鸭支付首期购房款，但黄小鸭至2018年5月20日仍未支付。

2018年5月21日，王美丽向黄小鸭的送达地址邮寄了《解除合同通知》，该《解除合同通知》于2018年5月25日被签收。

2018年9月3日，王美丽委托中介另行出售房屋。

2018年10月5日，黄小鸭向法院起诉，要求王美丽继续履行《房屋买卖合同》，王美丽辩称，双方的买卖关系已解除。

争议焦点

收到解除通知后三个月才要求继续履行合同的，能否得到支持？

律师观点

合同是否应当继续履行，主要看王美丽发出的《解除合同通知》是否生效，《房屋买卖合同》是否已经解除。

本案中王美丽于2018年5月5日向黄小鸭邮寄了《催款函》，要求黄小鸭支付首期购房款，至2018年5月20日黄小鸭仍未支付，按照双方签订的《房屋买卖合同》的约定，王美丽享有合同约定的解除权。

根据《中华人民共和国合同法》第九十六条规定，当事人一方主张解除合同的，应当通知对方；合同自通知到达对方时解除。2018年5月21日，王美丽向黄小鸭邮寄《解除合同通知》，该《解除合同通知》于 2018 年 5 月 25 日被签收，因此双方签订的《房屋买卖合同》于 2018 年 5 月 25 日已解除。

本案中合同并未约定合同解除的异议期，根据《最高人民法院关于适用〈中华人民共和国合同法〉若干问题的解释（二）》第二十四条的规定，黄小鸭对《解除合同通知》的效力有异议的，应在收到解除合同通知之日起三个月内向人民法院提起诉讼，否则无法得到支持。但黄小鸭在收到解除合同通知后三个月内未提起诉讼，因此黄小鸭的诉讼请求不会得到法院的支持。

律师建议

1. 守约方享有解除权应在约定或法定的解除权行使期间内行使，且行使解除权要发出解除合同的通知，在通知到达对方的时候，合同才得以解除。

2. 对于解除合同的通知有异议的，应当在合同约定或法定的三个月异议期内提出异议并向人民法院提起诉讼。

相关法条

《中华人民共和国合同法》

第九十六条　解除权的行使

当事人一方依照本法第九十三条第二款、第九十四条的规定主张解除合同的，应当通知对方。合同自通知到达对方时解除。

对方有异议的，可以请求人民法院或者仲裁机构确认解除合同的效力。法律、行政法规规定解除合同应当办理批准、登记手续的，依照其规定。

《最高人民法院关于适用〈中华人民共和国合同法〉若干问题的解释（二）》

第二十四条　当事人对合同法第九十六条、第九十九条规定的合同解除或者债务抵销虽有异议，但在约定的异议期限届满后才提出异议并向人民法院起诉的，人民法院不予支持；当事人没有约定异议期间，在解除合同或者债务抵销通知到达之日起三个月以后才向人民法院起诉的，人民法院不予支持。

《中华人民共和国民法典》（于 2021 年 1 月 1 日起施行）

第五百六十五条　当事人一方依法主张解除合同的，应当通知对方。合同自通知到达对方时解除；通知载明债务人在一定期限内不履行债务则合同自动解除，债务人在该期限内未履行债务的，合同自通知载明的期限届满时解除。对方对解除合同有异议的，任何一方当事人均可以请求人民法院或者仲裁机构确认解除行为的效力。

当事人一方未通知对方，直接以提起诉讼或者申请仲裁的方式依法主张解除合同，人民法院或者仲裁机构确认该主张的，合同自起诉状副本或者仲裁申请书副本送达对方时解除。

相关案例

案件名称：黄×为、李×玲房屋买卖合同纠纷
案号：（2018）粤 13 民终 1967 号

上诉人（原审原告、反诉被告）：黄×为
被上诉人（原审被告、反诉原告）：李×玲
原审第三人：惠州市良景××有限公司
法定代表人：黄×良

一审法院审理查明：

2016 年 4 月 20 日，原告黄×为作为乙方（买方）与被告李×玲作为甲方（卖方）及第三人惠州市良景××有限公司作为丙方（经纪人）签订《广东省惠州市房地产买卖居间合同》（合同编号：HZRA20160420），主要约定有：

（1）乙方（买方）姓名：黄×为，联系电话：157××××0983，联系地址：广东省汕尾市城区凤山街道奎山三片龙泉小区石油宿舍×栋×××号……乙方购买甲方名下位于惠州市云山××单元××号的房产（房地产权证号为：粤房地权证惠州字第××号，建筑面积 87.64 平方米）……

（2）交易方式：甲乙双方同意本物业交易价格为人民币伍拾柒万元整（¥570000 元）。签署本合同时，乙方应缴纳定金贰万元整（¥20000 元）给丙方代管，乙方同意将定金还可以作为甲方应承担费用的预付款，甲方履行完合同义务当日该定金还可以由丙方扣除相关费用直接支付给甲方作为交易的一部分。甲乙丙三方明确定金的担保数额，不因丙方扣除中介服务费而减少，但出现因乙方违约扣下定金时丙方应足额向甲方支付定金，丙方应收的费用应另行主张。办理物业的产权登记的费用承担方式为乙方承担。甲方应在签订本合同时将房屋所有权证及相关资料交给丙方作为过户之用……

（3）付款方式：银行按揭。首期房款（不含定金）人民币贰拾万元整

（¥200000），乙方在签订《广东省房地产买卖合同》甲方偿还银行抵押款当日存入房产交易中心资金监管专用账户。乙方在丙方协助下向银行申请15年六成（即35万元）贷款，此贷款作为房价余款在办妥交易过户及抵押登记后，由贷款银行直接划入甲方在该贷款银行所开设的账户，同时甲方有义务协助办理按揭手续。产权过户：委托丙方办理……甲乙双方应积极协助丙方办理相关手续，并在签署本合同之日5个工作日内分别提供办理产权转移所需的全部资料给丙方，如因甲、乙任何一方提交资料的迟延，丙方办理手续的实际相应延长……

（4）违约责任：甲方逾期交付房屋或乙方逾期支付房款的，均视为违约。逾期15天仍未能履行，守约方有权解除合同，解除合同后，违约方应向守约方按交易价格的10%支付违约金，并需配合办理重新过户手续以及承担由此产生的相关费用，如三方均同意履行，则违约方应从违约之日起，按照总房价的0.5‰向守约方支付违约金直至实际履行之日止。

同日，第三人向原告开具了一份《收据》，确认收到黄×为交的购房定金20000元。之后，原、被告之间并未签订书面购房合同。2016年5月3日，第三人向黄×峰开具了一份《收款收据》，确认收到黄×峰交付过户费30000元。2016年7月24日，第三人向原告开具了一份《收款收据》，确认收到13000元。

另查，被告提交第三人于2016年4月20日开具的《收款收据》确认收到李×玲的交楼押金5000元。同时，被告提交其向手机号码为157××××0983发送的短信截图，该手机短信的内容载明："你好，我是惠州市云山××单元××号房业主，现正式通知你履行广东省惠州市房地产买卖居间合同，请你于2016年7月23日至2016年7月31日将首付款200000元打入房产交易中心资金监管专用账户，于2016年8月1日至2016年8月14日履行房产过户手续，结清尾款，逾期视为违约，解除合同。"

2016年7月26日，被告向原告邮寄发出一份《购房催款函》，正式通知原告履行合约。请原告于2016年7月23日至2016年7月31日内交付首付款人民币200000元。并于2016年8月1日至8月14日内履行房产过户手续，同时结清尾款，逾期视为违约合同自动解除。该函经被告签字确认。

2016年7月26日，被告寄给第三人的《购房催款函》显示："……距双方2016年4月20日签订的《广东省惠州市房地产买卖居间合同》至今已三个多月了……至今本人未收到首付款，更不用说收到尾款了。现在正式通知你司履行居间合同,请你司敦促买方于2016年7月23日至2016年7月31日内交付首付款人民币200000元(贰拾万元整),并于2016年8月1日至8月14日内履行所有房产过户手续,同时结清尾款,逾期合同自行解除!"

2016年9月13日,广东惠泰律师事务所律师许燕妮向原告黄×为邮寄发出了第一份《律师函》,并告知原告"收到本函3日内主动与委托人联系并支付全额购房款。否则,我们只能协同李×玲根据现有的证据以及相关的法律提起诉讼,以维护自身合法权益……"

2016年10月27日,被告向原告邮寄了由广东惠泰律师事务所律师许燕妮出具的第二份《律师函》。该函显示:"……2016年9月13日,我方根据委托人李×玲陈述的事实与理由,已向您投递一份《律师函》,要求您在收到《律师函》3日内主动联系委托人李×玲,并按照合同的约定以及口头约定,及时向其支付全额房款并履行所有房产过户手续。但至今为止,委托人李×玲并未实际收到一分钱购房款。根据您与委托人李×玲签订的《广东省惠州市房地产买卖居间合同》约定,您逾期支付房款的,视为违约。逾期5天仍未能履行,委托人李×玲有权解除合同,解除合同后,违约方应向守约方按交易价格的10%支付违约金。自您与委托人李×玲就房屋买卖纠纷一事发生后,委托人李×玲一共向您发出过两封函件(不含此封),第一封已于2016年7月28日送达,函件内要求您于2016年8月14日前履行所有房产过户手续并结清尾款,否则将以您违约为由要求解除合同。第二封《律师函》则于2016年9月13日寄出,要求您在3日内支付全额购房款。但直至今日,您依然没做任何回应,不能按照合同约定履行您的付款义务……委托人李×玲要求与您解除房屋买卖合同关系并要求您赔偿相关损失。综上所述,作为李×玲的委托代理人,我们代表委托人李×玲正式向您提出解除《广东省惠州市房地产买卖居间合同》关系,并保留依法向您追究违约金赔偿的权利……"

2016年10月27日,被告向第三人邮寄了由广东惠泰律师事务所律师许燕妮出具的《律师函》。该函载明:"惠州市良景××有限公司……至今为止贵司始终保持消极态度,从未主动与委托人李×玲沟通联系,更没有积极履行居间商的义务直到现在,委托人李×玲还是没有实际收到一分钱购房款,也没有得到任何交代……现委托人李×玲以书面形式告知贵司,其与黄×为房屋买卖合同关系正式解除,其将没收黄×为交付的全部定金或要求违约金赔偿。因此贵司暂扣的黄×为交付的伍仟元定金,依法归委托人李×玲所有,请贵司及时归还。且关于该房屋的相关房屋产权证件、钥匙等,也应归还给委托人李×玲。另外,我方再次希望贵司作为居间商应依法依约履行相关职责,尽快告知对方相关事宜并处理好后续相关手续。综上所述,作为李×玲的委托代理人,我们也真诚地希望您能够站在委托人的立场上思考,体谅委托人的难处,并在收到本函3日内主动与委托人联系并退还暂扣的定金、房产证、钥匙等属委托人李×玲所有的东西。否则,我们只能协同李×玲根据现有的证据以及相关的法律提起诉讼,以维护自身合法权益……"

2017年8月24日,第三人提交了一份其与被告的手机短信记录截图。该短信截图内容载明:"20160725 周一 16∶53 李姐,你现在考虑怎么样,客户那边有时间,可以去银行面签,你那边有没有时间?";"20160725 周一 23∶01 不好意思,现在才看到,明天下午看,早上我老公没空;下午去;地点";"河南岸曼哈顿交通银行;这边我给客户说一下,明天下午";"20160726 周二 09∶25 李姐,我已经给客户约好,下午2点半到交通银行面签";"20160726 周二 13∶29 经理,等你们协商好时间后,再尽快通知面签时间吧";"20160726 周二 16∶38 李姐,我现在能给做的,就是全程加快给你办理……大家说好下午到银行面签,你又说没有协商好,不过来面签,现在客户配合,你现在又有意见,你这样做对大家都没有好处……";"20160726 周二 17∶18……现正式通知你履行广东省惠州市房地产买卖居间合同,请你于2016年7月23日至2016年7月31日将首付款200000元打入房产交易中心资金监管专用账户,于2016年8月1日至2016年8月14日履行房产过户手续,结清尾款……我要求的是这个时间,大家都没协商好时间";"你都说了,是你安排的时间了,你单方面的意思,之前合同签的没有说这个时间,我都说了,客户人家都同意加快,你这边又有想法。我现在想给你解决,都没有办法……";"20160815 周一 17∶51 周经理,我给你们的宽限期已经过了,买家现在还能不能全额付清房款?不能的话合同就自行解除了,买方已经违约,我的房产证和你们所收的交楼押金归还给我就行了。剩下的手续请你们尽快处理好!";"李小姐,是你自己不愿意办理,你不配合办理,你非得要自己按自己的要求设置什么宽限期,大家只能按合同走法律程序了";"好,乐意配合"。对此,第三人在庭审中称:"手机持有人及发信息的人是签订三方协议的周×培本人,是第三人的公司员工,有签订劳动合同。"

2017年7月3日,案外人杜×作出了一份《情况说明》显示:"因李×玲与黄×为存在房屋买卖合同纠纷,为便于法院厘清案件事实,本人对2016

年7月26日寄出的快递单号为101239112×××的快递作如下情况说明：本人与李×玲分别于2016年5月3日及2016年4月20日将我们各自所有的位于惠州市云山花园路17号博远云山名苑C栋的两宗房产分别出售与黄×峰及黄×为两人。因黄×峰与黄×为二人实为父子关系，且其二人在签订《广东省惠州市房地产买卖居间合同》时所留的联系地址相同，为节省邮寄成本，李×玲委托本人，在本人向黄×峰寄送《购房催款函》的同时代其一同向黄×为寄送如附件所示的《购房催款函》，本人同意代为寄送。鉴于此，2016年7月26日，本人将两份《购房催款函》以同一份快递寄给了黄×峰、黄×为父子二人，寄件人处统一只写了本人名字杜×，收件人处统一只写黄×为父亲名字黄×峰。"该《情况说明》有杜×签字捺印。

另查，根据被告提交的《房屋所有权证》显示，惠州市云山××单元××号房的权利人是李×玲，房屋所有权证号为粤2017惠州市不动产权第10015××号。对此原、被告在庭审中称有办理新的房屋所有权证。

一审法院认为：

本案系房屋买卖合同纠纷，原告、被告以及第三人惠州市良景××有限公司于2016年4月20日签订的《广东省惠州市房地产买卖居间合同》是各方当事人的真实意思表示，其内容没有违反国家法律、行政法规的强制性规定，该合同合法有效，双方当事人均应当按照合同的约定履行各自的义务。

关于各方当事人是否继续履行《广东省惠州市房地产买卖居间合同》规定义务的问题。根据《最高人民法院关于适用〈中华人民共和国合同法〉若干问题的解释（二）》第二十四条的规定："当事人对合同法第九十六条、第九十九条规定的合同解除或者债务抵销虽有异议，但当事人没有约定异议期间，在解除合同或者债务抵销通知到达之日起三个月以后才向人民法院起诉的，人民法院不予支持。"因被告已向原告于2016年7月26日邮寄了《购房催款函》通知并要求原告支付首期购房款，并对此提供了手机短信、电话录音以及证人杜×作出的《情况说明》，同时证人出庭作证予以佐证，均证明被告向原告履行了催款义务，而原告经被告催款函催收仍未支付首期购房款。

同时，被告的律师于2016年9月13日及被告于2016年10月27日向原告邮寄了《律师函》，通知并要求原告解除《广东省惠州市房地产买卖居间合同》，而据被告提交的《邮件全程跟踪查询》显示被告向原告最后寄出的《律师函》已于2016年10月28日因"拒收退回"及"收件人名址有误"未妥投而退回寄件人，即使原告并未即时收到该律师函邮件，但该邮件的收件地址及电话号码均为原告于居间合同中确认的联系信息，且《购房催款函》亦依此联系方式已妥投送至原告处，被告已履行解除合同的送达告知义务，因此该《律师函》应视为送达原告。且即使原告已于 2017 年 5 月 16 日向本院起诉申请立案，但原告并未在法律规定的通知解除合同 3 个月异议期内请求人民法院或者仲裁机构确认解除合同的效力，应视为原告同意被告解除合同。

因此，原、被告及第三人各方签订的《广东省惠州市房地产买卖居间合同》应于被告向原告最后寄出的《律师函》通知到达原告拒收时（即 2016 年 10 月 28 日）确定解除，故原告要求确认各方签订的《广东省惠州市房地产买卖居间合同》合法有效的诉请，理由不当，本院不予支持。被告反诉要求确认各方签订的《广东省惠州市房地产买卖居间合同》应予解除的诉请，理由正当，于法有据，本院予以支持。

因上述合同已经确认解除，原告要求被告继续履行房屋买卖合同义务并将位于广东省惠州市云山××单元××号的房屋不动产登记至原告名下的诉请，理由不当，本院不予支持。关于是否适用定金罚则的问题，本案中，原、被告双方最初未能依约履行合同的原因，虽系原告未能通过银行按揭贷款的初次审批导致其未能依约及时足额向被告支付购房款，但此后原告亦系在为实现合同目的而积极做准备，之后被告在原告具备交易条件情况下却未积极配合各方签订买卖合同及办理资金监管等交易手续，被告对此亦存在一定的原因力。另外，原告、被告及第三人各方亦并未在《广东省惠州市房地产买卖居间合同》中约定房屋交易的付款期限及相关违约责任。因此，结合房地产行业交易程序，各方当事人对合同未能履行完毕最终均存在一定过错。在此情形下，被告没有充分证据证明原告拒绝向被告支付购房款，因此被告反诉要求对已收取原告的 20000 元定金不予返还，理由不当，本院不予支持，被告应向原告返还 20000 元定金。若原告认为被告仍存在其他违约行为需承担违约责任，可另行起诉主张权利。对于违约金 57000 元的问题，虽然原、被告双方合同约定了违约金条款，但如上所述，合同最终未能得以履行，被告亦存在一定的过错，因此被告反诉要求原告向其支付违约金 57000 元的诉请，理由不当，本院不予支持。

一审法院判决：

一、确认原告（反诉被告）黄×为与被告（反诉原告）李×玲及第三人惠州市良景××有限公司签订的《广东省惠州市房地产买卖居间合同》于2016年10月28日已经解除；

二、驳回原告（反诉被告）黄×为的全部诉讼请求；

三、驳回被告（反诉原告）李×玲的其他反诉请求。

案件本诉受理费9500元，保全费3370元，以上费用由原告（反诉被告）黄×为负担6435元，由被告（反诉原告）李×玲负担6435元；反诉费864元，由原告（反诉被告）黄×为负担100元，由被告（反诉原告）李×玲负担764元。

二审法院认为：

本案系商品房买卖合同纠纷，根据《中华人民共和国民事诉讼法》第一百六十八条"第二审人民法院应当对上诉请求的有关事实和适用法律进行审查"的规定，综合本案各方当事人在二审中的上诉和答辩意见，**本案二审争议焦点是：涉案合同是否已于2016年10月28日解除？**

三方签订的《广东省惠州市房地产买卖居间合同》中约定"首期房款人民币200000元，乙方（上诉人）在签订《广东省房地产买卖合同》当日存入房产交易中心资金监管专用账户"，合同中并未约定首期款的具体付款时间。根据《中华人民共和国合同法》第六十二条第（四）项的规定，"履行期限不明确的，债务人可以随时履行，债权人也可以随时要求履行，但应当给对方必要的准备时间"。李×玲在黄×为因其负债过多贷款审批未通过的情况下，要求黄×为于2016年7月23日至2016年7月31日前支付首期款，已经给了黄×为一定的准备时间。黄×为在收到通知后，并未按照要求履行支付首期款的义务，已构成违约，根据《广东省惠州市房地产买卖居间合同》第六条第3项的约定，"甲方逾期交付房屋或乙方逾期支付房款的，均视为违约。逾期15天仍未能履行，守约方有权解除合同"。李×玲于2016年10月27日向黄×为发出解除合同的通知符合合同的约定。

另外，关于解除合同通知的送达问题。李×玲于2016年9月13日、2016年10月27日向黄×为邮寄了《律师函》，通知并要求解除《广东省惠州市房地产买卖居间合同》，虽然这两份快递邮件回单显示未妥投，但两份邮件的收件地址及电话号码均为黄×为于居间合同中确认的联系信息，且《购房催款函》亦依此联系方式已妥投送至黄×为处，且在本案中黄×为在一审起诉状及二审上诉状中均确认其住址为广东省汕尾市城区凤山街道奎山三片龙泉小区石油宿舍×栋×××号，因此应该认定李×玲已履行解除合同的送达告知义务。一审法院确认三方签订的《广东省惠州市房地产买卖居间合同》于2016年10月28日解除并无不当，本院予以维持。

因双方在交易过程中均存在过错，李×玲应向黄×为返还已收取的20000元定金。虽然黄×为在一审起诉时未主张要求李×玲返还定金，但因其起诉请为继续履行合同，现一审法院判决合同解除，为减少当事人诉累，本案中应对定金一并作出处理。

综上所述，黄×为的上诉请求不能成立，应予驳回；一审判决认定事实清楚，适用法律正确，应予维持。

二审法院判决：

维持广东省惠州市惠城区人民法院（2017）粤1302民初4927号民事判决第一、二、三项；

增加一判项：被上诉人李×玲应于本判决生效之日起七日内将20000元定金返还给上诉人黄×为。

15

买方失联，卖方将房屋另行出售，是否构成违约？

案情简介

2019年6月2日，黄小鸭和王美丽签订《房屋买卖合同》，约定：由王美丽将其所有的房屋出售给黄小鸭，成交价为320000元，其中定金10000元，买方应在签署本合同之日交付给卖方；首期楼款150000元，买方应在房管部门出具成功受理本次交易的递件回执当天直接支付给卖方；楼价余款160000元，由按揭贷款银行直接划给卖方。

合同还约定："买方逾期支付楼款超过30天的，卖方有权不再出售该物业给买方，买方应向卖方支付该物业成交价的10%作违约金。"

黄小鸭向王美丽支付了10000元定金后，便失去联系，王美丽积极通过电话及中介寻找黄小鸭，但无果。

2019年8月24日，王美丽在无法与黄小鸭取得联系的情况下，将涉案房屋的银行贷款还清，撤销了银行对该房屋享有的抵押权。

2019年8月28日，王美丽将房屋出售给案外人李大勇并办理了过户手续。

2019年9月5日，黄小鸭主动联系王美丽，要求王美丽继续履行合同。得知王美丽已将涉案房屋过户给了他人后，其认为王美丽的行为已经构成根本违约，遂起诉至法院，要求解除与王美丽签订的《房屋买卖合同》并要求王美丽赔偿其相应的损失。

争议焦点

合同履行过程中，买方失联，卖方在未解除合同的情况下另行出售房屋，是否构成违约？

律师观点

卖方王美丽在未解除合同的情况下另行出售房屋的行为是否违约主要依据两点：

1. 黄小鸭失联的行为是否构成根本违约？
2. 王美丽是否享有合同解除权？

本案中，黄小鸭虽在支付定金后便失去联系，但其并没有明确告知王美丽不再履行合同，在王美丽没有充足的证据推断黄小鸭在其合同履行期到来后将不履行或者无法履行合同的前提下，仅以黄小鸭失去联系为由就认定黄小鸭在其合同履行期到来后将不再履行合同，属于王美丽一方的主观臆断，没有充分的事实依据。根据《中华人民共和国合同法》第一百零八条的规定，黄小鸭的行为未构成根本违约。

另外，双方约定"买方逾期支付楼款超过 30 天的，卖方有权不再出售该物业给买方"。黄小鸭的主要义务为向王美丽支付购房款。对于首付款的支付期限，合同约定黄小鸭应在房管部门出具成功受理本次交易的递件回执当天直接支付给王美丽，而按照相关规定，涉案房屋只有在还清卖方所欠银行的房屋贷款并撤销房屋的抵押权后房管部门才会受理买卖双方递交的有关资料。王美丽撤销房屋抵押权的时间为 2019 年 8 月 24 日，之后，王美丽应和黄小鸭一同前往房管部门进行递件操作。但是王美丽在撤销抵押权后的第 4 天，即将涉案房屋直接转让给李大勇并在房管部门办理过户手续，并未超过合同中所约定的 30 天的逾期付款期限。综上，王美丽不享有合同解除权。

根据《中华人民共和国合同法》第九十六条规定，主张解除合同，应当通知对方。合同自通知到达对方时解除。本案中，即使王美丽认为黄小鸭的失联行为构成违约而要求解除合同，也应该按照法定程序来进行。因此，结合本案的具体情况，王美丽在没有证据证明黄小鸭构成根本违约及合同尚未解除的情况下，将房屋另行过户给他人的行为属于典型的"一房二卖"，违反了房屋买卖合同的主给付义务，构成根本违约。

律师建议

1. 在合同中列明各方当事人的联系电话、具体邮寄地址等信息，并注明以上联系电话和地址作为发送通知等文件的送达地址。

2. 合同签订后，双方应保持通信畅通，履行基于诚实信用原则产生的通

第二章　合同履行

知、协助等义务。

3. 建议在合同中约定明确的履行期限，如发现对方有违约行为的，立即向对方发出履行合同义务的通知书。

4. 合同一方若发现另一方存在严重违约情形，可能致使合同目的无法实现时，可向另一方发出通知，行使法定解除权解除合同。

相关法条

《中华人民共和国合同法》

第六十条第二款　当事人应当遵循诚实信用原则，根据合同的性质、目的和交易习惯履行通知、协助、保密等义务。

第九十三条　合同约定解除

当事人协商一致，可以解除合同。当事人可以约定一方解除合同的条件。解除合同的条件成就时，解除权人可以解除合同。

第九十四条　合同的法定解除

有下列情形之一的，当事人可以解除合同：

（一）因不可抗力致使不能实现合同目的；

（二）在履行期限届满之前，当事人一方明确表示或者以自己的行为表明不履行主要债务；

（三）当事人一方迟延履行主要债务，经催告后在合理期限内仍未履行；

（四）当事人一方迟延履行债务或者有其他违约行为致使不能实现合同目的；

（五）法律规定的其他情形。

第九十五条　解除权消灭

法律规定或者当事人约定解除权行使期限，期限届满当事人不行使的，该权利消灭。法律没有规定或者当事人没有约定解除权行使期限，经对方催告后在合理期限内不行使的，该权利消灭。

第一百零八条　拒绝履行

当事人一方明确表示或者以自己的行为表明不履行合同义务的，对方可以在履行期限届满之前要求其承担违约责任。

《中华人民共和国民法典》（于2021年1月1日起施行）

第五百零九条　当事人应当按照约定全面履行自己的义务。

当事人应当遵循诚信原则，根据合同的性质、目的和交易习惯履行通知、协助、保密等义务。

当事人在履行合同过程中，应当避免浪费资源、污染环境和破坏生态。

第五百六十二条　当事人协商一致，可以解除合同。

当事人可以约定一方解除合同的事由。解除合同的事由发生时，解除权人可以解除合同。

第五百六十三条　有下列情形之一的，当事人可以解除合同：

（一）因不可抗力致使不能实现合同目的；

（二）在履行期限届满前，当事人一方明确表示或者以自己的行为表明不履行主要债务；

（三）当事人一方迟延履行主要债务，经催告后在合理期限内仍未履行；

（四）当事人一方迟延履行债务或者有其他违约行为致使不能实现合同目的；

（五）法律规定的其他情形。

以持续履行的债务为内容的不定期合同，当事人可以随时解除合同，但是应当在合理期限之前通知对方。

第五百六十四条　法律规定或者当事人约定解除权行使期限，期限届满当事人不行使的，该权利消灭。

法律没有规定或者当事人没有约定解除权行使期限，自解除权人知道或者应当知道解除事由之日起一年内不行使，或者经对方催告后在合理期限内不行使的，该权利消灭。

第五百六十五条　当事人一方依法主张解除合同的，应当通知对方。合同自通知到达对方时解除；通知载明债务人在一定期限内不履行债务则合同自动解除，债务人在该期限内未履行债务的，合同自通知载明的期限届满时解除。对方对解除合同有异议的，任何一方当事人均可以请求人民法院或者仲裁机构确认解除行为的效力。

当事人一方未通知对方，直接以提起诉讼或者申请仲裁的方式依法主张解除合同，人民法院或者仲裁机构确认该主张的，合同自起诉状副本或者仲裁申请书副本送达对方时解除。

第五百六十六条　合同解除后，尚未履行的，终止履行；已经履行的，根据履行情况和合同性质，当事人可以请求恢复原状或者采取其他补救措施，并有权请求赔偿损失。

合同因违约解除的，解除权人可以请求违约方承担违约责任，但是当事人另有约定的除外。

主合同解除后,担保人对债务人应当承担的民事责任仍应当承担担保责任,但是担保合同另有约定的除外。

第五百七十八条　当事人一方明确表示或者以自己的行为表明不履行合同义务的,对方可以在履行期限届满前请求其承担违约责任。

相关案例

案件名称:王×范与谢×全房屋买卖合同纠纷
案号:(2013)清中法民一终字第934号

上诉人(原审被告、反诉原告):王×范
被上诉人(原审原告、反诉被告):谢×全

一审法院审理查明:

2012年6月2日,谢×全和王×范经位于清城区新城东8号区8-47-48号东兴楼首层3号的新干新中介公司介绍,签订了一份《房屋买卖合同》。

合同约定:"王×范将其所有的位于清远市新城东二号区×号楼的××号房屋出售给谢×全,成交价为320000元,卖方同意买方选择银行按揭付款的方式支付房屋价款。定金10000元,买方应在签署本合同的同时交付给卖方,首期楼款150000元,买方应在房管部门出具成功受理本次交易的递件回执当天直接支付给卖方,楼价余款160000元,在交易过户及抵押登记手续完成后,由贷款银行直接划给卖方。卖方不能按本合同约定将该物业售予买方,或者因违约而无法将该物业售予买方的,卖方应向买方支付该物业成交价的10%作违约金,卖方并需退回买方已付的所有费用。卖方逾期交付该物业,或者未能按时履行本合同约定的其他义务,每逾期一天,按该物业成交价的千分之一向买方支付违约金;逾期30天,买方有权不再购买该物业,卖方应退回全部已收款项并向买方支付该物业成交价的10%作违约金。买方不能按本合同约定买入该物业,或者因违约而无法买入该物业的,应向卖方支付该物业成交价的10%作违约金。买方逾期支付楼款,每逾期一天,按未付楼款金额的千分之一向卖方支付违约金;买方未按时履行本合同约定的其他义务,每逾期一天,按该物业成交价的千分之一向卖方支付违约金。逾期30天,卖方有权不再出售该物业给买方,买方应向卖方支付该物业成交价的10%作违约金。"

合同签订当日，谢×全即向王×范支付了定金10000元。

此后，新干新中介公司的员工根据谢×全提供的联系方式，一直联系不上谢×全，谢×全也一直未与中介联系，此种情况一直持续到2012年9月下旬。王×范则一直积极联系新干新中介公司，要求中介催促谢×全早日联系并进一步完成交易。

2012年8月24日，王×范将涉案房屋的银行贷款还清，撤销了银行对该房屋享有的抵押权。2012年8月28日，王×范与案外人陈×财在清远市房产交易中心签订《房地产买卖合同》，约定王×范将涉案房屋出售给陈×财。签订《房地产买卖合同》后，其二人前往清远市住房和城乡建设局办理房屋过户手续。

2012年9月，谢×全联系了新干新中介公司，在了解到王×范已将涉案房屋转让给他人并正在办理过户手续后，谢×全于2012年9月21日向清远市住房和城乡建设局申请了异议登记。

现该涉案房屋所有权人依旧为王×范，陈×财已在该房屋实际居住。

一审法院认为：

谢×全和王×范以及新干新中介公司签订的《房屋买卖合同》，是当事人的真实意思表示，不违反法律法规的规定，属合法有效的合同，买卖双方均应按照合同的约定履行各自义务。

签订合同后，谢×全按照约定于合同签订之日将定金支付给王×范。签订合同并交付定金后，谢×全的合同主要义务为向王×范支付房屋首付款。对于首付款的支付期限，双方在合同中约定谢×全应在房管部门出具成功受理本次交易的递件回执当天直接支付给王×范，而按照相关规定，涉案房屋只有在还清卖方所欠银行的房屋贷款并撤销房屋的抵押权后房管部门才会受理买卖双方递交的有关资料，王×范申请出庭作证的证人亦证实此操作流程。王×范撤销银行享有的房屋抵押权时间为2012年8月24日，之后，按照合同约定，谢×全和王×范应一同前往房管部门进行递件操作。但是王×范在撤销抵押权后的第4天，在未按照法律规定依法解除其与谢×全签订的房屋买卖合同的情况下即将涉案房屋直接转让给案外人并在房管部门办理过户手续，导致谢×全无法取得涉案房屋的所有权。

显然，王×范在未解除其与谢×全所签订的房屋买卖合同的情况下，径

直将房屋出售给案外人的行为已构成根本违约。属于典型的"一房二卖"行为，应按照合同约定承担返还已收取谢×全的定金10000元以及支付物业成交价10%的违约金的违约责任。由于涉案房屋已由案外人实际居住，谢×全的合同目的已无法实现，故谢×全请求解除双方之间签订的房屋买卖合同，具有事实和法律依据，原审法院予以支持。

对于王×范认为谢×全杳无音信的行为构成预期违约的主张，一般认为，预期违约是指在合同履行期限到来之前，一方虽无正当理由但明确表示其在履行期到来后将不履行合同，或者一方以其行为表明在履行期到来后将不履行或无法履行合同。预期违约包括明示预期违约和默示预期违约，明示预期违约的特征为违约方在履行期限到来前向合同另一方明确表示其将不再履行合同的主要债务，而默示预期违约的特征为一方预见到另一方在履行期限到来时将不履行或不能履行合同。预见的情况包括：一是不履行合同，如对方商业信用不佳，已将部分货物转卖出去等；二是没有能力履约，如出现资金困难、支付能力欠缺、欠债过多难以清偿等。

具体到本案中，谢×全无明确告知王×范其将不再履行该《房屋买卖合同》，王×范也无充足的证据推断谢×全在其合同履行期到来后将不履行或者无法履行合同的主要债务。王×范仅以谢×全签订合同后不联系中介公司，中介公司也无法联系谢×全为由就认定谢×全在其合同履行期到来后将不再履行合同，属于王×范一方的主观臆断，没有充分的事实依据。因此，谢×全在本案中既不构成明示预期违约，也不构成默示预期违约。对于王×范主张谢×全构成预期违约的意见，不予采纳，王×范要求谢×全支付违约金与滞纳金的反诉请求，原审法院不予支持。

据此，谢×全的诉请具有事实和法律依据，原审法院予以支持；王×范的反诉请求没有事实依据，原审法院不予支持。

一审法院判决：

一、解除谢×全和王×范于2012年6月2日签订的《房屋买卖合同》；

二、限王×范于本判决生效之日起10日内退还定金10000元给谢×全；

三、限王×范于本判决生效之日起10日内向谢×全支付违约金32000元；

四、驳回王×范的反诉请求。

二审法院认为：

本案系房屋买卖合同纠纷。王×范与谢×全订立的房屋买卖合同，系双方真实意思表示，不违反法律、行政法规的强制性规定，合法有效。双方应当按合同约定全面履行自己的义务，否则应当承担违约责任。根据《最高人民法院关于民事经济审判方式改革问题的若干规定》第三十五条的规定，本案二审应围绕王×范上诉请求的范围进行审理。

关于谢×全是否违约的问题。

首先，《中华人民共和国合同法》第六十条第二款规定，当事人应当遵循诚实信用原则，根据合同的性质、目的和交易习惯履行通知、协助、保密等义务。本案为房屋买卖，双方涉及大额财产往来，而此前双方互不相识，是通过中介进行交易，信任基础较为薄弱；且王×范需事先归还银行贷款涤除抵押权，所承担的风险较大。为维护双方互信，保障交易的顺利完成，合同签订后，双方应保持通信畅通，履行基于诚实信用原则产生的通知、协助等义务。案件事实反映，谢×全于2012年6月2日签订合同支付定金10000元后，新干新中介公司的员工按谢×全提供的联系方式无法联系到谢×全，谢×全也一直不与中介联系，这种状况一直持续到2012年9月下旬，长达3个多月。谢×全客观上已违反了基于诚实信用原则产生的合同义务。其次，根据《中华人民共和国合同法》第一百零八条的规定，预期违约包括明示毁约和默示毁约两种。明示毁约的特征为违约方在履行期限到来前向合同另一方明确表示其将不再履行合同的主要债务；默示毁约的特征为一方预见到另一方在履行期限到来时将不履行或不能履行合同。预见的情况包括债务人出现经营状况严重恶化；转移财产、抽逃资金，以逃避债务；丧失商业信誉；有丧失或者可能丧失履行债务能力的其他情形。本案中，谢×全并无明确表示将不履行房屋买卖合同，王×范也未能举出充足的证据证明谢×全存在默示毁约情形。因此，王×范主张谢×全构成预期违约，缺乏依据，原审法院不予认定并无不当。

关于王×范是否违约的问题。

作为房屋买卖合同，买方的主给付义务是支付购房款，卖方的主给付义务是转移房屋占有和所有权。本案中，首先，根据合同约定，签订合同后谢×全应于当日将定金支付给王×范。此后，谢×全的合同主要义务为向王×范支付房屋首付款。对于首付款的支付期限，合同约定谢×全应在房管部门出具成功受理本次交易的递件回执当天直接支付给王×范，而按照相关规定，涉案房屋只有在还清卖方所欠银行的房屋贷款并撤销房屋的抵押权后房管部门才会受理买卖双方递交的有关资料，王×范申请出庭作证的证人亦证实此操作流程。王×范撤销房屋抵押权时间为2012年8月24日，之后，谢×全和王×范应一同前往房管部门进行递件操作。但是王×范在撤销抵押权后的第4天，即将涉案房屋直接转让给陈×财并在房管部门办理过户手续，违反了房屋买卖合同的主给付义务。据此，原审法院认为王×范构成根本违约并无不当。其次，虽然谢×全已违反了基于诚实信用原则产生的合同义务，但所违反的并非房屋买卖合同主给付义务，亦不构成预期违约，王×范以谢×全杳无音讯为由主张不安抗辩权，没有法律依据。

关于违约责任如何承担的问题。

《中华人民共和国合同法》第一百二十条规定，当事人双方都违反合同的，应当各自承担相应的责任。本案中，王×范存在根本违约，谢×全违反了基于诚实信用原则产生的合同义务，均应承担相应的责任。鉴于涉案房屋已由陈×财居住使用，并正办理过户手续，且王×范与谢×全均表示不再继续履行合同，因此，对于当事人要求解除合同的诉请，本院予以支持。

根据《中华人民共和国合同法》第九十七条的规定，合同解除后，谢×全已经支付给王×范的定金10000元，王×范应当予以返还。至于违约金责任的承担，根据《房屋买卖合同》第十条和第十一条的约定，买卖一方因违约而无法完成交易的，一方应向对方支付成交价的10%作违约金。本案中，由于双方均存在违约而无法完成房屋买卖，双方所应承担的违约金责任可相互抵销。原审法院此节处理有误，本院予以纠正。

综上所述，王×范的上诉主张部分有理，对其相应上诉请求本院予以支持。原审判决认定事实清楚，但适用法律错误。

二审法院判决：

一、维持清远市清城区人民法院（2012）清城法民初字第3240号民事判决第一、二、四项；

二、撤销清远市清城区人民法院（2012）清城法民初字第3240号民事判决第三项；

三、驳回谢×全的其他诉讼请求。

16

合同注明卖方净收，个人所得税由谁承担？

案情简介

2019年11月29日，黄小鸭与王美丽签订《房屋买卖合同》，约定由王美丽将名下房屋出售给黄小鸭，标明价格为卖方净收100万元。

双方在办理房屋过户过程中，对卖方的个人所得税由谁承担出现了不同理解。王美丽认为100万元是税后金额，个人所得税应该由买方黄小鸭另行承担；黄小鸭则认为按照法律规定个人所得税应由出卖方承担。由于双方争执不下，无法办理过户手续，黄小鸭遂诉至法院。

争议焦点

合同注明卖方净收，个人所得税由谁承担？

律师观点

《中华人民共和国合同法》第八条规定，依法成立的合同，受法律保护；第一百二十五条规定，当事人对合同条款的理解有争议的，应当按照合同所使用的词句、合同的有关条款、合同的目的、交易习惯以及诚实信用原则，确定该条款的真实意思。本案中所签订的《房屋买卖合同》合法有效，房屋不能办理过户，主要在于双方对个人所得税由谁承担存在争议。这个争议应当通过交易习惯来确定"净收"的真实意思。律师认为，根据当前二手房买卖交易习惯，所谓的"净收"，一般都是指出卖人实收款项，交易过程中所产生的中介费、契税、个人所得税和过户手续费等费用全部由买受人另行承担。因此，在合同中约定"净收"，个人所得税应由买方另行承担。

律师建议

1. 签订二手房买卖合同时，应对合同价款的构成列出清单，比如是否包含拖欠的物业管理费、水电费等。

2. 在合同中列明交易过程中可能产生的费用具体由谁承担，如土地出让金、公摊、个人所得税、契税、营业税、评估费、办证工本费，等等。

3. 在合同履行过程中因政策变更，需缴纳新的税费种类或需缴纳更多税费的，对该税费由谁承担也要进行约定。

相关法条

《中华人民共和国合同法》

第八条第三款　依法成立的合同，受法律保护。

第一百二十五条第一款　当事人对合同条款的理解有争议的，应当按照合同所使用的词句、合同的有关条款、合同的目的、交易习惯以及诚实信用原则，确定该条款的真实意思。

《中华人民共和国民法典》（于 2021 年 1 月 1 日起施行）

第一百四十二条　有相对人的意思表示的解释，应当按照所使用的词句，结合相关条款、行为的性质和目的、习惯以及诚信原则，确定意思表示的含义。

无相对人的意思表示的解释，不能完全拘泥于所使用的词句，而应当结合相关条款、行为的性质和目的、习惯以及诚信原则，确定行为人的真实意思。

第四百六十五条　依法成立的合同，受法律保护。

依法成立的合同，仅对当事人具有法律约束力，但是法律另有规定的除外。

第四百六十六条　当事人对合同条款的理解有争议的，应当依据本法第一百四十二条第一款的规定，确定争议条款的含义。

合同文本采用两种以上文字订立并约定具有同等效力的，对各文本使用的词句推定具有相同含义。各文本使用的词句不一致的，应当根据合同的相关条款、性质、目的以及诚信原则等予以解释。

相关案例

案件名称：周×琴与黄×房屋买卖合同纠纷
案号：(2018) 苏 06 民终 437 号

上诉人（原审原告、反诉被告）：周×琴
被上诉人（原审被告、反诉原告）：黄×

一审法院审理查明：

2017 年 2 月 16 日，黄×（甲方）与周×琴（乙方）在海门市贴心房屋信息咨询服务部（以下简称"贴心中介"）签订《售房协议书》。约定：1. 甲方将坐落于海门市海门街道静海新村×××幢×××室房屋并附车库等一并出售给乙方，总价 104 万元，合同第 13 条附说明："甲方净拿壹佰零肆万元整"；2. 甲方同意乙方交付定金 5 万元，余额 99 万元整，其中 41 万元过户之日付，余下 58 万元贷款直接到甲方账上；3. 双方议定过户时间为 2017 年 2 月 28 日，交房时间为房款付清之日；4. 过户费用由乙方负责，中介费由乙方支付；5. 如任何一方未能执行本协议，另一方有权解除，其所造成的损失由责任方承担，并按房款总价的 20% 支付违约金。

合同签订当日，周×琴支付定金 5 万元，并支付中介费 8000 元。另，该《售房协议书》的成立，实由贴心中介（顾×琴、顾×）、巾帼中介促成。

合同签订后，双方就合同履行事宜多次通过短信、微信协商。具体如下：1. 2017 年 2 月 28 日，黄×同意周×琴于 3 月底支付"首付款"；2. 2017 年 3 月 1 日，周×琴表示其家庭经济突发困难，欲将房屋转售给他人，并且已联系到购买人，希望黄×配合其将房屋过户给新的购买人。经双方协商后，黄×表示同意；3. 2017 年 3 月 7 日，周×琴同意于 3 月底办理过户，并表示购房款已准备好，可提前办理过户；4. 2017 年 3 月 8 日，黄×通知周×琴于 3 月 13 日办理过户，周×琴表示同意；5. 2017 年 3 月 9 日，黄×通知周×琴将过户日期更改至 3 月 15 日，周×琴于 3 月 12 日表示同意。至此，双方经协商变更合同履行期限，约定于 2017 年 3 月 15 日办理过户手续。

2017 年 3 月 15 日上午，周×琴、黄×妻子等人到达行政审批中心不动产登记处，双方因 58 万元的支付方式为公积金贷款或商业贷款存在不同理解，后一并到多家银行询问，得知公积金贷款无法"直接到甲方账上"，双方发生争执。海门市公安局城中派出所接警后，组织双方协调至中午。后，顾×与周×琴确定13时30分过户。下午，周×琴与三名中介工作人员（贴心中介顾×琴、顾×及巾帼中介一名工作人员）到行政审批中心，周×琴出具书面承诺，同意"过户好直接去办贷款"。出具承诺后，一行人走出行政审批中心，计划去银行汇款，但因个人所得税的负担问题再生争执，贴心中介遂联系黄×，告知其争执情况。

3月15日下午14时54分至17时39分，贴心中介工作人员顾×与周×琴短信往来，顾×表示"我的当事人今天下午请假好和你过户，先去银行打首付款……""房东说净进104万的，合同也是那么签的""现在已经进入倒计时了，你还有一个多小时的时间，我和卖家在等你电话通知""如果你坚持认为那税收要房东出而找借口不配合过户，那你就违约了"。周×琴则认为"（商业贷款）我已经作出让步了，你还要我出个人所得税，肯定是不合理的""我在审批中心等，个人所得税决不让步，房东不来，自己负责"。3月15日下午14时42分，周×琴通知黄×办理过户手续。黄×于15时15分回复"今天我老婆、中介一直在审批中心配合你准备完成这次的过户……请按照合同先去银行打款，过户时间我等中介通知，有什么疑问麻烦你找中介沟通"。周×琴再次强调其在审批中心等，个人所得税由黄×承担，决不让步。至此，周×琴与黄×在2017年3月15日未能如约办理过户手续。

2017年3月28日至3月30日，贴心中介工作人员顾×连续三日每日短信通知周×琴"请你务必在3月底前把房子产权过户好，逾期自行负责"，周×琴未回复。2017年3月28日至3月30日，贴心中介工作人员顾×琴连续三日每日通知巾帼中介工作人员"请你通知乙方在3月底之前务必把过户手续办完"，又于3月31日11时10分通知巾帼中介工作人员及周×琴本人"我已通知甲方现通知你定于下午办理过户手续，一点半先到龙馨家园门口农业银行门口等"。巾帼中介工作人员于3月30日、3月31日将上述通知截屏发送给周×琴。周×琴回复巾帼中介工作人员"你是我乙方的中介，你让贴心中介顾×琴通知房东必须直接联系我，否则责任自负"；回复贴心中介工作人员"有什么事让房东直接联系我"。2017年3月31日下午，黄×夫妇及中介工作人员在龙馨家园门口农业银行等待，贴心中介工作人员顾×琴将等待视频上传至微信朋友圈。

一审法院认为：

关于结清房屋水电、物业服务等费用问题。房屋出售前结清水电、物业服务等费用，系卖方的附随义务，并非其应当履行的主要义务。本案中，周×琴与黄×未能过户的主要原因并非附随义务的履行，如黄×确实存在未履行附随义务情形，周×琴可依法主张权利，该情形不构成根本违约。

关于58万元贷款系公积金贷款还是商业贷款的问题。周×琴作为买受人，负有按照合同约定向出卖人黄×交付58万元购房款的义务。截至2017年3月15日，周×琴与黄×就58万元的贷款方式争议已协商解决，履行义务具体方式的不同亦非本案房屋未能过户的主要原因。

关于过户及41万元购房款义务的履行时间问题。双方签订合同后，数次变更过户日期及付款日期。在3月7日双方达成3月底过户并付款的约定后，黄×又于3月9日提出将过户日期变更为3月15日，并征得周×琴同意。黄×虽未提出付款日期也应变更为3月15日，但从书面合同的约定分析，《售房协议书》约定41万元购房款于过户之日支付，即双方应当同时履行过户和付款义务；从双方变更合同内容的过程判断，周×琴因履行困难，首先提出将付款日期变更至3月底，黄×同意后亦要求将过户日期变更至3月底，可见黄×作为出卖人，对己方的交付义务和对方的付款义务有明确认知，亦即应当同时履行；从合同履行的风险考量，买卖合同的理想状态是"钱货两讫"，黄×作为出卖人，在未全额收取购房款的情况下将房屋过户给买受人周×琴，其风险已大于周×琴，此时若黄×自愿增加风险，同意先将房屋于3月15日过户给周×琴，后由周×琴在3月底支付41万元购房款，显然不符常理；从2017年3月15日的履行过程分析，当日下午就商业贷款达成一致意见后，周×琴与中介等人走出行政审批中心，计划去银行汇款，即如未再生争执，双方的履行过程为先汇款，再交税过户，最后办理商业贷款。故一审法院认定双方在3月9日达成过户日期变更至3月15日的约定中，包含了41万元购房款相应变更至3月15日的合意。

对于房屋交易产生的个人所得税承担问题。《中华人民共和国个人所得税法》对个人所得税的规定属于管理性强制规范，并不属于效力性强制规范，只有违反效力性强制规范的法律、法规，才涉及合同无效的问题。根据个人所得税相关法律、法规，个人所得税的纳税人固然应当是房屋出售方，但根据交易习惯，二手房房屋买卖合同中广泛存在买卖双方对个人所得税的实际承担人进行约定的情况，社会公众对"净得"等概念亦有普遍的共同认知。

本案中,《售房协议书》第 8 条约定过户费用由周×琴承担,该约定虽未明确"过户费用"是否包含个人所得税,但结合合同第 13 条"甲方净拿 104 万元整"及第 6 条由乙方分三次共计向甲方支付 104 万元的约定,若个人所得税由黄×承担,其出售房屋所得的价款将少于 104 万元,显与合同约定相矛盾。在合同履行过程中,周×琴在 2017 年 3 月 15 日下午才首次提出个人所得税的负担问题,不排除周×琴在合同签订时对"甲方净拿 104 万元整"有明确认知,故黄×应缴纳的个人所得税应由周×琴实际承担。

综上,在 2017 年 3 月 15 日的系列流程中,过户手续的办理须黄×本人参与,其他流程由黄×妻子、中介等人代为参与并不妨碍双方合同的履行,案涉买卖合同因个人所得税争议未实质进入过户手续办理环节,故对周×琴有关黄×未履行协助过户义务的主张,不予支持。周×琴与黄×因个人所得税的负担发生争执,周×琴未按约支付 41 万元,黄×相应暂缓协助过户并无不当。此时,双方应妥善解决纠纷,在合理期限内继续履行合同。黄×在 3 月 15 日下午明确告知周×琴过户时间等中介通知,贴心中介及巾帼中介作为双方中介,多次通知周×琴于 2017 年 3 月底前支付 41 万元及办理过户手续,该通知对买卖合同双方产生约束力,周×琴未在 3 月底履行合同义务并协助办理过户手续,系合同未能继续履行的主要原因,故依法认定违约方为买受人周×琴。案涉《售房协议书》系双方真实意思表示,不违反法律的规定,合法有效,双方应按照约定全面履行自己的义务。

本案中,合同双方均诉请要求解除合同并主张对方承担违约金,解除合同系双方的共同主张,该主张不违反法律规定,予以支持。《售房协议书》约定了违约金为房款总价的 20% 即 20.8 万元,考虑 2017 年二手房交易市场行情及黄×关于其损失的陈述,对合同约定的违约金予以适当减少,酌情确定为 5 万元。周×琴作为违约方,已支付购房定金 5 万元,为减少双方诉累,该款抵作周×琴应支付的违约金,周×琴无须再行向黄×支付钱款。对双方诉请中的不合理部分,一审法院不予支持。

一审法院判决:

一、解除周×琴与黄×于 2017 年 2 月 16 日签订的《售房协议书》;

二、周×琴支付黄×违约金 5 万元(以 5 万元定金相抵,无须再行支付);

三、驳回周×琴的其他诉讼请求;

四、驳回黄×的其他诉讼请求。

二审法院审理查明：

本案双方之间未能履行合同系双方履行过程中对贷款方式、个人所得税负担存在争议，上诉人是否具有支付首付款的能力并非双方争议事项，故上诉人是否具有充足资金、证人是否说谎与违约责任承担并无直接关联性。对于电话录音和截图，电话录音中女方明确表示房屋存在纠纷不再对外出售，故该组证明不能达到上诉人的证明目的。关于公积金贷款和商业贷款差额问题，因2017年3月15日双方已经就采用商业贷款方式达成一致意见，且双方之后亦未实际履行，不能达到上诉人的证明目的。综上，上诉人提交的证据不能达到其证明目的，本院不予采信。

二审中，被上诉人未提交新证据。本院经审理查明，一审法院查明的基本事实属实，本院予以确认。

二审法院认为：

依法成立的合同，受法律保护。合同生效后，对合同履行过程中部分权利义务没有约定或者约定不明的，双方可以协商，协商不成的，按照合同有关条款或者交易习惯确定。《中华人民共和国合同法》第一百二十五条第一款规定，当事人对合同条款的理解有争议的，应当按照合同所使用的词句、合同的有关条款、合同的目的、交易习惯以及诚实信用原则，确定该条款的真实意思。

本案中，所涉购房协议合法有效，双方均应当按照协议约定履行各自义务，合同履行过程中双方对贷款方式、个人所得税由谁负担产生争议，之后虽曾就贷款方式达成一致意见，但因个人所得税由谁负担仍存争议，导致合同未能全面履行。对于双方争议应当根据协议有关条款、法律规定、交易习惯等因素作出理解，从而确定责任主体。

关于个人所得税由谁负担的问题。上诉人认为协议中约定的"净拿"应当理解为上诉人承担交易中契税后，净付给被上诉人104万元，个人所得税由被上诉人负担。本院认为，案涉协议条款中"净"应理解为纯粹之意，"净拿"应理解为最终纯得之意，上诉人的理解明显缩限该词含义，亦与目前房屋交易习惯不符，故结合双方协议中约定的"甲方净拿壹佰零肆万元整"以及当前房屋买卖交易习惯，应理解为上诉人承担交易中产生的契税、个人所得税等费用，被上诉人最终纯得 104 万元。综上，双方因个人所得税由谁负担产生争议导致合同未能履行，主要原因在于上诉人，一审法院认定上诉人违约并无不当。

关于 2017 年 3 月 15 日被上诉人是否构成违约的问题。本院认为，根据双方约定，支付 41 万元购房款和过户应属同时履行，双方均享有同时履行抗辩权，合同履行过程中双方因个人所得税问题产生争议是导致协议未能继续履行的直接原因，而非被上诉人本人未到现场，且当天有中介机构和被上诉人妻子在场协商处理，上诉人主张被上诉人违约不能成立。纵观本案现有证据和已查明事实均不足以证明被上诉人存在过错，一审法院结合案情调整违约金数额，并判决上诉人承担违约责任，符合法律规定。上诉人的上诉请求因缺少事实和法律依据，本院不予支持。

综上所述，周×琴的上诉请求不能成立，应予驳回；一审判决认定事实清楚，适用法律正确，应予维持。

二审法院判决如下：
驳回上诉，维持原判。

17

一房二卖，房屋归谁？

案情简介

2018年6月20日，黄小鸭向出卖人购买了一套二手房，当天签了《房屋买卖合同》，支付了10万元定金。

2018年6月30日，出卖人向黄小鸭交付了房屋，当天黄小鸭向出卖人支付首期款20万元。

2018年7月15日，黄小鸭发现出卖人在7月5日又把房子卖给了第三人并签订了《房屋买卖合同》，但是尚未办理过户手续。

于是黄小鸭向法院提起诉讼，要求法院确认其与出卖人签订的《房屋买卖合同》有效，确认涉案房屋归其所有。第三人得知后同样诉至同一法院要求确认房屋所有权。

争议焦点

一房二卖，在均未办理过户手续的情况下，两份《房屋买卖合同》哪份有效？房屋应当归谁所有？

律师观点

1. 关于两份《房屋买卖合同》的效力。根据《中华人民共和国物权法》的规定，当事人之间订立有关设立、变更、转让和消灭不动产物权的合同，除法律另有规定或者合同另有约定外，自合同成立时生效；未办理物权登记的，不影响合同效力。

本案中签订的两份《房屋买卖合同》均非恶意串通损害第三人利益，均不违反法律规定，即使未办理物权登记，也均为有效的合同。

2. 关于涉案房屋归谁所有。参考最高人民法院（2015）民一终字第328

号民事判决书及《最高人民法院第八次全国法院民事商事审判工作会议（民事部分）纪要》，最高人民法院的观点为："在一物二卖的情况下，如果两个涉及共同标的物的合同均已发生法律效力，已经办理房地产登记的优于未办理房地产登记的；均未办理登记，先占有的优于后占有的；均未占有的，先交付全部价款的优于未交付全部价款的。但是，如果两个涉及共同标的物的合同，其中一个未发生法律效力或被认定无效，该合同买受人不具有对标的物的请求权，当然无法对抗另一合法有效的合同买受人对标的物的请求权。"

本案中涉案房屋的两次交易均未办理过户手续，黄小鸭在第三人之前与出卖人签订《房屋买卖合同》，截至起诉时黄小鸭已经履行合同约定的义务，支付了购房定金及首期款共30万元，且黄小鸭已经合法占有房屋。因此，黄小鸭应当优先于第三人取得房屋的所有权。

律师建议

为了避免出现一房二卖，或者在出现一房二卖的情形后更好地维护权益，建议买受人：

1. 在签订合同之前先进行查档，并实地查看房屋，向周围邻居询问房屋的情况。

2. 签订合同时写明签订的日期，以便明确买受人的先后购买顺序。

3. 及时办理网签手续。

4. 保留好支付购房款的证据，以便后续发生一房二卖主张违约责任。

5. 要求出卖人尽早交付房屋，取得实际占有房屋的证据。如果房屋为自己居住，则保留好物业服务费、水电费等相应的生活缴费证明，快递物流送达地址证明等；如果房屋出租给他人居住，则保留好与承租人签订的《租赁合同》并以银行转账的方式收取租金。

6. 在合同中明确约定出卖人有一房二卖行为时买受人的解除权。如在合同中约定，只要出卖人在合同尚未解除的情况下将房屋再次挂牌出售或带人看房或与他人签订《房屋买卖合同》，即视为违约，买受人有权解除合同并要求出卖人承担违约责任。

7. 作为买受人应当自觉履行支付购房款的义务，及时配合办理相关手续，避免出卖人主张系买受人先违约。

8. 在发现出卖人存在一房二卖的情形时及时提起诉讼。

相关法条

《中华人民共和国物权法》

第十五条　合同效力和物权效力区分

当事人之间订立有关设立、变更、转让和消灭不动产物权的合同，除法律另有规定或者合同另有约定外，自合同成立时生效；未办理物权登记的，不影响合同效力。

《中华人民共和国合同法》

第五十二条　合同无效的法定情形

有下列情形之一的，合同无效：

（一）一方以欺诈、胁迫的手段订立合同，损害国家利益；

（二）恶意串通，损害国家、集体或者第三人利益；

（三）以合法形式掩盖非法目的；

（四）损害社会公共利益；

（五）违反法律、行政法规的强制性规定。

《最高人民法院第八次全国法院民事商事审判工作会议（民事部分）纪要》

15. 审理一房数卖纠纷案件时，如果数份合同均有效且买受人均要求履行合同的，一般应按照已经办理房屋所有权变更登记、合法占有房屋以及合同履行情况、买卖合同成立先后等顺序确定权利保护顺位。但恶意办理登记的买受人，其权利不能优先于已经合法占有该房屋的买受人。对买卖合同的成立时间，应综合主管机关备案时间、合同载明的签订时间以及其他证据确定。

《中华人民共和国民法典》（于 2021 年 1 月 1 日起施行）

第一百四十三条　具备下列条件的民事法律行为有效：

（一）行为人具有相应的民事行为能力；

（二）意思表示真实；

（三）不违反法律、行政法规的强制性规定，不违背公序良俗。

第二百一十五条　当事人之间订立有关设立、变更、转让和消灭不动产物权的合同，除法律另有规定或者当事人另有约定外，自合同成立时生效；未办理物权登记的，不影响合同效力。

相关案例

案件名称：许×承与海南省海×渔×总公司、海南省南××渔×集团有限公司、珠海威瀚××公司第三人撤销之诉

案号：（2015）民一终字第328号

上诉人（一审原告）：许×承

被上诉人（一审被告）：海南省海×渔×总公司

法定代表人：涂×国，该公司总经理

被上诉人（一审被告）：海南省南××渔×集团有限公司

法定代表人：叶×，该公司总经理

被上诉人（一审被告）：珠海威瀚××公司

法定代表人：刘×生，该公司总经理

一审法院审理查明：

2007年1月22日，海南省海×渔×总公司（简称"海渔公司"）作为转让方（甲方）、许×承作为受让方（乙方），签订《房产转让合同》，约定："第一条，甲方将自己所有位于儋州市白马井镇人民大道东边的×××幢第×号房产按现状转让给乙方（面积、四至范围最终以房屋所有权证记载为准）。第二条，房产转让价总额为人民币捌万陆仟元。第三条，付款方式为合同签订之日起一次性付清。第四条，甲方负责办理房屋所有权证，费用由乙方负担。第五条，本合同发生的其他费用和税费按照国家有关规定各自承担，无规定的甲方承担60%，乙方承担40%。第六条，乙方支付完价款并经海南省国有资产监督管理委员会批准本合同后7个工作日内，甲方将该房产移交给乙方。房产交接时，双方应办理交接手续。第七条，任何违反本合同项下的约定视为违约，违约方应承担相应责任。第八条，本合同履行中若发生争议，双方应协商解决，协商不成，双方同意将争议提交海口仲裁委员会仲裁。第九条，合同生效条件：本合同经甲乙双方签字盖章（或捺手印），并经海南省国有资产监督管理委员会批准后生效。如本合同未被批准，甲方应及时告知乙方，甲方收取的价款如数并按银行同期活期存款利息退还乙方。第十条，本合同一式六份，甲方执五份，乙方执一份。"海渔公司与许×承均在合同上签字、盖章或捺手印。

上述合同签订前，许×承已将86000元房产转让款支付给了海渔公司。涉案房产自合同签订后，由许×承经营使用至今。

上述合同签订时，涉案房产无房屋所有权证，相应土地均在海渔公司土地证号为儋国用（白马井）字第2440号国有土地使用证范围内。

2009年3月23日，海南省国资委向海南南××渔×开发有限公司（2010年3月26日更名为海南省南××渔×集团有限公司，以下简称"南渔集团"）作出琼国资函（2009）88号《关于海渔公司处置资产的批复》（附《海渔公司处置资产明细表》），同意海渔公司转让位于儋州基地非经营性资产及土地共36项（包含许×承与海渔公司签订转让合同中所涉房产，许×承主张的房产对应该表序号"10-1"，资产名称为"家属宿舍×××铺面×"）和广州资产共3项等资产。

2009年3月31日，海南省产权交易所有限公司（以下简称"海南省产权交易所"）在海南产权交易网、《海南日报》对上述资产公开挂牌进行公告，公告内容中"重大事项揭示"中载明：位于儋州市的土地性质目前为划拨地，国有土地使用证号为儋国用（白马井）字第2440号，转让后土地性质应为商业出让地，具体手续由海渔公司办理，相关费用（含土地使用出让金）由海渔公司承担。部分土地上有职工住房，无房屋所有权证，土地过户及交付时间为职工住房妥善安置后。2009年4月30日，海南省产权交易所在海南产权交易网发布《儋州基地非经营性资产及土地、广州资产竞价公告》，将上述资产拍卖竞价时间、地点、起始价等相关信息进行公告。2009年4月27日，珠海威瀚××公司（以下简称"威瀚公司"）向海南省产权交易所支付保证金443.6万元。2009年5月7日，海南省产权交易所组织对儋州基地非经营性资产及土地、广州资产的拍卖，威瀚公司以2488.64万元的报价成功竞得，成为买受方，与海南省产权交易所签订了《竞买人最终报价确认书》。

2009年8月5日，威瀚公司与海渔公司签订了《产权交易合同》（合同附件一《转让资产清单》、附件二《财产权证资料清单》），合同约定海渔公司向威瀚公司转让其拥有的儋州基地非经营性资产及土地、广州资产，转让总价为2488.64万元。在合同第二条"转让标的上设置的抵押权、质权、承租权及瑕疵情况"第一款约定"位于儋州市的土地性质目前为划拨地，国有土地使用证号为儋国用（白马井）字第2440号，转让后土地性质应为商业出让地，具体手续由甲方（海渔公司）办理，相关费用（含土地出让金）由甲方承担。部分土地上有职工住房（详见附件一）"，并约定海渔公司在合同生效起10个工作日内将转让标的物转移至威瀚公司（除第二条第一款外）。另外，该合同附件一《转让资产清单》中涉及许×承主张房产的资产编号为"10-1"，资产名称为"家属宿舍×××铺面×"，是否存在职工安置一栏中载明"否"，是否有借款一栏中载明"是"。

2009年8月7日，威瀚公司向海南省产权交易所支付转让款2102.3128万元，包括保证金在内，威瀚公司共计向海渔公司付款2488.64万元。2009年9月7日，威瀚公司与海渔公司对广州资产进行了第一次交割。同年9月10日至2010年3月25日，威瀚公司与海渔公司多次磋商未能完成儋州资产交割，威瀚公司多次致函海南省国资委及海渔公司催促其办理资产移交手续，均未果。2010年6月22日，海渔公司向威瀚公司送达《解除通知》，威瀚公司复函不同意解除合同，并要求海渔公司交割转让资产。

为查明海渔公司与威瀚公司诉讼始末，海南省高级人民法院依职权向海南省第二中级人民法院调取了（2011）海南二中民初字第4号民事判决书，查明以下事实：

2010年10月9日，海渔公司向海南省海口市龙华区人民法院提起诉讼，请求确认其与威瀚公司签订的《产权交易合同》已经解除，并请求威瀚公司返还其依据《产权交易合同》已经实际控制的资产（评估价值203.47万元）及相关原始资料。该院于2010年10月9日立案受理后，因威瀚公司提出管辖权异议，该院于2010年11月19日裁定将该案移送海口市中级人民法院（以下简称"海口中院"）审理。2011年3月17日，海口中院向海南省高级人民法院（以下简称"海南高院"）书面请示，海南高院于2011年4月8日裁定该案由海南省第二中级人民法院（以下简称"海南二中院"）受理。

海南二中院于同年6月7日立案受理，并于同年11月3日作出（2011）海南二中民初字第4号民事判决，认定海渔公司与威瀚公司签订的《产权交易合同》合法有效，驳回了海渔公司要求确认上述合同已经解除的诉讼请求。2012年5月22日，海南高院作出（2012）琼民二终字第15号民事判决，维持了上述判决。

2010年11月3日，威瀚公司向海口中院起诉，请求判令海渔公司继续履行《产权交易合同》，立即将《产权交易合同》约定的儋州基地非经营性资产及土地实物交付给威瀚公司，并判决海渔公司按上述合同约定将儋州基地非经营性资产及土地、广州资产过户登记至威瀚公司名下，南渔集团对上述请求承担连带责任。海口中院受理后将该案移送海南二中院审理，海南二中院于 2011 年 11 月 3 日作出（2011）海南二中民初字第 2 号民事判决："一、海渔公司继续履行《产权交易合同》，自判决发生法律效力之日起 30 日内将《产权交易合同》约定的儋州基地非经营性资产及土地交付给威瀚公司；二、限海渔公司自判决发生法律效力之日起 30 日内按《产权交易合同》约定将儋州基地非经营性资产及土地、广州资产过户至威瀚公司名下；三、驳回威瀚公司对南渔集团的诉讼请求。"

海渔公司不服上述判决，向海南高院提起上诉，海南高院作出海南高院 14 号民事判决："一、变更海南二中院（2011）海南二中民初字第 2 号判决主文第一项为：海渔公司继续履行《产权交易合同》。二、变更海南二中院（2011）海南二中民初字第 2 号判决主文第二项为：自判决发生法律效力之日起 30 日内，海渔公司将《产权交易合同》项下儋州基地非经营性资产及土地实物中，不涉及职工安置部分的资产，交付给威瀚公司，并向有关部门提交办理过户的资料及其手续。涉及职工安置部分的资产，海渔公司在合理期限向威瀚公司办理交付、过户手续；海渔公司已经向威瀚公司交付的广州资产，在判决生效之日起 30 日内协助威瀚公司办理过户手续。三、维持海南二中院（2011）海南二中民初字第 2 号判决主文第三项，即：驳回威瀚公司对南渔集团的诉讼请求。"

（2012）琼民二终字第 14 号案一审、二审庭审期间，海渔公司曾向法庭陈述涉案房产在转让给威瀚公司之前，海渔公司曾与许×承等人签订过《房产转让合同》，许×承等人付完了房款，并交付给许×承等人使用。

海南高院 14 号民事判决生效后，因海渔公司没有自动履行该判决所确定的义务，威瀚公司向海南二中院申请强制执行。海南二中院于 2012 年 12 月 20 日向海渔公司发出（2013）海南二中执字第 7 号执行通知书，并于 2014 年 9 月 25 日作出（2013）海南二中执字第 7 号公告，对生效判决确定的应交付的房产、土地（包含涉案房产），责令海渔公司于 2014 年 10 月 31 日前自动迁出房屋，退出土地。许×承等人此时得知上述情况后，认为其合法权益被侵犯，遂作为案外人依法提出执行异议。异议被驳回后，许×承以海渔公司、南渔集团、威瀚公司为被告提起本案第三人撤销之诉。

另查明，海渔公司的公司类型为全民所有制。南渔集团的类型为有限责任公司（国有独资）。2008 年 11 月 19 日，海南省国资委作出琼国资〔2008〕473 号函，同意将海渔公司整体注入南渔集团。因海渔公司与南渔集团均为国有独资企业，转让涉案资产均为国有资产，海南高院就海渔公司与许×承等人签订的《房产转让合同》是否报经海南省国资委批准以及签订合同其他相关事项向海南省国资委发函调查。2015年5月26日，海南省国资委作出《关于南渔集团部分资产转让相关情况说明的函》，内容如下："经核查，海渔公司与许×雄等18人（包含许×承）签订的《房产转让合同》没有报我委审批，亦无证据证明曾口头请示我委。据南渔集团反映，2008年5月因考虑整体资产打包且经海南省产权交易所公开拍卖，所以在拍卖前没有书面通知许×雄等18人。但当时资产处置系公开进行，通过《海南日报》及海南产权交易网等媒体发出公告。经核查，未发现许×雄等18人就与海渔公司《房产转让合同》相关事宜曾向我委信访，留存的信访档案亦无记录。"

一审法院认为：

本案为第三人撤销之诉，根据《中华人民共和国民事诉讼法》第五十六条规定，对于诉讼标的有独立请求权或者案件处理结果同他有法律上的利害关系的第三人，因不能归责于本人的事由未参加诉讼，但有证据证明发生法律效力的判决、裁定、调解书的部分或者全部内容错误，损害其民事权益的，可以自知道或者应当知道其民事权益受到损害之日起六个月内，向作出该判决、裁定、调解书的人民法院提起诉讼。本案中，许×承认为其对涉案房产享有独立请求权，亦因不能归责于本人的事由未参加（2012）琼民二终字第14号案件一审、二审诉讼，且许×承在该案执行过程中，在海南二中院2014年9月25日作出（2013）海南二中执字第7号公告时方得知该案诉讼结果，其于2014年12月24日向海南高院提起本案诉讼，符合法律规定的第三人撤销之诉程序要件。

因此，本案争议的焦点为：许×承与海渔公司签订《房产转让合同》的效力；海南高院14号民事判决是否侵害许×承合法权益，应否部分或全部被撤销。

关于许×承与海渔公司签订《房产转让合同》的效力问题。本案中，许×承主张争议房产系其所有，且提交了其与海渔公司于2007年1月22日签订的《房产转让合同》、付款凭证等证据。关于该合同的效力问题，海渔公司与许×承于2007年1月22日签订的《房产转让合同》第九条明确约定："合同生效条件：本合同经甲乙双方签字盖章（或捺手印），并经海南省国有资产监督管理委员会批准后生效。如本合同未被批准，甲方应及时告知乙方，甲方收取的价款如数并按银行同期活期存款利息退还乙方。"因此，上述合同属于《中华人民共和国合同法》第四十五条"当事人对合同的效力可以约定附条件"规定的"附条件生效的合同"。

本案中，许×承与海渔公司签订该合同后，并未依照合同约定报海南省国资委审批，因此依照《中华人民共和国合同法》第四十五条第一款规定："当事人对合同的效力可以约定附条件。附生效条件的合同，自条件成就时生效。附解除条件的合同，自条件成就时失效。"本案中的《房产转让合同》虽然成立，但因合同当事人约定的合同生效条件未成就而未能生效。此外，涉案房产为海渔公司资产，海渔公司为国有独资企业，因此涉案房产无疑为国有资产。即便当事人未在合同中约定生效要件，根据《国有资产评估管理办法》第三条的规定，国有资产占有单位进行资产转让的，应当进行资产评估。该规定属于强行性规定，而非任意性规定。海渔公司并未依法进行评估即转让，违反上述行政法规的规定，双方签订的《房产转让合同》缺少合同生效的要件。依照《中华人民共和国合同法》第四十四条规定："依法成立的合同，自成立时生效。法律、行政法规规定应当办理批准、登记等手续生效的，依照其规定。"上述合同也因未能依法办理评估备案而未能生效。海渔公司在转让上述资产时，未履行法律规定的评估、审批等法定程序，也未在依法设立的产权交易机构中公开进行，许×承明知涉案房产属于国有资产，在出让方没有履行法律规定的报批和评估手续的情况下，受让涉案房产，因此即便双方未在《房产转让合同》中约定合同生效条件，本案中的《房产转让合同》也不符合法律规定的生效条件，不应当产生法律效力。

综上，许×承与海渔公司签订的《房产转让合同》成立，但未生效；许×承依据《房产转让合同》主张其为涉案房产所有权人，没有事实和法律依据，不予支持。

关于海南高院14号民事判决是否侵害许×承合法权益，应否被撤销的问题。 根据《中华人民共和国民事诉讼法》第五十六条第三款相关规定，第三人撤销之诉中撤销权人必须有证据证明发生法律效力的判决、裁定、调解书的部分或全部内容错误，损害其民事权益。本案中，威瀚公司与海渔公司签订的《产权交易合同》是双方真实意思表示，经海南省国资委批准，涉案房产经海南省产权交易所依法评估拍卖后由双方签订，并经海南高院（2012）琼民二终字第15号生效民事判决确认为有效合同。许×承未对该判决提出异议，也未申请撤销。许×承虽提出《产权交易合同》系海渔公司与威瀚公司恶意串通损害其合法权益而签订，但未能提交相关证据证明，故不予采纳。

海渔公司与威瀚公司签订的《产权交易合同》合法有效，双方当事人均应依照合同约定履行各自的义务。因此，海南高院14号民事判决认定海渔公司与威瀚公司签订的《产权交易合同》合法有效，并未解除，双方应当继续履行的判决内容，并未损害许×承的合法利益，许×承主张撤销上述判决中涉及其与海渔公司《房产转让合同》转让标的部分，没有法律依据，不予支持。

关于许×承主张海南高院14号民事判决存在程序错误、依法应予撤销的问题。本案为第三人撤销之诉，并非再审程序，依据《中华人民共和国民事诉讼法》第五十六条第三款以及《最高人民法院关于适用〈中华人民共和国民事诉讼法〉的解释》第二百九十六条的规定，审查的是已经生效的判决、裁定的主文、调解书中处理当事人民事权利义务的结果是否损害第三人民事权益。经审查，海南高院14号民事判决结果正确，未损害许×承的合法权益，该案一审、二审法院未依职权追加许×承为第三人并未影响该案的正确处理。且第三人撤销之诉正是法律赋予因不能归责其本人的事由未能参加诉讼的第三人的救济途径，许×承也因本案的审查其程序权利得以救济，故对于许×承主张海南高院14号民事判决存在程序错误、依法应予撤销的请求，不予支持。

综上，许×承的诉讼请求及诉讼理由均不能成立。

一审法院判决：
驳回许×承的诉讼请求。

二审法院审理查明：
二审法院对海南高院一审查明的事实予以确认。

另查明：本院在同时审理（2015）民一终字第316号许×雄与海渔公司、南渔集团、威瀚公司第三人撤销之诉一案（与包括本案在内的18个案件系关联案件，本院一并开庭审理）过程中，许×雄在二审庭审中提交了两份新证据，均为复印件。其中一份是海南华盈投资控股有限公司作出的《关于转发省国资委〈关于海×渔×总公司部分辅业及非经营性资产处置的批复〉的通知》（以下简称《转发通知》）及海南省国资委作出的琼国资函〔2006〕461号《关于海×渔×总公司部分辅业及非经营性资产处置的批复》（以下简称"琼国资函〔2006〕461号批复"），拟证明早在2006年9月11日时海南省国资委已经作出琼国资函〔2006〕461号批复,批准海渔公司报送的琼渔〔2006〕91号《关于处置部分辅业资产及非经营性资产的请示》,同意海渔公司转让包括本案涉诉房产在内的资产,批文要求以海南省国资委核准的评估结果为底价,公开挂牌转让;另一份是海渔公司于2006年12月14日作出的琼渔〔2006〕125号《关于对部分非经营性资产进行处置的请示》(以下简称"琼渔〔2006〕125号请示"),拟证明海渔公司与许×雄签订《房产转让合同》前,已经依法对涉诉房产进行过评估且该评估经过海南省国资委核准,涉诉房产的总转让价格为579万元,评估价值为210.197万元,增值率达到275.46%,为防止资产被冻结,海渔公司请示不公开挂牌交易,以评估的价格作为底价进行协议转让,转让所得专项用于职工安置。本院当庭询问海渔公司是否认可该三项证据的真实性,海渔公司表示庭后核实后再予答复。庭后,海渔公司向本院出具了书面情况说明,表示经核实,《转发通知》、琼渔〔2006〕125号请示两份材料均确定有原件。《转发通知》的附件是琼国资函〔2006〕461号批复,该批复载明:"请你公司在确保资产处置所得安全的情况下,以我委核准的评估结果作为底价到海南产权交易所和资产所在地产权交易机构及媒体公开挂牌转让,转让所得专项用于海南省海×渔×总公司职工安置和生产经营。"琼渔〔2006〕125号请示载明:"鉴于公开挂牌转让风险性非常大,为确保资产及资产处置所得的安全,我司请求在国资委的指导下,以经过核准的评估结果作为底价进行协议转让,转让所得专项用于职工安置和生产经营(处置所涉及的资产未列入政策性破产预案)。为此,我司成立了资产处置工作组,经过多方洽谈协商,已有多家客户与我司达成资产认购意向,拟认购的资产原评估值为210.197万元,意向认购总值为579万元,增值率达275.46%。"

二审法院认为:

本案争议焦点包括两个:一是许×承与海渔公司签订的《房产转让合同》是否生效;二是海南高院14号民事判决主文是否存在错误,是否损害许×承的民事权益。

关于许×承与海渔公司签订的《房产转让合同》是否生效问题。许×承与海渔公司于2007年1月22日签订的《房产转让合同》第九条约定,"合同生效要件:本合同经甲乙双方签字盖章(或捺手印),并经海南省国有资产监督管理委员会批准后生效。如本合同未被批准,甲方应及时告知乙方,甲方已收取的价款如数并按银行同期活期存款利息退还乙方"。该约定符合《中华人民共和国合同法》第四十五条第一款关于"当事人对合同的效力可以约定附条件"的规定，亦不违反其他法律、行政法规的强制性规定，应为合法有效。

许×承与海渔公司签订的《房产转让合同》属于附约定生效条件的合同，该合同生效与否取决于合同所约定的生效条件是否成就。许×承未提供证据证明其与海渔公司签订的《房产转让合同》业经海南省国资委批准。而2009年3月23日海南省国资委作出的琼国资〔2009〕88号《关于海南省海×渔×总公司处置资产的批复》，在同意海渔公司整体转让包括案涉房产在内的相关资产的同时，明确要求以其备案的资产评估结果作为参考价格，委托海南省产权交易所公开挂牌转让。该批复作出后，相关资产通过海南省产权交易所公开挂牌交易，威瀚公司竞买成功并与海渔公司签订《产权交易合同》。由此可见，海南省国资委已不可能再批复许×承等18人与海渔公司在先签订的《房产转让合同》。在《房产转让合同》未经海南省国资委审批，且亦不可能再予审批的情况下，应认定《房产转让合同》所附约定条件不成就。

另案许×雄在二审开庭时提供的琼国资函〔2006〕461号批复、琼渔〔2006〕125号请示等书证，在当庭出示时虽均为复印件，但海渔公司在庭后出具书面情况说明对该复印件的真实性予以认可，故本院对前述书证予以采信。

根据琼国资函〔2006〕461号批复所载内容可知，早在本案《房产转让合同》签订之前，海南省国资委明确要求以其核准的评估结果作为底价到海南省产权交易所和资产所在地产权交易机构公开挂牌转让。这就是说，海南省国资委未同意对相关资产以协议方式转让。根据琼渔〔2006〕125号请示，在海南省国资委于2006年9月11日作出批复后，海渔公司对资产处置问题进行了多方洽谈协商，并与多家客户达成资产认购意向。该请示是2006年12月14日提出的，在该请示提出后一个多月，即2007年1月17日，海渔公司即与许×承等18人签订《房产转让合同》，由此可以推断出请示中所提到的与多家客户达成资产认购意向，包括与许×承等18人达成的资产转让意向。以该请示所载明的内容，结合随后海渔公司即与许×承等18人签订《房产转让合同》的事实，合乎逻辑的结论应当是，海渔公司对房产转让问题先行与许×承等18人进行了磋商，达成协议转让的基本意向，正式签订《房产转让合同》前，针对该基本意向向海南省国资委请示。如果海南省国资委对该请示予以批准，就可产生合同所附约定生效条件成就的效果，而无须再另行报批。因此，不能仅以海渔公司未再就《房产转让合同》另行报批为由，得出海渔公司消极地不作为、不正当地阻止条件成就的结论。

涉案《房产转让合同》是在主辅分离国企改制特殊历史背景下签订的。为建立适应社会主义市场经济需要的国有资产监督管理体制，规范国有企业产权转让行为，加强对国有产权交易的监督管理，防止国有资产流失，国务院及国务院国有资产监督管理委员会（以下简称"国资委"）、财政部分别发布实施了《企业国有资产监督管理暂行条例》（国务院378号令）、《企业国有产权转让管理暂行办法》（国资委、财政部3号令）等行政法规和部门规章，明确要求改制企业国有产权转让应当在依法设立的产权交易机构中公开进行，国有资产监督管理机构负责企业国有产权转让的监督管理工作，决定或者批准所出资企业国有产权转让事项，研究、审议重大产权转让事项并报本级人民政府批准。虽然本案《房产转让合同》所涉资产谈不上是重大资产，不属于法律、行政法规规定必须由行政管理部门审批才能转让的情形，但将国有资产分割并协议转让，显然与上述行政法规、规章关于国有资产转让应当在依法设立的产权交易机构中公开进行的明确规定相违背。正因为如此，海南省国资委几次批复中，均明确要求以公开挂牌方式转让相关资产。在有关行政法规、规章有明确规定的情况下，海南省国资委亦不应当批准以类似涉案《房产转让合同》的方式转让。从这一角度而言，认定海渔公司不正当阻止条件成就亦为不妥。

事实上，许×承在本案一审起诉和二审上诉中并未主张海渔公司为了自身利益不正当阻止合同约定生效条件的成就，只是在上诉时主张海渔公司在合同未经海南省国资委批准的情况下未依约及时告知其未经批准的事实并退还房产转让款本息，导致其有理由相信双方签订的合同已被批准。而即使许×承该上诉主张成立，亦不产生《房产转让合同》业已生效的法律后果。因此，一审判决依据《中华人民共和国合同法》第四十五条之规定，认定《房产转让合同》因当事人约定的合同生效条件未成就而未生效，于法有据，应予维持。

根据琼国资函〔2006〕461号批复、琼渔〔2006〕125号请示，本案所涉资产不仅进行了评估，而且评估结果业经海南省国资委核准，一审法院认定本案资产未作评估备案，属于认定事实不清。《国有资产评估管理办法》第三条关于"国有资产转让的，应当进行资产评估"的规定虽属强制性规定，但未进行评估不应等同于未经有关部门审批,因而不应当作为合同未生效的法定事由。即便本案所涉资产未经评估备案,一审法院依据《国有资产评估管理办法》第三条规定及《中华人民共和国合同法》第四十四条规定认为《房产转让合同》未依法办理评估备案手续而不符合法定的生效要件,亦属对法律规定理解错误而适用法律不当,应一并予以纠正。

许×承关于海南省国资委对于其与海渔公司签订《房产转让合同》的事实认定是清楚的,只是以默许的形式认可了《房产转让合同》效力的上诉理由,与事实不符,不予支持。

关于海南高院 14 号民事判决主文是否存在错误,是否侵害许×承合法权益问题。许×承一审的诉讼请求是,撤销海南二中院(2011)海南二中民初字第 2 号民事判决主文第一项、第二项以及海南高院 14 号民事判决主文第二项。依该诉讼请求,涉及两个法律关系:一是许×承与海渔公司于 2007 年 1 月 22 日签订的《房产转让合同》;二是威瀚公司与海渔公司于 2009 年 8 月 5 日签订的《产权交易合同》。这两个法律关系所涉及的交易标的物有部分是相同的,即海渔公司与威瀚公司在《产权交易合同》中约定转让的房地产及其他资产,包括了海渔公司与许×承在《房产转让合同》中约定转让的房产。此属于"一物二卖"的情形,导致威瀚公司与许×承的民事权利发生冲突。海南高院 14 号民事判决判令海渔公司向威瀚公司交付《产权交易合同》约定转让的房地产及其他资产,意味着许×承与海渔公司签订的《房产转让合同》无法得到实际履行。许×承因此在因不可归责于本人原因而未能参加海渔公司与威瀚公司之间的诉讼的情况下,提起本案撤销之诉。根据《中华人民共和国民事诉讼法》第五十六条第三款及《最高人民法院关于适用〈中华人民共和国民事诉讼法〉的解释》第二百九十六条之规定,许×承的诉讼请求是否应得到支持,需判断海南高院 14 号民事判决是否存在错误,以及是否侵害许×承的民事权益。

《产权交易合同》是在海南省国资委明确要求涉案相关资产公开挂牌转让、威瀚公司竞买成功的情况下签订的,内容不违反法律、法规的强制性规定,系双方当事人的真实意思表示,又不存在影响合同生效的其他法定或约定事由,应当认定该合同合法有效,已经发生法律效力。许×承关于威瀚公司与海渔公司恶意串通损害其合法权益、该合同无效的主张,因缺乏证据证明,不能成立。

一审法院查明,海渔公司曾提起诉讼,请求确认《产权交易合同》已解除，海南高院作出（2012）琼民二终字第 15 号民事判决，认定《产权交易合同》合法有效，驳回海渔公司的诉讼请求。该判决表明，《产权交易合同》未被解除。一般而言，在《产权交易合同》合法有效且未被依法解除的情况下，判决继续履行合同并交付合同项下相关资产并无适用法律错误之处。问题在于，本案面临的是"一物二卖"的情形。对海南高院 14 号民事判决所涉标的物主张独立请求权的第三人许×承提起了本案撤销之诉。第三人撤销之诉作为一种非常救济制度，其立法目的在于通过撤销错误的生效裁判最大限度地保护第三人利益，故该制度的适用面临着如何在保护第三人利益与维护生效裁判既判力之间的平衡，以及如何避免对法律关系、交易安全和社会秩序的稳定形成不必要的冲突。因此，必须进一步考量依法应优先保护哪一个买受人的民事权利问题。

在"一物二卖"的情况下，如果两个涉及共同标的物的合同均已发生法律效力，已经办理房地产登记的优于未办理房地产登记的；均未办理登记，先占有的优于后占有的；均未占有的，先交付全部价款的优于未交付全部价款的。但是，如果两个涉及共同标的物的合同，其中一个未发生法律效力或被认定无效，该合同买受人不具有对标的物的请求权，当然无法对抗另一合法有效的合同买受人对标的物的请求权。

就本案而言，如本院第一部分所述，许×承与海渔公司签订的《房产转让合同》因所附约定生效条件未成就而未生效，合同不具有可履行性，许×承对合同项下房产不享有请求权，当然亦不能对抗威瀚公司基于合法有效的《产权交易合同》所享有的对相关资产的请求权。由此可以认为，海南高院 14 号民事判决内容不存在错误，亦未侵害许×承的合法权益，一审判决驳回许×承的诉讼请求，并无不当，应予维持。

许×承关于其为有独立请求权的第三人，海渔公司、威瀚公司等恶意串通，隐瞒事实，欺骗法院，导致海南高院 14 号民事判决损害其合法权益的上诉主张，于法无据，不予支持。

但是，应当特别提出的是，海渔公司在明知海南省国资委不同意以协议方式转让相关资产的情况下，本应依《房产转让合同》约定及时通知许×承并退还已收取的购房款，但其隐瞒实情，欺骗主管部门，一物二卖，背离民事活动中应当遵循的诚实信用原则，对造成本案纠纷具有不可推卸的责任，对因其过错给许×承造成的利息损失、机会利益损失均应依法承担赔偿责任。本院对许×承与海渔公司之间的合同关系进行了审理，但鉴于许×承未提起赔偿相关损失的诉讼请求,因此不宜在本案中对此作出具体认定及判决。许×承可另循其他法律途径予以解决。

综上,一审判决适用法律基本正确,认定事实基本清楚,判决结果并无不当,应予维持。

二审法院判决:
驳回上诉,维持原判。

18

抵押权未消灭，要求过户的诉讼请求能否得到支持？

案情简介

2016年6月23日，黄小鸭与王美丽签订《房屋买卖合同》，约定王美丽将房屋出售给黄小鸭，交易价款为125万元，签约当日付款60万元，余款在过户当日一次性付清；签约后两个月内交付房屋，四个月内办理过户手续。

合同签订当日黄小鸭向王美丽支付房款60万元并接收了房屋。但王美丽未按合同约定办理房屋过户手续。黄小鸭后经查询得知，王美丽在将房屋交付给黄小鸭使用后将诉争房屋办理了贷款抵押登记。黄小鸭于是将王美丽诉至法院，请求判令确认房屋买卖合同有效，并由王美丽将房屋所有权过户至黄小鸭名下。

争议焦点

抵押权未消灭，买受人要求将房屋过户至其名下的诉请能否得到支持？

律师观点

根据《中华人民共和国物权法》第九条、第一百七十九条、第一百九十一条的规定，抵押权人就抵押财产有优先受偿权，抵押期间，抵押人未经抵押权人同意，不得转让抵押财产，但受让人代为清偿债务消灭抵押权的除外。

本案中，王美丽在将房屋卖给黄小鸭后办理了房屋抵押登记手续，抵押权已经合法成立，受到法律保护。如抵押权未消灭，黄小鸭请求将房屋过户至自己名下，将无法得到法院的支持。只有在抵押合同无效或征得抵押权人同意且注销抵押权的情况下才能办理房屋过户手续。

《房屋买卖合同》是双方当事人真实意思表示，其内容未违反法律、法规的强制性规定，是合法、有效的合同，双方当事人应当按照合同约定履行各自的义务。按照合同约定,买卖双方应在签约后四个月内办理房屋过户手续,但王美丽不仅未履行合同义务,还将讼争房屋办理贷款抵押登记。鉴于黄小鸭签订房屋买卖合同的根本目的已不能实现,黄小鸭可以要求解除房屋买卖合同,请求王美丽返还房款、承担赔偿损失等违约责任。

根据《中华人民共和国民法典》第四百零六条的规定,办理了抵押登记的房屋,无须先解除抵押,就可以进行转让,只需要履行通知义务即可,转让以后,抵押权仍然存在于房屋之上,债务人不履行还款义务,抵押权人仍然可以就该房屋优先受偿。只有在抵押权人能够证明房屋的转让可能损害抵押权的情况下,抵押权人可以请求抵押人将转让所得的价款向抵押权人提前清偿债务或者提存。这条规定大大减轻了房屋出卖人或买受人在出售或购买房屋时需要先凑钱解押的资金压力,也极大地减少了房屋在解押过程中给买受人带来的资金风险。既保障了抵押权人的权益,又促进了房屋的流转。

当然,不动产的物权变动是以登记为准的,要想实现抵押权未注销前发生所有权变更登记,需要不动产登记中心就过户手续的相关实施办法与《中华人民共和国民法典》同步更新,具体办理的细则还是要以不动产登记的相关规定为准。

律师建议

1. 在购买设有抵押权的二手房时,应提前征得抵押权人的同意并就如何涤除抵押权的事项进行具体约定。

2. 对过户时间的期限不要约定过长,并应在签订完合同之后依约履行,督促对方尽快一同办理过户手续,以避免出现一房二卖或被抵押的情况发生。

3. 建议聘请专业律师或正规的中介机构协助办理房屋过户手续。

相关法条

《中华人民共和国物权法》

第九条 不动产物权登记生效以及所有权可不登记的规定

不动产物权的设立、变更、转让和消灭,经依法登记,发生效力;未经登记,不发生效力,但法律另有规定的除外。依法属于国家所有的自然资源,所有权可以不登记。

第一百七十九条 抵押权基本权利

为担保债务的履行,债务人或者第三人不转移财产的占有,将该财产抵押给债权人的，债务人不履行到期债务或者发生当事人约定的实现抵押权的情形，债权人有权就该财产优先受偿。

前款规定的债务人或者第三人为抵押人，债权人为抵押权人，提供担保的财产为抵押财产。

第一百九十一条　抵押期间转让抵押财产

抵押期间，抵押人经抵押权人同意转让抵押财产的，应当将转让所得的价款向抵押权人提前清偿债务或者提存。转让的价款超过债权数额的部分归抵押人所有，不足部分由债务人清偿。抵押期间，抵押人未经抵押权人同意，不得转让抵押财产，但受让人代为清偿债务消灭抵押权的除外。

《中华人民共和国合同法》

第九十四条　合同的法定解除

有下列情形之一的，当事人可以解除合同：

（一）因不可抗力致使不能实现合同目的；

（二）在履行期限届满之前，当事人一方明确表示或者以自己的行为表明不履行主要债务；

（三）当事人一方迟延履行主要债务，经催告后在合理期限内仍未履行；

（四）当事人一方迟延履行债务或者有其他违约行为致使不能实现合同目的；

（五）法律规定的其他情形。

第一百零七条　违约责任

当事人一方不履行合同义务或者履行合同义务不符合约定的，应当承担继续履行、采取补救措施或者赔偿损失等违约责任。

第一百一十条　非金钱债务的违约责任

当事人一方不履行非金钱债务或者履行非金钱债务不符合约定的，对方可以要求履行，但有下列情形之一的除外：

（一）法律上或者事实上不能履行；

（二）债务的标的不适于强制履行或者履行费用过高；

（三）债权人在合理期限内未要求履行。

《中华人民共和国民法典》（于 2021 年 1 月 1 日起施行）

第二百零九条　不动产物权的设立、变更、转让和消灭，经依法登记，发生效力；未经登记，不发生效力，但是法律另有规定的除外。

依法属于国家所有的自然资源，所有权可以不登记。

第三百九十四条　为担保债务的履行，债务人或者第三人不转移财产的占有，将该财产抵押给债权人的，债务人不履行到期债务或者发生当事人约定的实现抵押权的情形，债权人有权就该财产优先受偿。

前款规定的债务人或者第三人为抵押人，债权人为抵押权人，提供担保的财产为抵押财产。

第四百零六条　抵押期间，抵押人可以转让抵押财产。当事人另有约定的，按照其约定。抵押财产转让的，抵押权不受影响。

抵押人转让抵押财产的，应当及时通知抵押权人。抵押权人能够证明抵押财产转让可能损害抵押权的，可以请求抵押人将转让所得的价款向抵押权人提前清偿债务或者提存。转让的价款超过债权数额的部分归抵押人所有，不足部分由债务人清偿。

第五百六十三条　有下列情形之一的，当事人可以解除合同：

（一）因不可抗力致使不能实现合同目的；

（二）在履行期限届满前，当事人一方明确表示或者以自己的行为表明不履行主要债务；

（三）当事人一方迟延履行主要债务，经催告后在合理期限内仍未履行；

（四）当事人一方迟延履行债务或者有其他违约行为致使不能实现合同目的；

（五）法律规定的其他情形。

以持续履行的债务为内容的不定期合同，当事人可以随时解除合同，但是应当在合理期限之前通知对方。

第五百七十七条　当事人一方不履行合同义务或者履行合同义务不符合约定的，应当承担继续履行、采取补救措施或者赔偿损失等违约责任。

第五百八十条　当事人一方不履行非金钱债务或者履行非金钱债务不符合约定的，对方可以请求履行，但是有下列情形之一的除外：

（一）法律上或者事实上不能履行；

（二）债务的标的不适于强制履行或者履行费用过高；

（三）债权人在合理期限内未请求履行。

有前款规定的除外情形之一，致使不能实现合同目的的，人民法院或者仲裁机构可以根据当事人的请求终止合同权利义务关系，但是不影响违约责任的承担。

相关案例

案件名称： 梁×岳与韦×智房屋买卖合同纠纷

案号： （2016）桂12民终852号

上诉人（一审原告）：梁×岳

被上诉人（一审被告）：韦×智

一审法院审理查明：

2012年6月23日，原告梁×岳与被告韦×智签订了一份《房屋买卖及土地转让合同书》，约定被告韦×智将其受让于吴×芳所得的、位于环江县思恩镇××路××号的四层半楼房［国有土地使用证号：环思国用（2000）字第××号，房屋占地面积85m²，建筑面积402.44m²］出售给原告梁×岳，房地价款为86万元，并约定签订协议后，原告即付款38万元给被告，被告在2个月内（即在2012年9月1日前）交付房屋给原告使用，在4个月内（2012年10月底）提供房、地证件帮原告过户，税费由被告负责，余款48万元在6个月内（2012年12月底）一次性付清，以及相应的违约责任等。

签订合同当日，原告即付款38万元给被告，并对房屋进行翻新、装修、加固后于2012年12月入住至今。

2014年8月25日，原、被告经协商将房价变更为80万元，并由被告在合同上直接修改并签字。之后，原告又陆续向被告支付房款共计658500元（包括上述38万元），但被告却未按合同约定过户房屋给原告。

原告曾于2015年7月9日将被告诉至该院，请求判令确认合同有效，并由被告将房屋所有权过户至原告名下。该案在审理过程中，原告提交了一份环江县房地产管理所于2015年8月20日出具的《房屋登记查询证明》，证明被告将本案诉争房屋及其名下另一栋位于思恩镇××路××号的房屋于2014年2月25日在该所办理了抵押登记，借款金额为170万元。后原告以被告允诺在15日之内办理过户手续为由，向该院申请撤诉，该院以（2015）环民初字第1565号民事裁定书裁定准许原告撤诉。由于被告过后仍未兑现过户承诺，原告于2016年1月4日再次将被告诉至该院，引起本案诉讼。

一审法院认为：

原、被告于 2012 年 6 月 23 日签订的《房屋买卖及土地转让合同书》是双方当事人真实意思表示，其内容未违反法律、法规的强制性规定，是合法、有效的合同。双方当事人应当按照合同约定履行各自的义务。

按照合同约定，原告向被告支付 38 万元后，被告应在 2012 年 10 月底协助原告办理过户手续，但被告不仅未履行合同义务，还在 2014 年 2 月 25 日将诉争房产办理抵押登记用于贷款。而根据《中华人民共和国物权法》第九条、第一百七十九条的规定，抵押权人（即借款人）为诉争房屋办理了抵押登记后，抵押人（即被告）不履行到期债务或发生当事人约定的实现抵押权的情形时，抵押权人有权就抵押的房屋优先受偿。也就是说，原告请求将他人享有优先受偿权的房屋过户至自己名下，在法律及事实上均不能履行，原告签订房屋买卖合同的根本目的已不能实现，根据《中华人民共和国合同法》第九十四条、第一百零七条、第一百一十条等的规定，原告可以解除房屋买卖合同，请求被告返还房款、承担赔偿损失等违约责任，但经该院释明，原告坚持其将房屋过户的诉讼请求，该诉求在法律及事实上均不能履行，该院依法予以驳回。

一审法院判决：

驳回原告梁×岳的诉讼请求。

二审法院审理查明：

一审查明的事实属实，本院予以确认。

二审另查明，被上诉人于 2010 年 5 月 27 日将本案涉诉房屋抵押给中国邮政储蓄银行环江县支行，后于 2014 年 2 月 25 日向环江毛南族自治县房地产管理所申请解除中国邮政储蓄银行环江县支行的贷款抵押，同日又将该房屋与其所有的另一栋位于环江毛南族自治县思恩镇××路××2 号的房屋一并抵押给环江毛南族自治县农村信用合作联社东兴信用社，抵押期限为 2014 年 2 月 25 日至 2017 年 2 月 25 日。

二审法院认为：

上诉人与被上诉人于 2012 年 6 月 23 日签订的《房屋买卖及土地转让合同书》是双方的真实意思表示，其内容未违反法律、法规的强制性规定，是合法有效的。合同签订后，双方当事人应当按照合同约定全面履行各自的义务，上诉人已经支付大部分购房款，但被上诉人至今未按约定将涉诉房产变更至上诉人名下，按照《中华人民共和国物权法》第九条第一款的规定："不动产物权的设立、变更、转让和消灭，经依法登记，发生效力；未经登记，不发生效力，但法律另有规定的除外。"虽然上诉人已经入住涉诉房屋，由于尚未办理房产变更登记，其实际尚未取得涉诉房产的所有权，上诉人享有的是依据合同产生的债权。

从2010年5月27日起，被上诉人就将本案涉诉房产用以向银行抵押贷款，虽然于2014年2月25日涉诉房产解除了中国邮政储蓄银行环江县支行的贷款抵押，但又于当天抵押给环江毛南族自治县农村信用合作联社东兴信用社，抵押期限为2014年2月25日至2017年2月25日，说明涉诉房产自2010年5月27日起至今长期处于抵押状态。根据《中华人民共和国物权法》第一百七十九条第一款规定："为担保债务的履行，债务人或者第三人不转移财产的占有，将该财产抵押给债权人的，债务人不履行到期债务或者发生当事人约定的实现抵押权的情形，债权人有权就该财产优先受偿。"环江毛南族自治县农村信用合作联社东兴信用社作为抵押权人对涉诉房屋享有优先受偿权。在抵押权解除前，上诉人没有提供充分证据证实该抵押权无效的情况下要求将房屋所有权过户至其名下，没有法律依据，本院不予支持。

至于上诉人主张的已付购房款数额的问题，上诉人称其以多种方式支付给被上诉人房款共计684422元，一审只认定支付658500元，上诉人在二审期间未能提供新的证据证实其主张，故本院采信一审对已付房款数额的认定，对上诉人主张不予支持。

综上所述，上诉人的上诉请求不能成立，本院不予支持。一审判决认定事实清楚，适用法律正确，本院予以维持。

二审法院判决：
驳回上诉，维持原判。

19

出卖人挪用了解押款，房屋买卖合同能否继续履行？

案情简介

2018年7月8日，黄小鸭与王美丽、中介公司签订《房屋买卖合同》，约定黄小鸭向王美丽购买房屋一套，价格100万元。因房屋有银行抵押贷款35万元尚未偿还，双方约定由黄小鸭在2018年7月25日支付首付款35万元，由王美丽在3日内用于偿还银行贷款，办理解押手续。

2018年7月25日，黄小鸭依约向王美丽支付首付款35万元。

2018年7月29日，黄小鸭得知王美丽将收到的房款挪作他用而没有用于银行解押。

2018年8月1日，黄小鸭起诉要求王美丽继续履行合同，王美丽表示其已无力支付解押款，该房屋尚存在抵押权人，合同无法继续履行。

争议焦点

出卖人挪用买受人支付的解押款后无力支付解押款，房屋买卖合同是否可以继续履行？

律师观点

本案中，虽然涉案房屋尚存在抵押权，但根据《中华人民共和国物权法》第一百九十一条第二款规定："抵押期间，抵押人未经抵押权人同意，不得转让抵押财产，但受让人代为清偿债务消灭抵押权的除外。"如果黄小鸭同意代为向抵押权人清偿王美丽所负债务以消灭涉案房屋之上的抵押权，则在抵押权消灭后，可依法受让涉案房屋，并有权要求王美丽按照双方约定协助办理涉案房屋的过户手续。

但根据《中华人民共和国民法典》第四百零六条的规定，办理了抵押登记的房屋，无须先解除抵押，就可以进行转让，则黄小鸭无须清偿贷款，也可以要求王美丽协助办理涉案房屋的过户手续。

当然，不动产的物权变动是以登记为准的，要想实现抵押权未注销前发生所有权变更登记，需要不动产登记中心就过户手续的相关实施办法与《中华人民共和国民法典》同步更新，具体办理的细则还是要以不动产登记的相关规定为准。

律师建议

1. 双方应在合同中明确约定房屋尚欠抵押贷款由谁出资清偿及出资清偿时间，明确约定办理注销抵押登记的时间，并约定如在约定的时间内未支付解押款或办理注销抵押手续，违约方应支付逾期履行违约金，且守约方有权要求解除合同。

2. 如约定买受人支付解押款，则买受人应当与出卖人共同至还款银行，将解押款交由银行直接划款，而不是将解押款支付至出卖人的账户，由出卖人单独办理还款手续，给予出卖人挪用解押款的机会。

3. 出卖人挪用解押款说明出卖人的经济出现危机，建议买受人得知出卖人挪用解押款的情形后应立即提起诉讼并查封房屋，避免因出卖人的其他债务导致房屋被另案查封，买受人处于首封地位才能够保证房屋买卖合同能够继续履行。如房屋被另案查封，则买受人只能待解除在先查封后方能继续履行合同。如在先查封无法解除，买受人只能选择解除合同。而因房屋存在在先查封与抵押，出卖人又存在经济危机，解除合同后房屋拍卖所得价款难以偿还买受人支付的购房款，买受人可能房财两空。

相关法条

《中华人民共和国物权法》

第一百九十一条　抵押期间转让抵押财产

抵押期间，抵押人经抵押权人同意转让抵押财产的，应当将转让所得的价款向抵押权人提前清偿债务或者提存。转让的价款超过债权数额的部分归抵押人所有，不足部分由债务人清偿。

抵押期间，抵押人未经抵押权人同意，不得转让抵押财产，但受让人代为清偿债务消灭抵押权的除外。

《中华人民共和国民法典》（于 2021 年 1 月 1 日起施行）

第四百零六条　抵押期间，抵押人可以转让抵押财产。当事人另有约定的，按照其约定。抵押财产转让的，抵押权不受影响。

抵押人转让抵押财产的，应当及时通知抵押权人。抵押权人能够证明抵押财产转让可能损害抵押权的，可以请求抵押人将转让所得的价款向抵押权人提前清偿债务或者提存。转让的价款超过债权数额的部分归抵押人所有，不足部分由债务人清偿。

相关案例

案件名称：隋×茹与王×超、李×娟房屋买卖合同纠纷
案号：（2018）豫 0102 民初 1605 号

原告：隋×茹
被告：王×超
被告：李×娟
被告：张×仲

法院审理查明：

2016 年 7 月 8 日，被告王×超、李×娟作为甲方与作为乙方的原告及作为丙方的中星三公司签订《房屋买卖合同》一份，合同主要约定：

乙方以人民币 100 万元的价格购买甲方共有的位于中×区××北×××× 楼××单元××号的房产（商品房买卖合同号为 140×××× 2500）及其配套设施，房屋建筑面积 86.35 平方米；乙方于合同签订时支付定金 1 万元，该定金在办理完房产过户手续前由丙方保管。

甲方自本合同签订时将《商品房买卖合同》交由丙方保管，作为对交易对象的真实性及甲方出售该房产诚意作担保。

乙方支付佣金 1 万元；乙方在立契当日一次性付清全额房款，定金在冲抵房款后转为物业交割保证金，该保证金由丙方保管，待物业交割完毕后，甲方凭买卖双方签字确认的交割完毕清单到丙方领取物业交割保证金。

该合同第五条约定：双方同意在签订本合同后待房本下发 45 个工作日内，持本合同和相关证件到房屋管理部门立契并办理房屋所有权过户及相关手续或到相关部门办理相关手续，过户税费由乙方负担；甲乙双方同意在甲

方收到除物业交割保证金外的房款之次日对房屋及相关设施及相关费用进行交付、结清；在签订本合同之时，丙方有权利全额收取佣金。本合同签订后，甲乙双方任何一方单方解除合同，双方均同意解除合同，以及法定、约定的终止履行，均不影响丙方佣金的收取。若支付佣金方为守约方，其佣金方面的损失由违约方承担，违约方需单就佣金一项承担五倍的支付义务。

关于违约责任，该合同第九条约定：1. 甲方若违反本合同第五条的约定，视为其单方解除合同，应双倍返还乙方交付的定金（原交丙方代为保管的定金，甲方无权收回，丙方有权将定金给付乙方，若甲乙丙三方能形成新的协议，按新协议执行）。2. 乙方若违反本合同第五条的约定，视为其单方解除合同，无权要求返还定金（丙方有权直接将定金、房屋所有权证或售房保证金交付甲方，若甲乙丙三方能形成新的协议，按新协议执行）。3. 若甲乙任何一方未按本合同约定履行相关义务，每逾期一日，违约方应向守约方支付本合同约定总房款2‰违约金。

其他约定：1. 乙方同意并承诺在2016年7月16日前支付甲方人民币25万元整，同时甲方将房屋交乙方并同意乙方装修入住。2. 甲方解押款预计有人民币55万元整，由乙方于2016年10月3日前替甲方解押，不足部分由甲方补齐。剩余房款走房管局监管过户。3. 丙方承诺在甲方解押归档注销完毕后15个工作日替甲方办理房屋所有权证，在甲方积极配合下，丙方若不能做到，每逾期一个工作日，赔付甲方100元整，在甲方房屋所有权证办理后七个工作日办理完毕过户手续。（甲乙双方必须积极配合前提下）每逾期一日赔付甲乙双方各100元。4. 甲方契税、快办房屋所有权证5000元整、快速过户费2000元整，共计17000元整，由甲乙双方各半承担，交由丙方办理。上述事项，办理过户七个工作日，逾期超过七个工作日的，丙方翻倍按200元/工作日赔付甲乙双方。

王×超、李×娟、隋×茹及中星三公司分别在该合同上签字盖章。

合同签订当天，被告王×超将涉案购房合同一份（合同备案证号为140×××2500）和销售不动产发票原件两张（编号为：0×××3、00×××74）交由中星三公司保管，该公司给王×超出具收条一份，其中载明"到郑州市房屋管理局过户后，此收条自动作废"。同一天，原告隋×茹交给中星三公司中介费5000元、定金1万元，该公司给原告隋×茹开具收据两份，其中定金收据下方注明"业主取走人民币5000元"。

2016年7月14日，原告隋×茹交给被告王×超首付款25万元，被告王×超给原告隋×茹出具借条一份，载明"今借到隋×茹人民币25万元整（该款为隋×茹购买方圆经纬×号楼××室购房首付款），如甲方不执行购房合同，甲方愿双倍赔付首付款"。2016年10月24日，原告隋×茹交给被告王×超20万元，被告王×超给原告隋×茹出具收据一份，载明"今收到隋×茹解押款（×××1号楼1单元××××）共计20万元整"。

2016年10月24日，甲方王×超与乙方隋×茹及丙方中星三公司签订《补充协议》一份，约定："现因郑州市成立不动产登记局对房屋产权办理及过户具体操作流程和材料的要求变化，产生较为烦琐流程和手续导致交易时间延长，现甲乙丙三方友好协商对在中星房产签订的《房屋买卖合同》合同编号为0××××35的约定事项进行补充调整：1.对原合同"第十条其他约定事项"中的第2项调整为：乙方于2016年10月24日支付甲方解押款人民币贰拾万元整，同时甲方同意乙方于2016年11月15日前支付剩余解押款人民币35万元整。2.对原合同"第十条其他约定事项"中的第3项、第4项调整为：甲方房屋所有权证办理和甲乙双方的房产过户均按房管局和不动产登记局要求的正常办理，丙方不再收取甲乙双方的快办费用，同时丙方因不能快办房屋所有权证和过户所约束的惩罚随之免除消失。"

2016年11月5日，原告隋×茹交付被告王×超涉案房屋购房款35万元，被告王×超给原告隋×茹出具收条一份。后被告王×超并未按约将收取原告的款项用于办理解押事宜，导致涉案房屋所有权证书未能如期办理。

2017年11月30日，王×超给中星三公司出具承诺书一份，承诺于2017年12月20日前协调好与开发商及银行的纠纷问题，保证能顺利办理不动产管理中心转移登记手续，如若由于个人原因无法正常办理不动产登记中心的手续，愿承担一切法律责任。但被告王×超至今仍未办理涉案房产的解押手续，亦没有清偿开发商代其偿还抵押权人的款项，涉案房屋所有权证一直未予办理。2018年2月9日，本院依据（2018）豫0102财保62号民事裁定书，依法查封了被告王×超、李×娟名下的上述房产，查封期三年。

另查明：位于中×区××××号楼×××单元××××房产系郑州鸿兴置业有限公司开发，被告王×超和李×娟系该套房产的初始购买人，购买时间为2014年9月15日，购买价格为847225元（不动产销售统一发票号为0×××3和0×××4），其与开发商所签商品房买卖合同号为140×××2500，上述房产已在郑州市房屋交易和登记中心办理登记，登记的房屋所有权人为郑州鸿兴置业有限公司，房屋所有权证号为1×××51，登簿日期为2015年8月13日；抵押权人为中国建设银行股份有限公司河南省分行；预告登记人为王×超、李×娟。另外，上述房产在郑州市不动产登记中心办理了预告登记，登记的预告产权人为王×超、李×娟；预告抵押信息：2014年10月17日该房产抵押于中国建设银行股份有限公司河南省分行，抵押金额59.3万元。

再查明：被告张×仲系中星三公司负责人。2018年2月8日，中星三公司被中星公司在工商行政管理部门办理登记注销。当日，中星公司被其股东王晓×、赵玉×、孙新×、张×仲共同向工商行政管理部门出具公司注销登记申请书，声明公司的债权债务已清理完毕，后适用简易注销程序在工商行政管理部门办理了中星公司的注销登记。

2018年6月12日，郑州鸿兴置业有限公司出具情况说明一份，内容显示：该公司开发的方圆经纬项目××××户业主王×超、李×娟因未按期还贷，致使该公司保证金被贷款银行扣减，截至2018年6月12日，王×超、李×娟共欠该公司保证金53258.7元。注：银行按季度扣减相应按揭款，故业主王×超、李×娟所欠保证金每季度持续增加，53258.7元系截至2018年3月29日时的欠款数额。

庭审中，原告隋×茹表示其愿意代王×超偿还因涉案房屋欠抵押权人中国建设银行股份有限公司河南省分行及开发商郑州鸿兴置业有限公司的相关款项，用以解除涉案房产抵押登记手续。

法院认为：

《中华人民共和国城市房地产管理法》第三十八条规定，"未依法登记领取权属证书的"房地产不得转让。该规定系管理性强制性规定，违反该规定不影响转让合同的效力，该条规定的目的是规范房地产市场，避免来源不清、归属不明的房地产进入流通领域。《中华人民共和国物权法》第十五条规定：当事人之间订立有关设立、变更、转让和消灭不动产物权的合同，除法律另有规定或者合同另有约定外，自合同成立时生效；未办理物权登记的，不影响合同效力。本案中，虽双方签订房屋买卖合同时被告王×超、李×娟未取得涉案权属证书，但该房屋基于被告王×超、李×娟的买售行为其产权变更登记正在审查进行中，该因素不影响原告隋×茹与被告王×超、李×娟所签《房屋买卖合同》的效力。

综上，原、被告签订的《房屋买卖合同》及《补充协议》系双方真实意思表示，内容不违反法律、法规的效力性强制性规定，为有效合同，应受法律保护。在收取原告80万元购房款后，被告王×超、李×娟未协助原告办理涉案房屋的产权过户手续，其行为已经构成违约，应承担违约责任，故被告王×超、李×娟应清偿银行贷款及开发商代其向抵押权人偿还的相关款项，在消灭涉案房屋抵押权后，履行协助原告办理涉案房屋过户手续的合同义务。在涉案房产过户的同时，原告亦应履行向被告王×超、李×娟支付购房余款20万元的合同义务。因被告王×超、李×娟未按《房屋买卖合同》履行相关义务，依据约定，该二被告应按逾期天数向原告承担总房款2‰违约金的违约责任，原告请求该二被告支付30万元违约金的诉讼请求，没有超出依据上述标准的计算额度，且不违背法律、法规的强制性规定，本院予以支持。

《中华人民共和国物权法》第一百九十一条第二款规定："抵押期间，抵押人未经抵押权人同意，不得转让抵押财产，但受让人代为清偿债务消灭抵押权的除外。"本案中，虽然原告购买被告王×超、李×娟出卖的涉案房屋尚在抵押期间，但是原告同意代为清偿作为抵押人的被告向抵押权人中国建设银行股份有限公司河南省分行所负债务以消灭抵押权，故原告在代为清偿债务消灭抵押权后，可依法受让涉案房屋，并有权要求被告王×超、李×娟按照双方约定协助原告办理涉案房屋的过户手续，相关税费依据约定由原告隋×茹负担。

诉讼中，在被告王×超表示无经济能力办理涉案房产解押登记的前提下，原告隋×茹表示自愿代被告王×超偿还因涉案房屋欠抵押权人中国建设银行股份有限公司河南省分行及开发商郑州鸿兴置业有限公司的相关款项用以解除涉案房产抵押登记、消除涉案房屋产权变更登记的前提下，其提出的由被告王×超、李×娟继续履行合同，协助办理房产过户手续的诉讼请求符合有关法律规定，本院予以支持。消除涉案房屋产权抵押登记是被告王×超、李×娟应尽的合同义务，原告隋×茹代该二被告偿还抵押权人及开发商的有关款项可折抵原告应支付的购房款余额，超出部分可依法向该二被告主张权利。

本案的《房屋买卖合同》是原告隋×茹与被告王×超、李×娟在居间方中星三公司的中介下签订的，中星三公司作为中介方，其基本合同义务是给买卖双方提供订立房屋买卖合同的机会、向委托人如实报告及订立合同的相关事项、提供订立合同的媒介服务、协助买卖双方办理相关过户手续等，然而，中星三公司及中星公司目前均已被注销工商注册登记，其法人及其分支机构的地位和中介资格丧失，被告张×仲作为公司股东仅应承担公司因过错给原告造成损失的赔偿责任，原告主张由被告张×仲承担继续履行《房屋买卖合同》义务的诉讼请求无法律依据，本院不予支持。《房屋买卖合同》中"违约方需单就佣金一项承担五倍的支付义务"的约定指向的对象是房产买卖的双方，不是合同中关于中介方中星三公司承担违约责任的合同依据，原告据此约定要求被告张×仲赔偿损失25000元的诉讼请求没有事实依据，应予驳回。

综上所述，本院对原告要求被告王×超、李×娟继续履行房屋买卖合同，被告协助变更涉案房屋所有权，将涉案房屋过户至原告名下的诉讼请求，予以支持。原告要求被告张×仲继续履行房屋买卖合同并赔偿损失25000元没有事实和法律依据，应予驳回。

法院判决：

一、原告隋×茹与被告王×超、李×娟继续履行双方于2016年7月8日签订的《房屋买卖合同》；

二、被告王×超、李×娟自本判决生效之日起十日内办理位于中×区棉纺北路南锦嵩路东×××号的房产（商品房买卖合同号为14×××500）的银行抵押权解押手续（若被告王×超、李×娟未在本判决限定的期间履行该项义务，则由原告隋×茹先行代被告王×超、李×娟向银行清偿债务，消灭抵押权），并于解押后十日内协助原告隋×茹将该房屋所有权变更过户至原告隋×茹名下；

三、原告隋×茹自房屋所有权变更登记之日起三日内向被告王×超、李×娟支付剩余购房款20万元（原告隋×茹依据《房屋买卖合同》支付的1万元定金可折抵剩余购房款）（若原告隋×茹代被告王×超、李×娟先行向银行清偿债务，代为清偿的款项可以冲抵前述剩余购房款）；

四、自本判决生效之日起十日内，被告王×超、李×娟向原告隋×茹支付违约金30万元；

五、驳回原告隋×茹的其他诉讼请求。

20

出售房改房，实测面积大于买卖合同面积，卖方能否要求补偿差价？

案情简介

2017年8月12日，黄小鸭与王美丽签订《房屋转让协议》，协议约定：王美丽将自己名下一套房改房转让给黄小鸭，房屋价款为50万元；协议签订后黄小鸭需向王美丽支付定金5万元，余款在交房时全部付清，该房地产权归黄小鸭所有；王美丽负责协助黄小鸭办理房屋所有权变更的有关手续，费用由黄小鸭承担。

2017年12月2日，黄小鸭向王美丽支付购房款50万元，同时王美丽将房屋以及房屋所有权证书一同交付给黄小鸭。

2018年8月22日，王美丽取得该房屋的国有土地使用权证。2018年10月1日，某房产测绘有限责任公司对包括涉案房屋在内的单位房改房进行测绘，涉案房屋的实测面积比房屋所有权证书上的面积有所增加。

黄小鸭认为王美丽现已取得房屋双证，办理房屋所有权过户的条件已成就，便多次要求王美丽协助办理房屋过户手续，王美丽予以拒绝。王美丽认为转让房屋时，因只取得房屋所有权证，故以低于同时期市场均价出售给黄小鸭，现该房屋已办理国有土地使用权证，并且房屋实测面积有所增加，黄小鸭应根据2017年8月同区域双证房屋市价补足购房款以及面积差价。双方产生纠纷因而诉至法院。

争议焦点

买房改房的实测面积与买卖合同的面积不一致，出卖人能要求买受人补偿差价吗？出卖人能否拒绝履行协助买受人办理过户的义务？

律师观点

黄小鸭与王美丽签订的《房屋转让协议》，系双方当事人的真实意思表示，不违反法律规定，应为合法有效，合同生效后双方均应恪守。双方签订的合同中并未按照房屋面积单价计算房屋的交易总价，而是按整套房屋进行计价。依照《中华人民共和国合同法》第六十条规定，黄小鸭在签订协议后，已经依照合同约定履行了自己给付购房款的义务，王美丽亦应当按照协议履行协助办理房屋过户手续的义务。此外，物权登记具有公示公信效力，双方是基于对王美丽的房屋所有权证上记载信息的信赖而进行的交易，签订协议时也不存在显失公平等合同可撤销的情形，双方亦未对支付房款差价曾达成书面或口头约定，因此双方仍应按照该协议继续履行，黄小鸭无须向王美丽补足购房款及面积差价。

律师建议

在二手房交易过程中，目前普遍做法为约定房屋按套及现状销售，少有按照房屋面积单价进行计算交易总价款的做法。为避免产生上述案例中的纠纷，建议买卖双方在签订房屋买卖合同时，应针对房屋实测面积与房屋所有权证上的记载面积不一致时，是否应补偿差价的问题进行协商并予以明确约定，才能便于当事人主张相应权利。

相关法条

《中华人民共和国合同法》

第六条　公平原则

当事人行使权利、履行义务应当遵循诚实信用原则。

第八条　依合同履行义务原则

依法成立的合同，对当事人具有法律约束力。当事人应当按照约定履行自己的义务，不得擅自变更或者解除合同。

依法成立的合同，受法律保护。

第四十四条　合同的生效

依法成立的合同，自成立时生效。法律、行政法规规定应当办理批准、登记等手续生效的，依照其规定。

第六十条　严格履行与诚实信用

当事人应当按照约定全面履行自己的义务。

当事人应当遵循诚实信用原则,根据合同的性质、目的和交易习惯履行通知、协助、保密等义务。

第一百零七条　违约责任

当事人一方不履行合同义务或者履行合同义务不符合约定的,应当承担继续履行、采取补救措施或者赔偿损失等违约责任。

《中华人民共和国民法典》（于 2021 年 1 月 1 日起施行）

第一百一十九条　依法成立的合同,对当事人具有法律约束力。

第四百六十五条　依法成立的合同,受法律保护。

依法成立的合同,仅对当事人具有法律约束力,但是法律另有规定的除外。

第五百零二条　依法成立的合同,自成立时生效,但是法律另有规定或者当事人另有约定的除外。

依照法律、行政法规的规定,合同应当办理批准等手续的,依照其规定。未办理批准等手续影响合同生效的,不影响合同中履行报批等义务条款以及相关条款的效力。应当办理申请批准等手续的当事人未履行义务的,对方可以请求其承担违反该义务的责任。

依照法律、行政法规的规定,合同的变更、转让、解除等情形应当办理批准等手续的,适用前款规定。

第五百零九条　当事人应当按照约定全面履行自己的义务。

当事人应当遵循诚信原则,根据合同的性质、目的和交易习惯履行通知、协助、保密等义务。

当事人在履行合同过程中,应当避免浪费资源、污染环境和破坏生态。

第五百七十七条　当事人一方不履行合同义务或者履行合同义务不符合约定的,应当承担继续履行、采取补救措施或者赔偿损失等违约责任。

相关案例

案件名称：代×银与乐×勇房屋买卖合同纠纷

案号：（2017）粤 0115 民初 2879 号

原告：代×银

被告：乐×勇

法院审理查明：

2010年5月15日，被告乐×勇（买方、乙方）与案外人广州海力房地产开发有限公司（卖方、甲方）签订《广州市商品房买卖合同（预售）》，约定乙方向甲方购买广州市南沙区海力花园海力六街1号××房；约定建筑面积共101.86平方米，其中套内建筑面积89.4平方米，共有分摊面积约12.46平方米；乙方须在签订《商品房预售合同》时向甲方支付首期款150114元；甲方应于2011年12月31日前交付涉案房产；乙方委托甲方办理预售合同备案确认、预购商品房预告登记和房地产权证；对面积差异处理进行约定；附件七补充协议附录二约定包括契税的款项由乙方在签订《商品房预售合同》后与首期房款一起支付给甲方，乙方委托甲方将上述的税费代收代缴付给相关的收费单位等。

2011年1月13日，广州农村商业银行股份有限公司作为预告登记权利人办理涉案房产的预购商品房抵押权预告登记，他项权利面积：101.86平方米。2012年1月19日，广州百新物业管理有限公司出具《收据》，收取被告交纳的涉案房产的管理费550元。2013年3月28日，涉案房产登记在被告名下，被告的房屋所有权证显示涉案房产建筑面积为117.47平方米，套内建筑面为103.67平方米。被告在庭审中自认开发商未通知被告办理面积补差。

原告（买方）、被告（卖方）委托代理人谭×辉及案外人广州市国龙房地产中介有限公司（经纪方）于2014年5月4日签订编号为0000501的《房屋买卖合同》，其中约定：第一条，买卖之房屋地址为南沙区进港大道555号海力花园海力六街1号××房，建筑面积约117.47平方米（应以房屋所有权证面积为准）。第二条，卖方持有该物业之房地产权属证明（房地产证号：04××00）。卖方保证对该物业享有完整处分权，保证该物业没有被司法机关查封，且出售该物业并没有侵犯第三人的权利，并保证本合同所载有关该物业之情况以及所提供的全部资料均真实、合法、准确、完整，否则卖方应承担由此而引致的一切责任。由于卖方的原因，造成该物业不能办理交易过户手续或与第三人产生纠纷的，由卖方承担全部责任。第三条，该物业按套出售，买卖双方同意该物业成交价为人民币945000元。该成交价不因房管局测绘面积的变动而改变，如该物业已安装管道煤气、有线电视等设施，则成交价已包含该物业之煤气初装费、有线电视初装费、收楼费等相关费用。第五条，买方应按照附件约定的付款方式按时将楼款支付给卖方（如买卖双方不选择付款方式的,则由双方另行协商),同时买方确认已查阅该物业的权属证明文件,对权属证明文件所载内容无异议,并已实地察看该物业,对该物业的坐向、面积、楼龄、楼层、间隔、质量、装修、抵押情况、产权情况、周边环境等均予以认可。第六条,是次交易所产生的税费、土地使用权出让金以及房改房公用分摊面积费用(如有)以买家支付方式支付。第八条,该物业以现状出售予买方,买方已检查并同意以现状购获该物业。该物业之现状为:1.不带租约;2.不带家私电器等。

《房屋买卖合同》签订后,原告向被告支付945000元购房款,并于2014年8月26日以920000元为基数交纳契税13800元和代被告交纳营业税、城建税、个人所得税、教育费附加、地方教育附加及各税种滞纳金合计60836.84元。双方在庭审中确认涉案房屋买卖合同约定涉案房产是按套计价。

2014年8月28日,涉案房产登记在原告名下,原告的房屋所有权证显示建筑面积为117.47平方米,套内建筑面为103.67平方米,房地产分户图注明坐落广州市南沙区进港大道××(××街××)301房。原告提供的于2017年6月7日查册的《广州市不动产登记查册表》显示建筑面积117.4689平方米,套内建筑面积103.6701平方米,登记附注注明"2017年5月25日,依职权通知代×银更正建筑面积"。

法院认为:

原告与被告签订的《房屋买卖合同》是双方当事人的真实意思表示,没有违反法律法规的强制性规定,合法有效。物权登记具有公示公信效力,涉案房产大确权时登记簿记载面积在前,而现行登记簿记载面积变更登记在后,原告确认房产登记部门至今尚未对涉案房产现行登记簿记载面积进行变更,虽然房产登记部门已通知原告更正建筑面积,但涉案房产的实际面积有待房产登记部门最终确认,并记载于不动产登记簿后发生效力。商品房预售合同约定的面积为预测面积;约定契税缴纳时间为支付首期款时;被告提交的物业服务费用《收据》上未注明交纳物业服务费用基数和期间,原告提交的《海力花园六街1号××欠费明细》于2017年8月17日制作,原告未提供证据证明物业服务公司已将欠费明细在签订涉案房屋买卖合同前送达给被告;开发商未通知或未追讨被告面积补差,是开发商对其自身权利的处分,并不足以说明被告明知涉案房产的实际面积;双方基于对被告房屋所有权证及登记簿记载信息的信赖进行交易,原告依据涉案买卖合同取得的房屋所有权证记载面积与被告的房屋所有权证一致,故原告主张被告在签订合同时明知涉案房产实际面积与登记簿记载面积不符,依据不足,本院不予采信。双方确定涉案房产按套计价,根据合同约定,该成交价不因房管局测绘面积的变动而改变;原告亦确认已查阅涉案房产的权属证明文件,对权属证明文件所载内容无异议,并已实地察看涉案房产,对涉案房产包括面积在内的因素等均予以认可。

综上所述,原告要求被告赔偿损失及利息的诉求,依据不足,本院不予支持。

法院判决:
驳回原告代×银的全部诉讼请求。

21

支付全部购房款还没过户就被查封了，能申请解封吗？

案情简介

2019年11月29日，黄小鸭与王美丽签订《房屋买卖合同》，约定王美丽将其名下房屋出售给黄小鸭。黄小鸭依约向王美丽支付了所有购房款，王美丽于2019年12月7日将房屋交付黄小鸭使用。

2019年12月27日，双方前往房屋产权交易中心申请办理过户登记手续，被告知因王美丽与他人的借款合同纠纷，该房屋已于2019年12月16日被法院查封，房屋无法办理过户手续。

争议焦点

支付全部购房款还没过户就被查封了，能申请解封吗？具备何种条件时可以申请解除查封并顺利过户？

律师观点

黄小鸭可向作出查封裁定的人民法院提出执行异议申请，请求解除涉案房屋的查封，待查封解除后，再到产权交易中心办理房屋过户手续。

《最高人民法院关于人民法院办理执行异议和复议案件若干问题的规定》第二十八条规定："金钱债权执行中，买受人对登记在被执行人名下的不动产提出异议，符合下列情形且其权利能够排除执行的，人民法院应予支持：（一）在人民法院查封之前已签订合法有效的书面买卖合同；（二）在人民法院查封之前已合法占有该不动产；（三）已支付全部价款，或者已按照合同约定支付部分价款且将剩余价款按照人民法院的要求交付执行；（四）非因买受人自身原因未办理过户登记。"

本案中，涉案房屋于2019年12月16日被法院裁定查封，但黄小鸭与王美丽签订购房买卖合同、支付所有购房款的行为、合法占有使用涉案房屋的事实均发生在涉案房屋被法院实际查封之前，未完成过户登记系因涉案房屋被法院裁定查封，非黄小鸭的过错所致。应当认定为符合《最高人民法院关于人民法院办理执行异议和复议案件若干问题的规定》第二十八条规定情形。故黄小鸭对涉案房屋享有足以排除强制执行的民事权益，涉案房屋的查封可以依法予以解除。

律师建议

1. 签订二手房买卖合同及支付首付款前，应先到不动产登记中心查档，了解房屋的权属及是否存在查封、抵押等权利限制情况。

2. 建议买受人要求出卖人及早交付房屋，交付后，买受人应立即将房屋实际占有。以下证据可以证明已经实际占有房屋：（1）物业服务费用、水电费等相应的生活交费证明；（2）物业服务公司、居委会等出具的入住证明；（3）快递送达地址证明等。

3. 尽量采取一次性付款的方式。如果双方同意，可将资金交由值得信赖的第三方托管，待过户完毕时再由托管方将资金拨付给出卖人。

4. 付款应采取银行转账的方式，而不要现金支付；付款后要求出卖方出具收款收据，收据中注明是购房款。

5. 如果房屋总价款里面包含由买受人支付的物业服务费、水电费等费用，建议在二手房买卖合同中予以注明。

6. 在具备办理房屋过户手续的情况下，及时配合办理过户手续。

7. 如出卖人因负债较大而失去联系，或明确表示不再配合办理房屋过户手续，建议买受人及时向法院申请财产保全，查封涉案房屋，以便合同得以顺利履行。

相关法条

《最高人民法院关于人民法院办理财产保全案件若干问题的规定》

第二十七条 人民法院对诉讼争议标的以外的财产进行保全，案外人对保全裁定或者保全裁定实施过程中的执行行为不服，基于实体权利对被保全财产提出书面异议的，人民法院应当依照民事诉讼法第二百二十七条规定审查处理并作出裁定。案外人、申请保全人对该裁定不服的，可以自裁定送达之日起十五日内向人民法院提起执行异议之诉。

人民法院裁定案外人异议成立后,申请保全人在法律规定的期间内未提起执行异议之诉的,人民法院应当自起诉期限届满之日起七日内对该被保全财产解除保全。

《最高人民法院关于人民法院办理执行异议和复议案件若干问题的规定》

第二十八条 金钱债权执行中,买受人对登记在被执行人名下的不动产提出异议,符合下列情形且其权利能够排除执行的,人民法院应予支持:

(一)在人民法院查封之前已签订合法有效的书面买卖合同;

(二)在人民法院查封之前已合法占有该不动产;

(三)已支付全部价款,或者已按照合同约定支付部分价款且将剩余价款按照人民法院的要求交付执行;

(四)非因买受人自身原因未办理过户登记。

《最高人民法院关于人民法院民事执行中查封、扣押、冻结财产的规定》

第十六条 被执行人将其财产出卖给第三人,第三人已经支付部分价款并实际占有该财产,但根据合同约定被执行人保留所有权的,人民法院可以查封、扣押、冻结;第三人要求继续履行合同的,应当由第三人在合理期限内向人民法院交付全部余款后,裁定解除查封、扣押、冻结。

第十七条 被执行人将其所有的需要办理过户登记的财产出卖给第三人,第三人已经支付部分或者全部价款并实际占有该财产,但尚未办理产权过户登记手续的,人民法院可以查封、扣押、冻结;第三人已经支付全部价款并实际占有,但未办理过户登记手续的,如果第三人对此没有过错,人民法院不得查封、扣押、冻结。

《中华人民共和国城市房地产管理法》

第三十八条 下列房地产,不得转让:

(一)以出让方式取得土地使用权的,不符合本法第三十九条规定的条件的;

(二)司法机关和行政机关依法裁定、决定查封或者以其他形式限制房地产权利的;

(三)依法收回土地使用权的;

(四)共有房地产,未经其他共有人书面同意的;

(五)权属有争议的;

(六)未依法登记领取权属证书的;

(七)法律、行政法规规定禁止转让的其他情形。

相关案例

案件名称： 马×春与交通银行股份有限公司××分行、何×锋执行异议之诉

案号： （2018）桂0802民初814号

原告：马×春

被告：交通银行股份有限公司××分行

法定代表人：何×章，该行行长

第三人：何×锋

法院审理查明：

本院在审理被告交通银行股份有限公司××分行（以下简称"交行××分行"）与何×锋、郑×等人金融借款合同纠纷一案中，交行××分行于2016年12月16日向本院提出申请，要求查封第三人何×锋名下的坐落于南宁市青秀区长福路9号龙胤凤凰城××号楼××单元××号房屋（房屋所有权证号：邕房权证字第02526×××号）。同日本院作出（2016）桂0802民初4877号之一民事裁定书，裁定查封何×锋名下的上述涉案房屋，并将该裁定书送达至南宁市不动产登记中心。南宁市不动产登记中心于2017年1月12日向本院出具协助执行回执，在该回执中载明该中心设定涉案房屋的查封有效期从2017年1月4日至2020年1月3日止。2018年1月26日，原告以其与何×锋已签订房屋买卖合同并支付了购房款，同时实际占有涉案房屋为由，向本院提出查封异议。本院经审查于2018年2月8日作出（2016）桂0802民初4877号之三民事裁定书，裁定驳回马×春的异议请求。马×春不服该裁定，遂向本院提起案外人执行异议之诉。

另查明，马×春与何×锋于2016年11月29日签署房屋买卖合同，约定涉案房屋成交价款为730000元，并约定于房屋买卖合同签订后7日内共同向房地产登记机构申请办理房屋所有权转移登记。合同签订当日，马×春交付了20000元定金；2016年12月7日，马×春向何×锋银行账户转款670201.86元帮其还清该房屋的抵押贷款，同时现金支付9798.14元，合计支付680000元。何×锋于当日立写收条交原告收执，并在该收条上注明收到原告支付的680000元房款；2016年12月28日，马×春代何×锋交纳拖欠的物

业服务费用2551.8元,并通过银行转账支付27448.2元,合计支付30000元。原告支付给何×锋的上述款项合计730000元。2016年12月7日,何×锋交付涉案房屋给马×春使用;同年12月27日,双方到南宁市房屋产权交易中心就涉案房屋申请办理过户登记手续,后被该中心告知该房屋已被法院查封,导致双方未能完成房屋过户。

法院认为:

在被告交行××分行与第三人何×锋金融借款合同纠纷一案中,案外人即原告马×春基于实体权利对该案中的被保全房屋提出书面异议,根据《最高人民法院关于人民法院办理财产保全案件若干问题的规定》第二十七条的规定,人民法院应当依照民事诉讼法第二百二十七条规定审查处理并作出裁定。案外人、申请保全人对该裁定不服的,可以自裁定送达之日起十五日内向人民法院提起执行异议之诉,故本案应当按照案外人执行异议之诉处理。

根据《最高人民法院关于人民法院办理执行异议和复议案件若干问题的规定》第二十八条之规定:"金钱债权执行中,买受人对登记在被执行人名下的不动产提出异议,符合下列情形且其权利能够排除执行的,人民法院应予支持:(一)在人民法院查封之前已签订合法有效的书面买卖合同;(二)在人民法院查封之前已合法占有该不动产;(三)已支付全部价款,或者已按照合同约定支付部分价款且将剩余价款按照人民法院的要求交付执行;(四)非因买受人自身原因未办理过户登记。"本案中,根据交行××分行的申请,本院于2016年12月16日作出查封涉案房屋的裁定,南宁市不动产登记中心于2017年1月12日向本院出具协助执行回执,在该回执中载明该中心设定涉案房屋的查封有效期从2017年1月4日至2020年1月3日止。而原告与第三人签订购房买卖合同并支付定金的时间为2016年11月29日,并于2016年12月7日转账支付了670201.86元及现金9798.14元,于2016年12月28日支付尾款30000元。上述付款行为均发生在涉案房屋被实际查封(2017年1月4日)之前,与《房屋买卖合同》约定的付款期限基本相符,故本院认定原告与第三人在法院查封之前已签订合法有效的书面买卖合同并已支付全部价款;同时原告提交的房屋交接确认书、房产中介费收款收据、物业服务费用单据、电费付款凭证以及税费发票等证据,亦能证实原告已经合法占有、使用涉案房屋的事实。至于房屋未能办理过户的原因,根据原告提交的房产交易、不动产登记业务(预)受理凭证(受理编号:20161227×××),可以证实原告购买房屋后已经积极办理房屋过户手续，但后因该案涉房屋被查封，导致未能顺利完成房屋转移登记手续，不能过户的原因并不是原告所致，故本院认定马×春在本次案涉房屋转让未依法办理过户登记手续中没有过错。

交行××分行主张马×春与何×锋之间的房屋买卖合同的真实性难以确认，不排除存在何×锋逃避银行债务转移财产之嫌，但并未提供确切证据证实原告与第三人之间的房屋买卖行为不是真实的，应承担举证不能的不利后果。故本院对于交行××分行该抗辩意见不予采纳。

综上所述，马×春对涉案房屋享有足以排除强制执行的民事权益，其与何×锋之间买卖涉案房屋的行为，符合上述《最高人民法院关于人民法院办理执行异议和复议案件若干问题的规定》第二十八条规定的情形，故马×春的异议理由成立，本院依法予以支持。

法院判决：

不得执行南宁市青秀区长福路龙胤凤凰城××号楼××单元××号房屋（房屋所有权证号：邕房权证字第02526×××号）。

22

轮候查封是否可以阻却房屋买卖合同的履行？

案情简介

2018年6月9日，黄小鸭与王美丽签订《房屋买卖合同》，约定将备案登记在王美丽名下的一套房屋出售给黄小鸭，成交价款为100万元。因房屋未办理初始不动产证且尚欠银行按揭贷款50万元，双方约定待开发商将不动产权证办至王美丽名下后再进行过户。

2018年6月15日，王美丽收到首付款40万元后将房屋交付给黄小鸭。同时，双方补充约定房屋过户前的银行按揭贷款由黄小鸭偿还，该部分款项转化为购房款，从尾款中扣除。

2018年12月20日，开发商发出可办证的通知后，黄小鸭便催促王美丽办理不动产权证，但王美丽未予理会。

2019年1月5日，黄小鸭看到银行发给王美丽的《信用卡催款函》，催款函中载明王美丽的银行信用卡尚欠30万元未偿还，如仍不清偿，银行将向法院提起诉讼，对房屋采取保全措施。

2019年1月10日，黄小鸭向法院起诉要求王美丽继续履行合同，配合办理房屋过户手续，并申请查封了涉案房屋。

2019年1月30日，王美丽因无力偿还信用卡欠款，被银行起诉并将涉案房屋进行轮候查封。

庭审中，王美丽辩称因房屋存在银行的轮候查封，其与黄小鸭的《房屋买卖合同》已不具备继续履行的条件，请求法院解除与黄小鸭的《房屋买卖合同》。

争议焦点

轮候查封是否可以阻却《房屋买卖合同》的履行？

律师观点

轮候查封不能阻却《房屋买卖合同》的履行。

被依法查封的房屋不得转让，此处的查封应当具备正式查封的效力，而轮候查封的效力属于待定状态，采取轮候查封措施的财产的效力变动取决于前一查封措施，只有在先的查封依法解除或消灭后，轮候查封才能自动发生效力。因此，银行登记的轮候查封不足以构成阻碍上诉人办理房屋过户手续的障碍，王美丽以房屋存在轮候查封为由，主张《房屋买卖合同》无法履行没有法律依据。

律师建议

尚未办理不动产权证的二手房交易行为日益增多，买受人可以从以下方面进行风险防范：

1. 在《房屋买卖合同》中对出卖人有可能出现影响合同顺利履行的情形及解决方案进行详细约定，如出卖人出现银行贷款逾期、遭受债权人催款等情况，买受人可立即向法院提起诉讼。

2. 如办理房屋过户前的银行按揭贷款由买受人偿还，则还款银行卡交给买受人保管并更改密码，避免出卖人将按揭贷款挪作他用。

3. 要求出卖人将房屋的《商品房预售合同》、购房发票、契税完税证明、房屋备案证明等相关资料原件交由买受人保管。

4. 达到办证和过户条件后，及时督促出卖人办理相关手续。

5. 发现出卖人存在影响合同顺利履行情形的，立即采取财产保全措施，以免"钱房两空"。

相关法条

《最高人民法院关于人民法院民事执行中查封、扣押、冻结财产的规定》

第二十八条第一款　对已被人民法院查封、扣押、冻结的财产，其他人民法院可以进行轮候查封、扣押、冻结。查封、扣押、冻结解除的，登记在先的轮候查封、扣押、冻结即自动生效。

相关案例

案件名称：仇××与毛×清、仇×龙房屋买卖合同纠纷

案号：（2017）沪02民终5966号

上诉人（一审被告）：仇××
法××（系仇××祖母）
被上诉人（一审原告）：毛×清
被上诉人（一审被告）：仇×龙

一审法院审理查明：

2013年，在上海沪居房地产经纪有限公司的居间下，毛×清与仇×龙签订《委托购买居间合同》一份，约定仇×龙、仇××将系争房屋（系动迁安置房）转让给毛×清，系争房屋建筑面积76.47平方米，转让价款为1210000元。约定付款方式为：毛×清应于2013年9月11日支付仇×龙定金100000元，于同年10月10日前支付300000元，待小产权房证办理完毕后7日内支付570000元，剩余款项于过户当天支付；并约定仇×龙、仇××应于毛×清支付400000元当日将系争房屋交付毛×清。

2014年5月14日，毛×清与仇×龙签订了《房屋买卖合同补充协议》，该协议第二条第1项约定，仇×龙保证系争房屋没有产权纠纷及其他债务纠纷，如有产权及债务纠纷导致房屋买卖合同不能按时履行完毕或影响毛×清的使用权和居住权，毛×清有权要求仇×龙、仇××按照已付房款的50%（即485000元）向毛×清支付违约金并继续履行合同；第3项约定，根据买卖合同，仇×龙、仇××需在动迁房满三年时办理房屋所有权证，如逾期不办理，每逾期一日，按已付房款（970000元）千分之五支付违约金；逾期十日视为仇×龙、仇××不履行合同，毛×清有权要求仇×龙、仇××按已付房款的50%（即485000元）向毛×清支付违约金，合同继续履行。

上述合同签订后，毛×清已向仇×龙支付房款共计1010600元，仇×龙、仇××已于2013年9月28日将系争房屋交付毛×清。2014年5月8日，系争房屋经核准登记至仇×龙、仇××名下。

2015年3月2日，因仇×龙与案外人发生纠纷，系争房屋被法院查封，案号为（2015）嘉执字第901号；2016年11月24日，系争房屋再次被上海市静安区人民法院轮候查封，案号为（2015）静执字第3024号。2016年12月27日，毛×清代仇×龙支付了（2015）静执字第3024号中的执行款3025元，并由仇××的监护人罗×花出具了收条，明确毛×清上述代付款项用作抵扣系争房屋房款。2017年1月3日，毛×清以剩余购房款代仇×龙向法院支付了（2015）嘉执字第901号执行款150000元。现上述两个查封均已解除。

一审法院另查明：（1）系争房屋系仇×龙、仇××于2013年11月26日拆迁取得。2013年11月26日，系争房屋经核准登记至开发商鼎鑫置业有限公司名下。（2）2015年，罗×花向上海市静安区人民法院申请撤销仇×龙和李×晶对仇××的监护权，指定罗×花为仇××的监护人。法院经审理后于2015年7月20日作出（2015）静民一（民）特字第4号判决书，判决撤销对被申请人仇×龙、李×晶对仇××的监护权，指定罗×花为仇××的监护人。

一审法院认为：

毛×清与仇×龙、仇××之间签订的《委托购买居间合同》和《房屋买卖合同补充协议》系买卖双方当事人真实意思表示，且不违反国家法律、法规规定，当属合法有效，双方应当遵照履行。仇××辩称其作为系争房屋权利人之一，且系未成年人，监护人罗×花并未在合同上签字，亦未进行追认，故合同应为无效。但上述合同签订时，仇×龙系其儿子仇××的监护人，且毛×清及仇×龙均表示因仇××系未成年人，仇×龙作为监护人可以代为签约，故未将其列为合同当事人，而由其父亲代为签约，故双方合同自成立时已经生效。罗×花被法院指定为仇××的监护人系发生在合同生效之后，其是否追认并不影响上述合同的效力。故对仇×龙、仇××上述意见，法院不予采纳。

至于仇×龙、仇××辩称签约时系争房屋作为动迁安置房尚不符合交易条件，但相关政策对动迁安置房三年内不得转让的规定并非效力性强制性规定，不影响该合同的效力，该意见法院不予采纳。

仇××辩称双方仅签订居间协议，尚未签订上海市房地产买卖合同，故双方并未成立房屋买卖合同关系的意见。因双方签订的《委托购买居间合同》及《房屋买卖合同补充协议》已经具备了房屋买卖合同的主要内容，且毛×清已经实际支付了大部分房款，仇×龙、仇××已经交付房屋，应视为双方间房屋买卖合同成立并已实际履行，故对仇××该意见，法院亦不予采纳。

毛×清已向仇×龙、仇××支付了购房款1163625元，并将剩余房款46375元付至法院账户，现系争房屋已经符合过户条件，房屋之上的查封均已解除，仇×龙、仇××应按约将系争房屋过户至毛×清名下。同时，毛×清应向仇×龙、仇××支付剩余房款46375元。双方约定过户时间为动迁房满三年时，仇×龙、仇××未按期与毛×清办理系争房屋的过户手续，显属违约，根据双方签订的《房屋买卖合同补充协议》，应承担相应的违约责任；但双方约定的违约金标准明显过高，考虑到合同履行程度、毛×清的实际损失和仇×龙、仇××违约行为等因素，法院酌情将违约金金额调整为40000元。

一审法院判决：

一、毛×清与仇×龙签订的《委托购买居间合同》及《房屋买卖合同补充协议》有效；

二、仇×龙、仇××应于判决生效之日起十日内协助毛×清办理上海市金耀路×××弄×××号×××室房屋所有权过户登记手续，将该房屋过户至毛×清名下；

三、毛×清应于判决生效之日起十日内支付仇×龙、仇××剩余购房款46375元；

四、仇×龙、仇××应于判决生效之日起十日内支付毛×清逾期过户违约金40000元。

二审法院审理查明：

一审法院查明的事实无误，本院予以确认。

本院另查明，毛×清在一审审理中提供《收条》一份，载明："今收到毛×清支付的3025元人民币替仇×龙支付案号为（2015）静执字第3024号案款，用作抵扣嘉定金耀路×××弄×××号×××室的房屋房款。"该《收条》落款由罗×花签名。对此，毛×清于二审审理中表示该《收条》是在上海市静安区人民法院执行法官的见证下形成的。罗×花表示是在上海市静安区人民法院签字的，但她只是签字，上述文字都是毛×清写的。

本院再查明，根据系争房屋的《上海市不动产登记簿》之《房地产权利限制状况信息》，本案中一审法院采取的保全措施位于首位，上海市静安区人民法院于2017年5月12日因另案对系争房屋采取了轮候查封的措施。

二审法院认为：

系争房屋的《委托购买居间合同》和《房屋买卖合同补充协议》签订之

时，仇×龙是仇××的监护人，其有权代为签约，虽然仇×龙在签约之后被撤销了监护权，但是其监护权的撤销并不影响本案买卖合同的效力，并且罗×花作为仇××监护人后在上海市静安区人民法院（2015）静执字第3024号案件中亦同意毛×清代替仇×龙清偿债务的钱款与购房款予以抵扣，故应认定罗×花作为仇××的监护人再次对系争房屋买卖合同的履行予以了认可，一审法院据此判决系争房屋买卖合同继续履行并无不当。关于逾期过户违约金的问题，鉴于系争房屋在2017年5月取得小产权房证已满3年且在本院审理中出售方仍坚持不愿履约的意见，故其按约应承担违约金。一审法院在综合考虑全案案情的基础上，酌情确定逾期过户违约金40000元并无不当。

至于系争房屋目前存在的轮候查封问题，鉴于被依法查封的房屋不得转让，此处的查封应当具备正式查封的效力，而轮候查封的效力属于待定状态，只有在先的查封依法解除或消灭后，轮候查封才能自动发生效力。故而在一审法院判决作出以后而发生的轮候查封不能阻却系争房屋买卖合同的继续履行。仇××上诉要求撤销一审判决，但在二审中没有提供充分证据来证实其观点。本院认可一审法院对事实的分析认定及对相关法律法规的理解适用。

综上所述，仇××的上诉请求不能成立，应予驳回；一审判决认定事实清楚，适用法律正确，应予维持。

二审法院判决：

驳回上诉，维持原判。

第三章

合同撤销与解除

23

买到"凶宅",能否要求退房?

案情简介

2017年12月20日,黄小鸭与王美丽签订《二手房买卖合同》,约定王美丽将其名下的一套房屋出售给黄小鸭。2017年12月22日,黄小鸭向王美丽支付了全部购房款。

2018年1月28日,王美丽将房屋交付给黄小鸭。黄小鸭在装修的过程中,无意中得知了该房屋的前一任房屋所有人在该房屋内因煤气中毒死亡的确切消息。黄小鸭遂停止装修,并要求王美丽撤销合同,双倍返还定金。王美丽称自己并不知情,而非故意隐瞒事实,拒绝撤销合同,拒绝返还购房款。

争议焦点

买受人在二手房交易中买到"凶宅",是否可以要求撤销合同?

律师观点

"凶宅"一词在法律上并没有作出明确定义和相关规定,一般是指发生过非正常死亡事件的房屋。

发生过非正常死亡事件的房屋虽不构成居住者使用上的障碍,但会影响居住者的心理。根据日常生活经验及民间民俗,发生过非正常死亡事件的房屋会被人们认为存在不吉利的因素,不仅对购房人决定是否购买该房屋具有重大影响,同时房屋也往往会因此而贬值。

根据法律规定,当事人签订合同时应当遵循诚实信用原则,不得隐瞒与订立合同有关的重要事实或提供虚假情况。本案中王美丽对其名下房屋是否存在非正常死亡情况具有主动披露、如实告知的义务。若王美丽隐瞒事实,使黄小鸭在违背真实意思的情况下订立合同,则王美丽构成欺诈,黄小鸭可诉请撤销合同。即便王美丽没有故意隐瞒事实，但黄小鸭肯定是基于所购房屋不是"凶宅"的认识才决定购买的，在购房后发现所购房屋是"凶宅"，则黄小鸭可主张因重大误解而撤销与王美丽签订的《二手房买卖合同》。

律师建议

1. 在购买二手房之前应尽量从多方面（如邻居、小区门卫、物业服务公司等）了解、确认清楚所交易房屋是否曾有非正常死亡的情况发生。

2. 在签订《二手房买卖合同》之前，可明确约定若业主未如实告知或未主动披露该房屋存在的非正常死亡情况，则需承担相应的违约责任，以保证买受人的合法权益。

3. 可委托专业的房产中介机构进行尽职调查和把关。

相关法条

《中华人民共和国合同法》

第五十四条　可撤销合同

下列合同，当事人一方有权请求人民法院或者仲裁机构变更或者撤销：

（一）因重大误解订立的；

（二）在订立合同时显失公平的。

一方以欺诈、胁迫的手段或者乘人之危，使对方在违背真实意思的情况下订立的合同，受损害方有权请求人民法院或者仲裁机构变更或者撤销。

当事人请求变更的，人民法院或者仲裁机构不得撤销。

第五十八条　合同无效或被撤销的法律后果

合同无效或者被撤销后，因该合同取得的财产，应当予以返还；不能返还或者没有必要返还的，应当折价补偿。有过错的一方应当赔偿对方因此所受到的损失，双方都有过错的，应当各自承担相应的责任。

《中华人民共和国民法典》（于2021年1月1日起施行）

第一百四十七条　基于重大误解实施的民事法律行为，行为人有权请求人民法院或者仲裁机构予以撤销。

第一百四十八条　一方以欺诈手段，使对方在违背真实意思的情况下实施的民事法律行为，受欺诈方有权请求人民法院或者仲裁机构予以撤销。

第一百四十九条　第三人实施欺诈行为，使一方在违背真实意思的情况下实施的民事法律行为，对方知道或者应当知道该欺诈行为的，受欺诈方有权请求人民法院或者仲裁机构予以撤销。

第一百五十条 一方或者第三人以胁迫手段，使对方在违背真实意思的情况下实施的民事法律行为，受胁迫方有权请求人民法院或者仲裁机构予以撤销。

第一百五十一条 一方利用对方处于危困状态、缺乏判断能力等情形，致使民事法律行为成立时显失公平的，受损害方有权请求人民法院或者仲裁机构予以撤销。

第一百五十七条 民事法律行为无效、被撤销或者确定不发生效力后，行为人因该行为取得的财产，应当予以返还；不能返还或者没有必要返还的，应当折价补偿。有过错的一方应当赔偿对方由此所受到的损失；各方都有过错的，应当各自承担相应的责任。法律另有规定的，依照其规定。

相关案例

案件名称：张×林、柏×英与何×峰、夏×莲房屋买卖合同纠纷
案号：（2018）苏08民终1949号

上诉人（原审被告）：何×峰
上诉人（原审被告）：夏×莲
被上诉人（原审原告）：张×林
被上诉人（原审原告）：柏×英

一审法院审理查明：
二被告将其所有的位于金湖县衡阳路189号金采新村×幢××室的房屋在《金湖论坛》上发帖出售。原告知悉后，遂与被告取得了联系。2017年12月12日晚，二原告及其家人至该房屋看房，同时与被告就相关买卖事宜进行了洽谈，并基本达成一致。2017年12月13日13时左右，双方在本案房屋内在原告委托的中介人员李某的主持下签订《房地产买卖合同》一份，约定二被告将上述房屋出售给原告，总价格为321600元，双方过户所需缴纳的一切税费由二被告承担；签订合同时原告给付被告定金50000元，2018年1月30日前给付221600元，余款50000元在2019年6月28日前一次性付清；过户时间不迟于2019年6月26日；合同一经签订，即产生法律效力，若原告中途毁约，不得向被告索还定金，若被告毁约双倍返还定金。该合同还约定该房

屋内相关物品在 2019 年 6 月 26 日交房时一起交给二原告。当日原告向被告支付购房定金 50000 元。

涉案房屋原房屋所有人为董×星（1963 年 4 月 5 日出生），与被告何×峰在同一单位工作。董×星到庭作证确认其前妻 1997 年查出患恶性脑瘤，2009 年在本案房屋内去世。2013 年董×星将本案房屋出售给二被告，2017 年双方办理了过户手续。

双方签订合同后，原告与被告协商，被告同意将本案房屋提前交由原告装修。原告在准备装修的过程中听说了该房屋前所有人董×星的前妻在岁数不大的时候患重病多年，并在该房屋内去世的情况，原告遂不再进行装修，并要求被告解除合同退回定金。

一审法院认为：

因重大误解或一方以欺诈的手段，使对方在违背真实意思的情况下签订的合同，当事人一方有权请求人民法院予以撤销。因此，当事人签订合同时应当遵循诚实信用原则，不得隐瞒与订立合同有关的重要事实或提供虚假情况。根据日常生活经验及民间民俗，所转让的房屋是否存在非正常的生老病死等异常情况，对购房人决定是否购买该房屋具有重大影响。因此，作为购房人在购房用于居住时必然高度关注该房屋是否存在非正常的情形。

被告与原房屋所有人董×星系在同一单位工作，即使董×星出于种种原因对外称其前妻系在医院去世，被告作为购房者，应当对董×星前妻的生病情况及在何处去世给予不同于其他人的必要关注，而被告仅以董×星没有告知为由抗辩不知道董×星前妻是在本案房屋内去世的情况，明显不合常理。二原告购买本案房屋系用于二人养老居住，而在整个看房商谈签订合同过程中，均有其子女家人共同参与，在与被告达成一致的情况下，还委托中介人员进行把关，应当认定原告对本案房屋是否存在非正常情况是高度关注的，也是原告决定是否购买本案房屋的前提条件。

原告、被告均陈述 2017 年 12 月 12 日晚上双方第一次见面看房，商谈房屋买卖事宜，当晚就基本达成协议。在此过程中，原告必然要询问被告该房屋是否存在非正常情况，如果被告当时已就前房屋所有人前妻生病去世的情况向原告如实反映，原告仍与被告达成一致，这明显与原告第二天委托中介把关并要求中介向被告再次确认该房屋是否存在非正常的生老病死情况相矛盾，更与原告在签订合同后即与被告协商交房，原告在准备装修过程中得知该房屋前所有人前妻在该房屋内生病死亡的信息后即与被告进行核实并立即停止装修,要求被告退房退款的事实相矛盾。因此,应当认定2017年12月12日晚被告并未如实向原告披露本案房屋前房屋所有人的前妻生病去世的情况。

中介人员李佳×到庭作证陈述其在2017年12月13日主持了双方签订房屋买卖合同过程中,就该房屋是否存在非正常的生老病死情况再次与被告进行了确认,被告均作了否定回答。该中介人员虽然系原告委托,但与原告并无利害关系,所陈述的事实与原告的陈述基本一致。同时普通购房者尚且对所购房屋是否存在非正常情况高度关注,作为房屋中介比普通购房者更具有专业性,而且原告、被告此前已就房屋买卖自行达成一致,故该房屋中介人员并无为取得中介费竭力促成双方交易而故意隐瞒或回避不利于交易成功的事实的利益驱动,故一审法院对中介人员李佳×的证人证言予以采信。

综上,应当认定被告在签订本案房屋买卖合同过程中并未就本案房屋前所有人前妻在该房屋内生病治疗、去世的情况主动向原告予以披露,而在原告进行询问时也未如实反映。

而该情况是否存在对原告是否购买本案房屋起决定性作用。即使因该房屋前所有人因种种原因未告知被告其前妻在该房屋内去世以及前房屋所有人前妻已去世多年,而认定被告主观上不存在故意向原告隐瞒的情况,但原告正是基于对被告所述的该房屋不存在生老病死等异常情况的信赖才决定购买该房屋,也应当认定原告因重大误解而与被告签订本案的房屋买卖合同。

一审法院判决:
一、撤销原告、被告于2017年12月13日签订的房地产买卖合同;
二、被告何×峰、夏×莲于判决发生效力后十日内返还原告张×林、柏×英定金50000元。

二审法院认为:
本案争议焦点为涉案房屋买卖合同应否撤销。
《中华人民共和国合同法》第五十四条第一款规定:"下列合同,当事人一方有权请求人民法院或者仲裁机构变更或撤销:(一)因重大误解订立的;(二)在订立合同时显失公平的。"本案中,二被上诉人购买涉案房屋用于养老居住,在双方达成基本一致的情况下,还委托中介人员把关,中介人员亦出庭作证证明其曾向上诉人询问涉案房屋是否存在非正常情况下的生老病死情况，且被上诉人在得知涉案房屋前所有人的前妻在涉案房屋中生病、死亡信息后，随即与上诉人沟通协商退房，可以认定被上诉人高度关注涉案房屋是否存在非正常情况下的生老病死情况，这也是被上诉人决定是否购买涉案房屋的重要前提之一。被上诉人基于涉案房屋不存在非正常情况下的生老病死的重大误解签订了涉案房屋买卖合同，一审判决撤销双方解除的房屋买卖合同，由上诉人返还被上诉人定金50000元并无不当。

综上，何×峰、夏×莲的上诉请求不能成立，应予驳回；一审判决认定事实清楚，适用法律正确，应予维持。

二审法院判决：
驳回上诉，维持原判。

24

合同解除采取挂号信通知的形式是否有效？

案情简介

2018年12月1日，黄小鸭与王美丽签订《房屋买卖协议》，约定王美丽将其名下的房屋出售给黄小鸭，双方约定待该房屋的权属证书办理完毕后2个月内，黄小鸭偿清该房屋的全部按揭贷款。黄小鸭于签订合同当日向王美丽交付了定金，王美丽将房屋交付给黄小鸭使用。

黄小鸭支付了部分按揭贷款后未依约继续偿还贷款，王美丽便以挂号信的形式寄送《告知函》给黄小鸭，内容为：如果黄小鸭在2019年3月18日前未与王美丽联系则视为违约，并且王美丽有权另行处置该房。

2019年3月28日，王美丽偿清了涉案房屋的剩余按揭贷款，而且将涉案房屋出售并过户至他人名下。

黄小鸭以王美丽违约为由起诉至法院，请求法院判令解除合同并由王美丽双倍返还定金。王美丽称自己已通过发函的形式行使合同解除权，合同早已解除，因而自己转卖房屋的行为并不违约，无须返还定金。

争议焦点

能否采取挂号信通知的形式行使合同解除权？

律师观点

黄小鸭与王美丽签订的《房屋买卖协议》系双方当事人的真实意思表示，内容未违反法律、行政法规的强制性规定，属合法有效的合同。合同生效后双方均应恪守。黄小鸭在涉案房屋的权属证书办理完毕后未能在约定时间内偿清按揭贷款，显属违约。根据《中华人民共和国合同法》第九十六的规定，当事人行使法定解除权应当采用明示的方式，并且解除合同的意思表示应当到达对方当事人。在黄小鸭未履行合同义务的情况下，王美丽可以采取挂号信通知的形式催促黄小鸭履行合同，但应留下相关凭证以形成完整的证据链证明自己曾发出过催促履约通知。否则，将承担不利的法律后果。本案中，王美丽没有相应的证据链证明自己已将解除合同的通知传达至黄小鸭，因此黄小鸭、王美丽对导致合同解除均有过错，故黄小鸭不能要求王美丽双倍返还定金，王美丽需将收取的定金返还给黄小鸭。

律师建议

合同一方若发现另一方存在严重违约情形，可能致使合同目的无法实现时，可向另一方发出通知行使法定解除权来解除合同。解除通知是行使法定解除权的重要过程，通知要采取明示方式，并且要传达到位才能起到解除合同的效果。通知的方式与内容不明确，会不利于当事人解除意思传达的准确性和有效性。因此建议：

1. 合同中应写明交易双方的通信联络地址，建议写明合同双方的现住址，并进行约定：该地址经双方确认为通知送达的地址，合同履行过程中所有的文件及通知送到该地址即视为送达。合同中有明确约定更有利于后续过程中自身权益的维护。

2. 若一方选择以邮寄挂号信的方式向另一方发送解除合同通知，应留存好邮寄挂号信的回执单等相关凭证，同时可通过打电话、发短信或微信等方式通知对方，即手上的证据材料要形成证据链证明已将解除合同的意思表示明确传达给对方，否则将承担不利的法律后果。

相关法条

《中华人民共和国合同法》

第九十四条　合同的法定解除

有下列情形之一的，当事人可以解除合同：

（一）因不可抗力致使不能实现合同目的；

（二）在履行期限届满之前，当事人一方明确表示或者以自己的行为表明不履行主要债务；

（三）当事人一方迟延履行主要债务，经催告后在合理期限内仍未履行；

（四）当事人一方迟延履行债务或者有其他违约行为致使不能实现合同目的；

（五）法律规定的其他情形。

第九十六条　解除权的行使

当事人一方依照本法第九十三条第二款、第九十四条的规定主张解除合同的，应当通知对方。合同自通知到达对方时解除。对方有异议的，可以请求人民法院或者仲裁机构确认解除合同的效力。

法律、行政法规规定解除合同应当办理批准、登记等手续的，依照其规定。

第九十七条　解除的效力

合同解除后，尚未履行的，终止履行；已经履行的，根据履行情况和合同性质，当事人可以要求恢复原状、采取其他补救措施，并有权要求赔偿损失。

第一百二十条　双方违约的责任

当事人双方都违反合同的，应当各自承担相应的责任。

《中华人民共和国民法典》（于2021年1月1日起施行）

第五百六十三条　有下列情形之一的，当事人可以解除合同：

（一）因不可抗力致使不能实现合同目的；

（二）在履行期限届满前，当事人一方明确表示或者以自己的行为表明不履行主要债务；

（三）当事人一方迟延履行主要债务，经催告后在合理期限内仍未履行；

（四）当事人一方迟延履行债务或者有其他违约行为致使不能实现合同目的；

（五）法律规定的其他情形。

以持续履行的债务为内容的不定期合同，当事人可以随时解除合同，但是应当在合理期限之前通知对方。

第五百六十五条　当事人一方依法主张解除合同的，应当通知对方。合同自通知到达对方时解除；通知载明债务人在一定期限内不履行债务则合同自动解除，债务人在该期限内未履行债务的，合同自通知载明的期限届满时解除。对方对解除合同有异议的，任何一方当事人均可以请求人民法院或者仲裁机构确认解除行为的效力。

当事人一方未通知对方，直接以提起诉讼或者申请仲裁的方式依法主张解除合同，人民法院或者仲裁机构确认该主张的，合同自起诉状副本或者仲裁申请书副本送达对方时解除。

第五百六十六条　合同解除后，尚未履行的，终止履行；已经履行的，根据履行情况和合同性质，当事人可以请求恢复原状或者采取其他补救措施，并有权请求赔偿损失。

合同因违约解除的,解除权人可以请求违约方承担违约责任,但是当事人另有约定的除外。

主合同解除后,担保人对债务人应当承担的民事责任仍应当承担担保责任,但是担保合同另有约定的除外。

相关案例

案件名称：王×丹与高×房屋买卖合同纠纷
案号：（2015）南市民一终字第1623号

上诉人（一审被告、反诉原告）：高×
被上诉人（一审原告、反诉被告）：王×丹
被上诉人（一审第三人）：刘×花
一审第三人：广西链家家庭服务集团有限公司（原广西南房房地产交易集团有限公司），住所地：南宁市园湖路12-23号
法定代表人：蔡伟伟,总经理

一审法院审理查明：

2010年12月1日,王×丹（刘×花代）、高×（高同×代）分别与链家公司签订《房地产委托代办合同》,约定由王×丹、高×分别委托链家公司代办南宁市仙葫大道中×号天池山×栋×单元×号房的购房、售房等相关事宜,由王×丹支付代办服务费13000元。合同签订后,王×丹向链家公司支付了代办服务费13000元。同日,王×丹（刘×花代）与高×（高同×代）分别签订《存量房买卖合同》及《房地产买卖补充协议》,约定高×将其名下的坐落于青秀区仙葫大道中×号天池山×栋×单元×号房出售给王×丹,房屋总建筑面积为116.17平方米,总成交价为650000元；王×丹于签订合同时交纳定金50000元,在高×办理完毕产权公证后且公证处出具受理回执单当日,由王×丹支付首期房款（除去定金和银行按揭贷款部分）252683元,王×丹交完首付款后当月起开始按时（每月10日前）交纳房屋按揭月供,如不按时交纳,造成高×不能及时还清银行贷款所造成的经济资信损失,全部由王×丹承担；高×在收到王×丹全部房款当日内,将房屋交付王×丹使用；如王×丹中途悔约,不得向高×索还定金,如高×中途悔约,应在悔约之日起

三日内将定金退还给王×丹，另给付相当于定金数额的违约金；如王×丹不能按期向高×付清房款，或者高×不能按期向王×丹交付房产的，每逾期一日，由违约方按全部房款的0.3%向对方支付违约金。

合同签订当日，王×丹向高×支付了购房定金50000元，高×将房屋交付王×丹使用。

2010年12月21日，双方又签订一份《房地产买卖补充协议（二）》，约定待该物业房屋所有权证出证日起2个自然月内，王×丹必须全部偿还该物业的按揭贷款。

同日，王×丹向高×支付了首期购房款252683元，高×将中国银行还贷存折交给王×丹，由王×丹自2011年1月起以高×的名义继续偿还房屋的按揭贷款。自2011年2月至2012年7月期间，王×丹代为偿还按揭贷款56200元，其中2012年7月的按揭贷款，王×丹仅偿还了2653.98元，余下的366.77元由高×补足。

因王×丹自2012年8月起不再依约偿还按揭贷款，高×与链家公司多次联系王×丹与刘×花未果，故自2012年8月起，高×只能自己继续偿还按揭贷款。

2013年5月27日，高×取得涉案房屋的所有权证书。2013年9月19日，高×交纳了涉案房屋自2011年9月至2013年10月的各项物业服务费用共计3447.5元，其中2013年9月前的费用为3325.7元。

当月下旬，在链家公司的见证下，高×更换涉案房屋的门锁，并于2013年10月22日以540000元的价格将涉案房屋另行出售给了案外人覃×卿。2013年10月23日，高×一次性偿清了涉案房屋剩余的按揭贷款，并于2013年11月1日将房屋过户至覃×卿名下。

一审法院认为：

王×丹与高×签订的《存量房买卖合同》《房地产买卖补充协议》及《房地产买卖补充协议（二）》系双方当事人的真实意思表示，内容未违反法律、行政法规的强制性规定，属合法有效的合同。合同生效后，双方当事人均应依照合同约定全面履行各自的义务。

关于王×丹、高×在合同履行过程中是否存在违约的问题。 根据合同约定，王×丹应从付完首付款后的当月起开始以高×的名义代为偿还涉案房屋的按揭贷款，待涉案房屋的所有权证出证后的2个自然月内，王×丹须偿清涉案房屋的按揭贷款，但王×丹仅依约偿还按揭贷款至2012年7月止，自

2012年8月起就不再偿还按揭贷款，在涉案房屋的所有权证出证后亦未能在约定时间内偿清按揭贷款，显然已经违反了合同约定。

在明知王×丹未依约履行上述合同义务的情况下，高×并没有行使合同解除权，而是径直在2013年10月22日将房屋转卖给案外人覃×卿，导致本案合同不能继续履行，亦构成违约。

因此，王×丹与高×在合同履行过程中均存在违约事实。

关于王×丹与高×要求对方赔偿损失的各项诉请是否合理有据的问题。从王×丹与高×的履约情况来看，王×丹与高×均存在重大过错。王×丹未依约还房屋按揭贷款违约在先，高×未解除合同另行卖房违约在后，双方的行为对本案合同的正常履行均产生了重大妨碍，理应共同承担前述行为所造成的后果。

根据《中华人民共和国合同法》第一百二十条相关规定，结合合同的履行情况及双方当事人的过错程度，王×丹、高×应对各自的损失自行承担责任。故对王×丹与高×要求对方赔偿损失的各项请求应均不予支持。

关于本案合同应否解除的问题。因高×已将涉案房屋转卖给案外人覃×卿，且房屋已变更登记至覃×卿名下，本案合同已无继续履行的可能，故王×丹要求解除合同的理由成立，应予以支持。在2014年5月9日的庭审过程中，王×丹得知涉案房屋已转卖给他人，在释明后，其当庭表示要求解除合同，高×亦未提出异议，故本案合同自该日起解除。合同解除后，高×应将王×丹已付的定金50000元、房款252683元及代还的按揭贷款56200元返还给王×丹。

关于高×要求王×丹支付代缴的物业服务费用3447.5元的诉请是否合理有据的问题。高×于合同签订当日即2010年12月1日将涉案房屋交付王×丹使用，至2013年9月下旬高×更换门锁。在此期间内，房屋的实际使用人应为王×丹，故在此期间内所产生的各项物业服务费用3325.7元应由王×丹承担。

一审法院判决：

一、王×丹与高×于2010年12月1日签订的《存量房买卖合同》《房地产买卖补充协议》及2010年12月21日签订的《房地产买卖补充协议（二）》已于2014年5月9日解除；

二、高×向王×丹返还定金50000元；

三、高×向原告王×丹返还房款252683元及代还的按揭贷款56200元；

四、王×丹向高×支付代缴的物业服务费用3325.7元;

五、驳回王×丹要求高×双倍返还定金100000元、赔偿经济损失100000元及往返交通费6000元的诉讼请求;

六、驳回高×要求王×丹赔偿出售房屋所减少的差价110000元的反诉请求。

二审法院认为：

上诉人高×和被上诉人王×丹签订的《存量房买卖合同》《房地产买卖补充协议》及《房地产买卖补充协议（二）》系双方当事人的真实意思表示，内容未违反法律、行政法规的强制性规定，应属有效合同。双方对一审判决认定上述合同于2014年5月9日解除均无异议，本院予以维持。

关于定金50000元如何处理的问题。被上诉人王×丹作为买受人，应按照合同约定的数额和期限支付房屋价款。本案中，其支付首付款后，仅偿还按揭贷款至2012年7月，在涉案房屋的所有权证出证后仍未在约定的期限内还清按揭贷款，确已构成违约。根据《中华人民共和国合同法》第九十六条第一款规定："当事人一方依照本法第九十三条第二款、第九十四条的规定主张解除合同的，应当通知对方。合同自通知到达对方时解除。对方有异议的，可以请求人民法院或者仲裁机构确认解除合同的效力。"当事人行使法定解除权应当采用明示的方式，并且解除合同的意思表示应当到达对方当事人。

本案中，上诉人高×虽曾通过寄送挂号信等方式联系被上诉人王×丹，但并无证据证实信件已送达被上诉人王×丹或被上诉人王×丹已通过其他方式知晓上诉人高×行使合同解除权，故上诉人高×的行为不能产生合同解除的法律效果。上诉人高×在合同未解除的情况下，另行将涉案房屋售予他人并已办理过户手续，导致合同无法继续履行，亦构成违约。

故上诉人高×与被上诉人王×丹在履约过程中均存在违约行为，对导致合同解除均有过错，本案不应适用定金罚则，一审判决判令上诉人高×向被上诉人王×丹返还定金50000元正确，本院予以维持。

综上所述，一审判决认定事实清楚，适用法律正确，本院予以维持；上诉人高×的上诉请求无事实和法律依据，本院不予支持。

二审法院判决：

驳回上诉，维持原判。

25

愿意支付合同违约金，是否就可以解除合同？

案情简介

2019年1月27日，黄小鸭向王美丽购买一套房屋，双方签署的《房屋买卖合同》约定：如一方逾期履行合同超过7天的，守约方有权解除合同，违约方应向守约方支付房屋总价款20%的违约金。

2019年5月30日，黄小鸭将房屋尾款汇至王美丽账户，但王美丽表示不愿再出售房屋，随即将款项退回。

同日，王美丽向黄小鸭发出解除合同通知书，称不再出售房屋，同意按照合同的约定向黄小鸭支付违约金，解除双方签订的《房屋买卖合同》。

黄小鸭不同意解除合同，要求王美丽继续履行《房屋买卖合同》。

因双方对是否解除合同的事项未能达成一致意见，黄小鸭遂诉至法院，请求法院判令王美丽继续履行合同，依照《房屋买卖合同》的约定办理系争房屋的所有权过户手续。王美丽认为其只要愿意支付合同约定的违约金，就有权解除合同。

争议焦点

卖方愿意支付合同约定的违约金，是否就可以解除合同？

律师观点

合同的解除方式主要包括以下几种：协商解除、约定解除、法定解除。

本案中王美丽与黄小鸭未能协商一致解除合同，双方也未在合同中约定违约方享有合同解除权的情形，不符合协商解除及约定解除的条件。

解除权作为一种形成权，除法律另有规定外，通常只赋予合同关系中的守约方，违约方不享有单方解除合同的权利。本案中王美丽并非因合同不能履行而主张解除合同,当事人也未陷入合同僵局,未发生情势变更、不可抗力等情形,合同具备继续履行的条件。王美丽的行为属于单方违约,故王美丽作为违约方不享有解除权,无法单方解除合同。

因此,在合同具备继续履行条件的情况下,违约方即使愿意支付违约金,也不享有解除合同的权利。

律师建议

1. 建议在签订的《房屋买卖合同》中明确约定解除合同的条件,符合该条件时,某一方享有解除权或双方均有权解除合同。

2. 如守约方对违约方发出的解除通知有异议,应在收到解除合同通知的三个月内向人民法院提起诉讼。

相关法条

《中华人民共和国合同法》

第九十三条　合同约定解除

当事人协商一致,可以解除合同。当事人可以约定一方解除合同的条件。解除合同的条件成就时,解除权人可以解除合同。

第九十四条　合同的法定解除

有下列情形之一的,当事人可以解除合同:

(一)因不可抗力致使不能实现合同目的;

(二)在履行期限届满之前,当事人一方明确表示或者以自己的行为表明不履行主要债务;

(三)当事人一方迟延履行主要债务,经催告后在合理期限内仍未履行;

(四)当事人一方迟延履行债务或者有其他违约行为致使不能实现合同目的;

(五)法律规定的其他情形。

第一百一十条　非金钱债务的违约责任

当事人一方不履行非金钱债务或者履行非金钱债务不符合约定的,对方可以要求履行,但有下列情形之一的除外:

(一)法律上或者事实上不能履行;

(二)债务的标的不适于强制履行或者履行费用过高;

(三)债权人在合理期限内未要求履行。

《最高人民法院关于适用〈中华人民共和国合同法〉若干问题的解释（二）》

第二十四条　当事人对合同法第九十六条、第九十九条规定的合同解除或者债务抵销虽有异议，但在约定的异议期限届满后才提出异议并向人民法院起诉的，人民法院不予支持；当事人没有约定异议期间，在解除合同或者债务抵销通知到达之日起三个月以后才向人民法院起诉的，人民法院不予支持。

第二十六条　合同成立以后客观情况发生了当事人在订立合同时无法预见的、非不可抗力造成的不属于商业风险的重大变化，继续履行合同对于一方当事人明显不公平或者不能实现合同目的，当事人请求人民法院变更或者解除合同的，人民法院应当根据公平原则，并结合案件的实际情况确定是否变更或者解除。

《中华人民共和国民法典》（于 2021 年 1 月 1 日起施行）

第五百六十二条　当事人协商一致，可以解除合同。

当事人可以约定一方解除合同的事由。解除合同的事由发生时，解除权人可以解除合同。

第五百六十三条　有下列情形之一的，当事人可以解除合同：

（一）因不可抗力致使不能实现合同目的；

（二）在履行期限届满前，当事人一方明确表示或者以自己的行为表明不履行主要债务；

（三）当事人一方迟延履行主要债务，经催告后在合理期限内仍未履行；

（四）当事人一方迟延履行债务或者有其他违约行为致使不能实现合同目的；

（五）法律规定的其他情形。

以持续履行的债务为内容的不定期合同，当事人可以随时解除合同，但是应当在合理期限之前通知对方。

参考：

《最高人民法院第二巡回法庭 2019 年第 13 次法官会议纪要》

解除权作为一种形成权，除非法律、司法解释另有规定外，通常只赋予合同关系中的守约方，违约方并不享有解除权。违约方请求人民法院判决解除合同，属于行使诉权而非实体法上的合同解除权。人民法院应根据合同是否能够继续履行、当事人是否陷入合同僵局以及是否存在情势变更等情形，对合同是否解除作出裁判。人民法院判决解除合同的，该判决为变更判决，守约方可以主张违约方赔偿其因此而遭受的损失,包括合同履行后可以获得的可得利益损失。

《全国法院民商事审判工作会议纪要》

第48条:【违约方起诉解除】违约方不享有单方解除合同的权利。但是,在一些长期性合同如房屋租赁合同履行过程中,双方形成合同僵局,一概不允许违约方通过起诉的方式解除合同,有时对双方都不利。在此前提下,符合下列条件,违约方起诉请求解除合同的,人民法院依法予以支持:

(1) 违约方不存在恶意违约的情形;

(2) 违约方继续履行合同,对其显失公平;

(3) 守约方拒绝解除合同,违反诚实信用原则。

人民法院判决解除合同的,违约方本应当承担的违约责任不能因解除合同而减少或者免除。

相关案例

案件名称:吴×等房屋买卖合同纠纷

案号:(2018)京02民终7096号

上诉人(原审原告):邱×

上诉人(原审被告):吴×

一审法院认定事实:

2016年8月20日,吴×(出卖人、甲方)与邱×(买受人、乙方)签订《北京市存量房屋买卖合同》,约定吴×将坐落于北京经济技术开发区荣华南路×房屋出售给邱×。房屋规划设计用途为办公。房屋成交价格为335万元。付款方式中约定房屋成交价格包括:房价款、公共维修基金、室内家具、家电、装饰装修及配套设施设备等。买受人向出卖人支付定金5万元。出卖人应保证该房屋没有产权纠纷,因出卖人原因造成该房屋不能办理产权登记或发生债权债务纠纷的,由出卖人承担相应责任。双方约定乙方于2016年8月20日前向甲方支付购房定金5万元,2016年9月18日前向甲方支付第二笔购房定金40万元,2016年11月10日前向甲方支付购房款100万元,过户当日前将购房款190万元以建委资金监管的方式支付甲方。自合同签订之日起90日内,双方共同向房屋权属登记部门申请办理房屋权属转移登记手续。

合同中对单方违约不履行合同的违约责任未进行约定。

2016年8月19日，邱×向吴×支付购房定金5万元。

2016年9月11日，吴×向邱×发送短信称打算停止售房交易。2016年9月14日，吴×向邱×邮寄了中止合同告知书，告知邱×不能出售房屋。2016年9月18日，吴×通过银行向邱×转账6万元，同时附言：5万元已付款返还并付1万元违约金共6万元。

因吴×违约不同意出售房屋，邱×诉至法院，要求继续履行合同。庭审中，吴×主张涉案房屋系其与妻子罗×的夫妻共同财产，均不同意出售。经查，吴×与罗×于2007年1月16日登记结婚，仍为夫妻关系，涉案房屋系双方夫妻关系存续期间购买。罗×到庭后表示涉案房屋是夫妻共同财产，其不清楚吴×与邱×签订房屋买卖合同事宜，也不同意出售该房屋。

鉴于吴×妻子罗×不同意出售共有财产房屋，邱×遂于2017年7月6日变更诉讼请求，要求解除与吴×签订的房屋买卖合同，并要求吴×赔偿房屋差价损失160万元。

一审诉讼中，经邱×、吴×申请，法院委托北京华源龙泰房地产土地资产评估有限公司对涉案房屋的市场价值进行鉴定，鉴定人员对涉案房屋进行现场勘查时，因吴×拒不配合鉴定工作，鉴定人员未能进入室内对房屋装饰装修等情况进行实地勘查。邱×主张房屋为精装修，吴×对此否认。北京华源龙泰房地产土地资产评估有限公司于2018年1月30日按照一般装修标准对涉案房屋出具房地产估价报告。估价结果：2016年9月11日价值时点的价值为348.96万元，2017年2月8日价值时点的价值为436.27万元，2017年7月6日价值时点的价值为382.35万元。2018年4月18日，北京华源龙泰房地产土地资产评估有限公司按照精装修标准出具补充报告，估价结果：2016年9月11日价值时点的价值为355.94万元，2017年2月8日价值时点的价值为444.98万元，2017年7月6日价值时点的价值为390.01万元。

一审法院认为：

依法成立的合同，受法律保护，对当事人具有法律约束力。本案中，邱×与吴×签订的《北京市存量房屋买卖合同》系双方真实意思表示，不违反法律、行政法规的强制性规定，合法有效，双方当事人应当按照约定全面履行自己的义务。

涉案房屋为吴×与其配偶罗×的夫妻共同财产，吴×出售房屋未征得罗×同意，且罗×不予追认，现吴×、罗×均不同意出售房屋，该合同构成法律上的履行不能。邱×要求解除与吴×签订的房屋买卖合同，法院应予以支持。邱×作为善意买受人有权要求吴×承担包括赔偿房屋差价损失在内的违约责任。

关于差价损失的计算，法院参照评估机构的评估意见确定。

对于双方争议的房屋是否为精装修问题。评估机构进行现场勘查时，经法院释明吴×拒不打开房门予以配合鉴定工作，致鉴定人员无法进入室内进行勘查，对此，吴×应承担不利后果。结合邱×提交的北京乐居网关于涉案小区宣传的网页打印件，法院对邱×关于房屋为精装修的主张予以采信。

对于双方争议的计算房屋差价损失的价值时点。房屋差价损失是当事人一方违约导致合同解除的法律后果。吴×主张以2016年9月11日通知邱×停止出售房屋的时点计算房屋差价损失，因吴×并不具有合同解除权，其主张没有法律依据，法院不予支持。2017年2月8日系邱×提起诉讼日期，其诉讼请求为继续履行合同，不存在损失的发生问题，邱×主张以该时点计算房屋差价损失，法院不予支持。吴×的配偶罗×明确表示不同意出售房屋后，该房屋买卖合同构成法律上的履行不能，邱×于2017年7月6日变更诉讼请求，要求解除合同，邱×应知道此时损失已实际发生，并应当采取适当措施防止损失的扩大。综上，法院确认以评估机构2017年7月6日价值时点房屋精装修状态下的估价作为计算房屋差价损失的依据。经核算，房屋差价损失为55.01万元。邱×主张定金和损失赔偿的数额总和不应高于因违约造成的损失，房屋差价损失系因吴×违约给邱×造成的损失，法院已支持邱×的该项请求，故邱×的定金请求，法院不再予以支持。邱×主张的中介费损失，其未能提供证据佐证，且无法律依据，法院亦不予支持。吴×已向邱×支付1万元，扣减后，吴×应再赔偿邱×54.01万元。

一审法院判决：
一、解除邱×与吴×签订的《北京市存量房屋买卖合同》；
二、吴×于判决生效后七日内赔偿邱×房屋差价损失54.01万元；
三、驳回邱×的其他诉讼请求。

二审法院认为：
吴×与邱×签订的《北京市存量房屋买卖合同》系各方当事人真实意思

表示，且未违反法律法规相关规定，应属有效合同，各方均应依约履行。当事人应当按照约定履行自己的义务，不得擅自变更或者解除合同。吴×签订合同后，因共有权人罗×不同意出售涉案房屋，而通知邱×停止履行双方之间的房屋买卖合同，吴×构成根本违约。吴×上诉主张邱×没有尽到审查房屋产权的义务，且没有依照约定时间付款，并在协商过程中提出加价购买涉案房屋，故邱×也存在违约行为。对此，本院认为，吴×作为出卖方，对于涉案房屋的产权情况最为掌握，征得其他共有产权人同意系出卖方的义务，吴×将这一义务加之于购买方缺乏法律依据。邱×没有按照约定时间付款及提出加价购买涉案房屋的行为均发生在吴×明确表示不再继续履行房屋买卖合同之后，此时吴×已经构成根本违约，邱×的行为不构成违约。

综上，吴×是本案合同的违约方，邱×不构成违约，故邱×享有合同解除权。一审法院支持邱×的诉讼请求解除双方之间的房屋买卖合同，处理结果正确。

合同解除后，尚未履行的，终止履行；已经履行的，根据履行情况和合同性质，当事人可以要求恢复原状、采取其他补救措施，并有权要求赔偿损失。除吴×已经退还给邱×的定金5万元之外，邱×有权要求吴×赔偿损失。关于定金罚则与赔偿损失，法律没有禁止一并主张的规定，但邱×主张的定金罚则和房屋差价损失的总额应不高于因吴×违约给其造成的实际损失。

关于如何确定房屋差价损失一节，争议焦点系如何确定计算房屋差价损失的时点和装修标准。邱×上诉主张应以2017年2月8日其提起诉讼的日期作为确定其损失的时点。经查，邱×2017年2月8日的诉讼请求为继续履行合同，邱×作为守约方，有权选择继续履行合同或者解除合同，在其选择继续履行合同的情况下，不存在房屋差价损失问题。邱×另主张应以2017年3月17日其因政策原因失去购房资格的时点作为确定损失的时点。首先，邱×未就其失去购房资格这一事实尽到基本的举证义务；其次，即使邱×确于2017年3月17日失去购房资格，其系因不可归责于双方的原因无法继续履行合同，致使合同解除，与其在本案中主张解除合同的原因及违约责任承担均不一致，不应以该日作为损失计算时点。

吴×上诉主张应以2016年9月11日作为损失计算的时点，其认为双方之间的合同在此时已经解除，邱×同时负有避免损失继续扩大的义务。对此，本院认为，吴×作为违约方不享有合同解除权，在吴×提出不再继续履行合同后，邱×有权选择继续履行合同或者解除合同。本案中，邱×最初选择继续履行合同，此行为系对自己合法权利的行使，不构成对损失的进一步扩大。

综上，一审法院选择2017年7月6日邱×变更诉讼请求为解除合同当日作为确定房屋差价损失的时点，有事实和法律依据，本院予以确认。

另外，关于应按照何种装修标准计算房屋价值问题。吴×主张涉案房屋为一般装修，邱×主张涉案房屋为精装修。对此，邱×提交北京乐居网关于涉案小区宣传的网页打印件予以证明，已尽到基本的举证义务。吴×在一审法院提前通知鉴定现场勘验时间，并向其释明无法进入涉案房屋的法律后果后，仍未能配合鉴定人员进入涉案房屋对装饰装修情况进行勘察，应承担举证不利的责任。故本院认为应采信邱×关于房屋为精装修的主张。

综上，一审法院扣除吴×已经支付的1万元违约金后，判决吴×赔偿邱×房屋差价损失54.01万元，处理结果正确，本院予以维持。因已经支持了邱×主张的房屋差价损失，该损失系因吴×违约给其造成的实际损失，故对邱×主张的定金罚则5万元，本院不予支持。

综上所述，邱×、吴×的上诉请求均不能成立，应予驳回；一审判决认定事实清楚，适用法律正确，应予维持。

二审法院判决：

驳回上诉，维持原判。

26

与承诺学区不一致，房屋买卖合同可撤销吗？

案情简介

黄小鸭为了女儿黄丫丫将来上学欲购买某地第二中学学区房。2018年4月，涉案房屋在网站上以第二中学学区房发布广告，黄小鸭看到广告后与房屋所有权人王美丽取得联系，并向王美丽核实涉案房屋是否为第二中学学区房，王美丽确认涉案房屋为第二中学学区房，黄小鸭遂与王美丽签订《房屋买卖合同》，向王美丽购买了涉案房屋。

后来黄小鸭得知涉案房屋并非第二中学学区房，要求王美丽解除购房合同并退回购房款，但遭到王美丽拒绝。黄小鸭遂起诉至法院，要求撤销其与王美丽签订的《房屋买卖合同》。

争议焦点

卖方承诺的学区与实际就读的学校不一致，所签订的《房屋买卖合同》能否撤销？

律师观点

《中华人民共和国民法总则》第一百四十七条规定，基于重大误解实施的民事法律行为，行为人有权请求人民法院或者仲裁机构予以撤销。《中华人民共和国合同法》第五十四条规定，因重大误解订立合同的，当事人一方有权请求人民法院或者仲裁机构变更或者撤销。

行为人因为对行为的性质、对方当事人、标的物的品种、质量、规格和数量等的错误认识，使行为的后果与自己的意思相悖，并造成较大损失的，可以认定为重大误解。

本案中，黄小鸭购买涉案房屋的目的是让女儿黄丫丫能够就读于第二中学，王美丽明知涉案房屋不是第二中学的学区房，却在网上发布不实的广告，且在黄小鸭向其核实时未如实告知，反而对涉案房屋属于第二中学学区房进行确认，导致黄小鸭对涉案房屋产生错误认识，产生的行为后果与自己的真实意思相悖，应属于意思表示错误，构成重大误解，故黄小鸭要求撤销合同的诉讼请求合理有据，应当予以支持。

律师建议

1. 买受人欲购买学区房时应当亲自查询涉案房屋的学区，并到相关部门和学校进行核实，避免因错误信息让小孩无法就读理想的学校。

2. 买受人可要求就欲购买的房屋所涉及的学区在《房屋买卖合同》中进行约定，并约定如因房屋学区原因无法就读约定的学校，买受人有权解除合同，要求出卖人返还全部购房款并支付违约金。

相关法条

《中华人民共和国民法总则》

第一百四十七条　基于重大误解实施的民事法律行为，行为人有权请求人民法院或者仲裁机构予以撤销。

《中华人民共和国合同法》

第五十四条　可撤销合同

下列合同，当事人一方有权请求人民法院或者仲裁机构变更或者撤销：

（一）因重大误解订立的；

（二）在订立合同时显失公平的。一方以欺诈、胁迫的手段或者乘人之危，使对方在违背真实意思的情况下订立的合同，受损害方有权请求人民法院或者仲裁机构变更或者撤销。当事人请求变更的，人民法院或者仲裁机构不得撤销。

第五十七条　合同解决争议条款的效力

合同无效、被撤销或者终止的，不影响合同中独立存在的有关解决争议方法的条款的效力。

《中华人民共和国民法通则》

第五十九条　可变更、可撤销的民事行为

下列民事行为，一方有权请求人民法院或者仲裁机关予以变更或者撤销：

（一）行为人对行为内容有重大误解的；

（二）显失公平的。

被撤销的民事行为从行为开始起无效。

《最高人民法院关于贯彻执行〈中华人民共和国民法通则〉若干问题的意见（试行）》

71. 行为人因对行为的性质、对方当事人、标的物的品种、质量、规格和数量等的错误认识，使行为的后果与自己的意思相悖，并造成较大损失的，可以认定为重大误解。

《中华人民共和国民法典》（于2021年1月1日起施行）

第一百四十七条　基于重大误解实施的民事法律行为，行为人有权请求人民法院或者仲裁机构予以撤销。

相关案例

案件名称：郭×与买×、杜×房屋买卖合同纠纷
案号：（2018）新01民终875号

上诉人（原审被告）：郭×
被上诉人（原审原告）：买×
原审被告：杜×

一审法院审理查明：

2017年4月20日，郭×作为新疆金地标房地产经纪有限公司（以下简称"金地标公司"）的股东，通过居间方金地标公司与杜×签订《新疆金地标房地产经纪有限公司房屋买卖定金合同》，约定由郭×购买杜×名下的位于乌鲁木齐市天山区红山路××号独楼××号房屋，建筑面积80平方米，房款总价777000元。合同签订后，郭×付完房款，杜×将房屋交付给郭×使用，未过户。后涉案房屋在58同城上作为新疆生产建设兵团第一中学（以下简称"兵团一中"）、乌鲁木齐第三十小学（以下简称"三十小学"）双学区房屋进行广告发布。

2017年9月9日，买×与郭×签订《房产转让合同书》，约定郭×将涉案房屋转让给买×，房款910000元，买×在2017年9月9日支付房价的50%，在2017年9月15日支付房价的50%，定金460000元。合同签订当天，买×支付郭×460000元。后买×得知涉案房屋位于乌鲁木齐市第十一中学学区，

并非兵团一中、三十小学的学区房，要求郭×退款未果，遂起诉至法院。

一审法院认为：

民事活动应当遵循自愿、公平、等价有偿、诚实信用原则。在订立合同时有重大误解的，当事人一方可以请求人民法院撤销。重大误解是指行为人因为对行为的性质，对方当事人，标的物的品种、质量、规格和数量等的错误认识，使行为的后果与自己的意思相悖，并造成重大损失的，可认定为重大误解。

本案中，买×为了孩子上学方便而欲购买兵团一中、三十小学学区房，其在58同城上看到涉案房屋出售的广告宣传以及中介人员的介绍均表明涉案房屋系兵团一中、三十小学的学区房，故与郭×签订房屋买卖合同。买×作为购买人，在交易中处于弱势地位，对其所购买房屋的具体情况只能通过广告、中介人员的介绍以及郭×口头的描述中得到认知。郭×明知买×欲购买学区房的意图，仍未如实告知买×欲购买的房屋并非属于兵团一中、三十小学的学区房，致使买×未能正确认知房屋的现状，误认为涉案房屋为兵团一中、三十小学的学区房，使其所购得的房屋与签订合同目的不相符，与其真实意愿存在重大差别，应属于意思表示错误，构成重大误解，买×要求撤销合同的诉讼请求合理有据，法院予以支持。

《中华人民共和国合同法》第五十八条规定，合同被撤销后，因该合同取得的财产应予返还。故买×要求郭×返还房款460000元的诉讼请求，法院予以支持。杜×并非房屋买卖合同的相对方，故在本案中不承担民事责任。

一审法院判决：

一、撤销买×与郭×于2017年9月9日签订的《房产转让合同书》；

二、郭×返还买×房款460000元；

三、驳回买×对杜×的诉讼请求。

二审法院认为：

《中华人民共和国民法总则》第七条规定，民事主体从事民事活动，应当遵循诚信原则，秉持诚实，恪守承诺。第一百四十七条规定，基于重大误解实施的民事法律行为，行为人有权请求人民法院或者仲裁机构予以撤销。重大误解是指行为人因为对行为的性质，对方当事人，标的物的品种、质量、规格和数量等的错误认识，使行为的后果与自己的意思相悖，并造成重大损失的，可认定为重大误解。

本案中，涉案房屋在58同城上的出售广告宣传，以及中介人员的介绍均表示涉案房屋系兵团一中、三十小学的学区房，买×意欲购买兵团一中、三十小学学区房，故与郭×签订房屋买卖合同。郭×明知其出售的房屋不是兵团一中、三十小学的学区房，仍未如实向买×告知涉案房屋并非兵团一中、三十小学的学区房，使买×对涉案标的物产生错误认识，产生的行为后果与自己的真实意思相悖，应属于意思表示错误，构成重大误解，买×要求撤销合同的诉讼请求合理有据，应当予以支持。《中华人民共和国合同法》第五十八条规定，合同无效或者被撤销后，因该合同取得的财产，应当予以返还。本案中，签订合同后，郭×收取买×交付的购房款460000元，现合同被撤销，郭×应当向买×返还已交付的购房款460000元，一审法院适用法律错误，本院予以纠正，但一审判决结果正确，本院予以维持。

综上所述，郭×的上诉请求不能成立，应予驳回；一审判决认定事实清楚，一审判决适用法律错误，但判决结果正确，本院予以维持。

二审法院判决：
驳回上诉，维持原判主文部分。

27

房屋买卖，卖方能因为买方是"老赖"主张解除合同吗？

案情简介

2019年5月18日，黄小鸭与王美丽签订《房屋买卖合同》，约定黄小鸭将其名下房屋出售给王美丽，成交价为100万元。其中定金5万元，于签订合同之日支付；首付款35万元于过户之日支付；尾款60万元待过户后以银行贷款的方式支付。因该房屋存在抵押，双方约定由黄小鸭自行筹款解押并于解押后7日内双方共同至不动产登记中心办理过户手续，黄小鸭应于签订合同后5日内向银行申请解押，并办理解押手续。

2019年5月20日，黄小鸭得知王美丽因拒不履行生效判决于2018年6月25日被法院列入失信被执行人名单。2019年5月21日，黄小鸭向王美丽发出通知，要求王美丽就本次房屋买卖交易提供担保，或者提供其失信被执行人名单信息已被撤销，有能力履行合同的证明。

王美丽未提供，并以短信息方式催促黄小鸭办理解押，黄小鸭拒绝办理。

王美丽于是向法院提起诉讼，要求继续履行《房屋买卖合同》，黄小鸭提出反诉，请求解除合同。

诉讼中，王美丽的失信被执行人名单信息未被屏蔽或撤销。

争议焦点

买方被列为失信被执行人，卖方能否行使不安抗辩权主张解除合同？

律师观点

依据《中华人民共和国合同法》第六十八条规定，应当先履行债务的当事人，有确切证据证明对方有下列情形之一的，可以中止履行：……（三）丧失商业信誉；（四）有丧失或者可能丧失履行债务能力的其他情形。

本案中，双方在合同中约定尾款以贷款的方式支付，而王美丽因拒不履行已生效的判决于 2018 年 6 月 25 日被列入失信被执行人名单，已经无法通过银行贷款审核，可以认定王美丽有丧失或者可能丧失履行债务能力的情形。

黄小鸭在得知该情形后向王美丽发出通知要求王美丽提供担保或者消除该情形，王美丽未能提供，黄小鸭拒绝办理解押手续乃是行使不安抗辩权。在诉讼中，王美丽的失信被执行人名单信息仍未被屏蔽或撤销，也未向黄小鸭提供担保，亦未能证明自己具有履行能力。

根据《中华人民共和国合同法》第六十九条的规定，王美丽未在合理期限内恢复履行能力并且未提供适当担保，黄小鸭可解除合同。

律师建议

1. 签合同前应要求对方提供征信报告，审查是否存在征信不良的情形，充分审核对方的履行能力。

2. 签合同前可自行在失信被执行人名单查询系统和限制高消费名单查询系统等查询对方是否可能已经不具备履行合同的能力。

相关法条

《中华人民共和国合同法》

第六十八条　不安抗辩权

应当先履行债务的当事人，有确切证据证明对方有下列情形之一的，可以中止履行：

（一）经营状况严重恶化；

（二）转移财产、抽逃资金，以逃避债务；

（三）丧失商业信誉；

（四）有丧失或者可能丧失履行债务能力的其他情形。

当事人没有确切证据中止履行的，应当承担违约责任。

第六十九条　不安抗辩权的行使

当事人依照本法第六十八条的规定中止履行的，应当及时通知对方。对方提供适当担保时，应当恢复履行。中止履行后，对方在合理期限内未恢复履行能力并且未提供适当担保的，中止履行的一方可以解除合同。

《中华人民共和国民法典》（于 2021 年 1 月 1 日起施行）

第五百二十七条　应当先履行债务的当事人，有确切证据证明对方有下列情形之一的，可以中止履行：

（一）经营状况严重恶化；

（二）转移财产、抽逃资金，以逃避债务；

（三）丧失商业信誉；

（四）有丧失或者可能丧失履行债务能力的其他情形。

当事人没有确切证据中止履行的，应当承担违约责任。

第五百二十八条 当事人依据前条规定中止履行的，应当及时通知对方。对方提供适当担保的，应当恢复履行。中止履行后，对方在合理期限内未恢复履行能力且未提供适当担保的，视为以自己的行为表明不履行主要债务，中止履行的一方可以解除合同并可以请求对方承担违约责任。

相关案例

案件名称：郭×斌与胡×凤房屋买卖合同纠纷

案号：（2016）闽 0213 民初 2117 号

原告（反诉被告）：郭×斌

被告（反诉原告）：胡×凤

第三人：厦门市浦×房地产代理有限公司

法定代表人：王金火

法院审理查明：

2016 年 5 月 18 日，胡×凤、郭×斌及厦门市浦×房地产代理有限公司（以下简称"浦×房产公司"）签订房产买卖及代办协议一份。协议第一条"房产情况"确认：胡×凤将坐落于厦门市翔安区祥吴五里的房产出售给郭×斌，房屋所有权证号为 01××98，建筑面积 32.16 平方米，用途为住宅。第二条"交易价格"约定：房产买卖总价款以套计算，共计 640000 元。第四条"购房款项支付"约定：郭×斌于本协议签订之日起三日内向胡×凤支付定金 50000 元；郭×斌于 2016 年 6 月 5 日前支付购房款 200000 元（含定金），过户当日支付 30000 元，通过商业按揭贷款支付 410000 元。若银行不批贷或实际放款金额小于郭×斌未付款的金额，则郭×斌应于银行告知后三个工作日内补足购房款予卖方，若银行实际放款金额大于未付款金额，胡×凤应于银行放款后一个工作日内将差额部分退还给郭×斌；房产存在的贷款本息余额约为200000元（具体金额应以银行打印单等材料确认为准），房产解除抵押所需款项由郭×斌提供，上述第一笔付款作为房产解押专款使用，胡×凤不得挪作他用，不足部分由胡×凤自行偿还。第五条"过户公证"约定：双方约定于房产解除抵押注销后三日内至房地产行政主管部门办理交易登记手续和签订房地产行政主管部门提供的房地产买卖合同及相关文件。第七条"房产交付、交付保证金及租约处理"约定：胡×凤应于2016年9月1日前将房产交付给郭×斌；双方同意郭×斌在交房前支付的最后一笔购房款时预留2000元作为房产交付保证金，待清算完毕水电煤气等费用及交房完毕据实结算。第十一条"违约责任"约定：一方在签订本协议后不履行或因其他原因导致协议不能履行、解除或无效，视其违约，应承担违约责任，违约金适用定金罚则，还应赔偿守约方包括但不限于代办费、居间服务费、装修损失、房屋使用费、房屋差价损失等实际损失和收益损失，以及由此引发的诉讼费用和律师费；未经对方同意，若郭×斌逾期支付购房款或胡×凤逾期交付房产的，每逾期一日，违约方应向对方支付总房款万分之五的违约金，逾期达十五日及以上的，守约方有权解除合同并按上述约定追究违约方的责任；未经对方同意，若一方逾期办理过户的，每逾期一日，违约方应向对方支付总房款万分之五的违约金，逾期达十五日及以上的，守约方有权解除合同并按上述约定追究违约方的责任。第十二条"其他"约定：鉴于可能受买方或其配偶资信情况及国家限购、限贷政策等的影响，未达成买卖目的不影响协议履行，双方协商同意买方可指定第三人作为实际接受过户人，若该第三人需要与胡×凤重新签约，胡×凤同意配合。若200000元解押款不足以偿还银行贷款，由首付款30000元补齐。

同日，三方签订一份居间服务确认协议，约定：买卖协议签订当日，郭×斌应向居间方支付居间报酬15000元。后胡×凤出具收据一份，载明收到郭×斌支付的定金50000元，胡×凤在该收据中注明"具体以收款方银行到账为准"。同时，浦×房产公司出具收据，确认收到胡×凤支付的交房保证金2000元。之后，浦×房产公司的员工郭×海向胡×凤转账支付了48000元。

2016年5月31日至6月5日期间，郭×斌和浦×房产公司员工多次以短信息方式催促胡×凤办理解押，但胡×凤未予办理。

2016年6月12日，本院受理郭×斌与胡×凤、浦×房产公司房屋买卖合同纠纷一案，后郭×斌于2016年7月5日撤诉。

另查明，坐落于厦门市翔安区房屋的权利人为胡×凤。郭×斌因本案支出律师诉讼代理服务费 28000 元，胡×凤因本案支出律师诉讼代理服务费 20000 元。郭×斌因拒不履行已生效的（2013）翔民初字第 413 号民事判决，本院于 2014 年 6 月 25 日将其列入失信被执行人名单。对此，胡×凤与浦×房产公司均表示签订协议时不知情，郭×斌称签协议时曾告知胡×凤与浦×房产公司。

法院认为：

根据当事人的举证质证和庭审意见，本院认为双方的争议焦点为：胡×凤主张行使不安抗辩权是否具有法律依据。

郭×斌主张，其按约定准备好 200000 元解押款后，多次催促胡×凤一起去银行办理解押事宜，但胡×凤一直不予理会，已构成违约。胡×凤称郭×斌未在 2016 年 6 月 5 日前支付 200000 元首付款，且在签合同时未告知其已被列入失信被执行人名单，而按规定郭×斌已不能贷款及购买不动产，故胡×凤有权行使不安抗辩权。

本院认为，郭×斌与胡×凤之间的房产买卖及代办协议是双方当事人的真实意思表示，内容不违反法律规定，应确认为合法有效，双方均应按约定履行义务。根据协议约定，郭×斌应于 2016 年 6 月 5 日前支付购房款 200000 元（含定金）作为解押专款使用。对于解押款项的支付流程，郭×斌主张是各方一起到银行办理解押时，由郭×斌直接把 200000 元解押款汇入胡×凤的扣款账户；浦×房产公司认可郭×斌的意见，并表示这也是正常的交易流程；胡×凤认为郭×斌需在 2016 年 6 月 5 日前将 200000 元支付给胡×凤，而非各方同时到银行办理解押。对此，虽然双方未对解押流程作出明确具体的约定，庭审中亦意见不一，但考虑到市场交易习惯和维护交易安全，本院对郭×斌和浦×房产公司所主张的"各方一起到银行办理解押时，由郭×斌直接把 200000 元解押款汇入胡×凤的扣款账户"的意见予以采信。因此，在解押过程中，应由胡×凤先向银行提出解押申请，各方按银行确定的时间一并前去办理时，再由郭×斌将解押款项付至胡×凤的扣款账户中。

对于胡×凤主张行使不安抗辩权的问题。本院认为，不安抗辩权是指当事人互负债务，有先后履行顺序的，先履行的一方有确切证据表明另一方丧失履行债务能力时，在对方没有履行或者没有提供担保之前，有权中止合同履行的权利。其构成要件为：（1）双方当事人因同一双务合同而互负债务，并且该两项债务存在对价关系。（2）后给付义务人的履行能力明显降低，有不能为对待给付的现实危险。包括：其经营状况严重恶化，转移财产、抽逃资金，以逃避债务，谎称有履行能力的欺诈行为，其他丧失或者可能丧失履行能力的情况。(3) 有先后的履行顺序，享有不安抗辩权之人为先履行义务的当事人。(4) 先履行义务人必须有充足的证据证明相对人无能力履行债务。(5) 先履行一方的债务已届满清偿期。(6) 后履行义务方未提供担保。中止履行后，对方在合理期限内未恢复履行能力并且未提供适当担保的，中止履行的一方可以解除合同。本案中，郭×斌因拒不履行已生效的（2013）翔民初字第413号民事判决，本院于2014年6月25日将其列入失信被执行人名单。因此，可以认定郭×斌有丧失或者可能丧失履行债务能力的情形，而胡×凤一直未办理解押的行为可认定为其中止履行房产买卖及代办协议的意思表示。在诉讼中，胡×凤已明确主张行使不安抗辩权，之后，郭×斌的失信被执行人名单信息仍未被屏蔽或撤销，其既未提供担保，亦未能证明自己具有履行能力，故胡×凤要求解除房产买卖及代办协议的主张，符合法律规定，本院予以支持。基于此，郭×斌要求胡×凤继续履行双方所签的房产买卖及代办协议，并支付其律师诉讼代理服务费28000元的诉讼请求，缺乏事实与法律依据，本院不予支持。

根据房产买卖及代办协议的约定，一方在签订本协议后不履行或因其他原因导致协议不能履行、解除或无效，视其违约，应承担违约责任。违约金适用定金罚则，还应赔偿守约方包括但不限于代办费、居间服务费、装修损失、房屋使用费、房屋差价损失等实际损失和收益损失，以及由此引发的诉讼费用和律师诉讼代理服务费。本案中，郭×斌已向胡×凤支付定金50000元，故胡×凤主张没收48000元定金及郭×斌支付律师诉讼代理服务费20000元的反诉请求，未超出双方约定，应予支持。至于胡×凤主张郭×斌按房屋价款每日万分之五自2016年6月5日起支付违约金的诉求，因合同已约定违约金适用定金罚则，且胡×凤未能举证证明其具有除定金和律师诉讼代理服务费之外的其他损失，故本院对其该项诉求不予支持。

综上所述，解除郭×斌、胡×凤于2016年5月18日签订的房产买卖及代办协议，胡×凤有权没收48000元定金，郭×斌应向胡×凤支付律师诉讼代理服务费20000元。

法院判决：

一、解除郭×斌、胡×凤于2016年5月18日签订的编号为×××72的房产买卖及代办协议；

二、胡×凤有权没收郭×斌支付的定金48000元；

三、郭×斌应于本判决生效之日起十日内向胡×凤支付律师诉讼代理服务费20000元；

四、驳回郭×斌的诉讼请求；

五、驳回胡×凤的其余反诉请求。

第四章

违约责任

28

能否依据定金收据要求双倍返还定金？

案情简介

2018年10月27日，黄小鸭通过中介公司了解到王美丽有一套房要出售，在中介公司的斡旋下，黄小鸭决定购买该房屋。

2018年10月28日，王美丽发给中介公司的聊天记录载明："他如果要房子的话，就先付5万元把房子定下来，11月5号我回去跟他签合同。"

2018年10月29日，黄小鸭将5万元汇入王美丽的银行账户，备注是"定金"。中介公司在得知黄小鸭汇款后向王美丽发出微信通知："定金已转，请查收。"王美丽回复："收到。"

2018年10月30日，在中介公司的要求下，王美丽手写《收据》，并拍照给中介公司，《收据》载明："今收到黄小鸭交来购买房屋定金伍万元。"

几天后，王美丽不想再将房子出售给黄小鸭，于是将定金退回给黄小鸭。

黄小鸭认为自己支付的是定金，王美丽不卖房应当双倍返还定金，于是起诉至法院要求王美丽双倍返还定金。王美丽辩称定金合同为要式合同，双方需签订书面的合同才受定金罚则的约束，因此其无义务双倍返还。

争议焦点

定金合同是否已成立？王美丽是否应当双倍返还黄小鸭支付的款项？

律师观点

1. 定金合同已成立。定金合同成立并生效应符合以下条件：一是以书面形式约定；二是书面约定有"定金"字样，或虽未有"定金"字样，但约定了定金罚则；三是定金实际交付。至于定金的种类、担保范围等是否有书面约定，并不影响定金合同是否生效。

本案黄小鸭付款时备注了付款用途为定金，且王美丽向黄小鸭出具了《收据》。由于收款收据是书面形式，符合定金合同的形式要件，且定金已实际交付，因此定金合同已成立。

2. 应双倍返还定金。《中华人民共和国合同法》第一百一十五条规定，当事人可以依照《中华人民共和国担保法》约定一方向对方给付定金作为债权的担保。债务人履行债务后，定金应当抵作价款或者收回。给付定金的一方不履行约定的债务的，无权要求返还定金；收受定金的一方不履行约定的债务的，应当双倍返还定金。《最高人民法院关于适用〈中华人民共和国担保法〉若干问题的解释》第一百一十五条规定，当事人约定以交付定金作为订立主合同担保的，给付定金一方拒绝订立主合同的，无权要求返还定金；收取定金一方拒绝订立合同的，应当双倍返还定金。

本案黄小鸭支付的定金实质是为将来订立《房屋买卖合同》所做的担保，而不是为《房屋买卖合同》的履行所做的担保，黄小鸭与王美丽签订的定金合同是黄小鸭与王美丽的真实意思表示，合法有效，对合同双方当事人均产生约束力。王美丽拒绝订立《房屋买卖合同》，应当双倍返还定金。

律师建议

1. 双方欲以定金合同作为订立主合同担保的，应当订立书面的定金合同，并在定金合同上明确约定定金罚则："给付定金一方拒绝订立主合同的，无权要求返还定金；收受定金一方拒绝订立合同的，应当双倍返还定金。"

2. 注意书写定金时"定"字一定要写准确，不要写成"订"字，也不要写成"诚意金"。诚意金出卖人无权没收，买受人也无权要求双倍返还。

3. 在交易环节中对每一笔款项的性质都应当在转款时明确备注，并在收据中注明。

相关法条

《中华人民共和国合同法》

第一百一十五条　定金

当事人可以依照《中华人民共和国担保法》约定一方向对方给付定金作为债权的担保。债务人履行债务后，定金应当抵作价款或者收回。给付定金的一方不履行约定的债务的，无权要求返还定金；收受定金的一方不履行约定的债务的，应当双倍返还定金。

《最高人民法院关于适用〈中华人民共和国担保法〉若干问题的解释》

第一百一十五条 当事人约定以交付定金作为订立主合同担保的，给付定金一方拒绝订立主合同的，无权要求返还定金；收受定金一方拒绝订立合同的，应当双倍返还定金。

《中华人民共和国民法典》（于 2021 年 1 月 1 日起施行）

第五百八十六条 当事人可以约定一方向对方给付定金作为债权的担保。定金合同自实际交付定金时成立。

定金的数额由当事人约定；但是，不得超过主合同标的额的百分之二十，超过部分不产生定金的效力。实际交付的定金数额多于或者少于约定数额的，视为变更约定的定金数额。

第五百八十七条 债务人履行债务的，定金应当抵作价款或者收回。给付定金的一方不履行债务或者履行债务不符合约定，致使不能实现合同目的的，无权请求返还定金；收受定金的一方不履行债务或者履行债务不符合约定，致使不能实现合同目的的，应当双倍返还定金。

相关案例

案件名称：何×成、王×枫房屋买卖合同纠纷
案号：（2017）浙 01 民终 8023 号

上诉人（原审原告）：何×成
被上诉人（原审被告）：王×枫
原审第三人：杭州华×房地产代理有限公司
法定代表人：滕皋明，董事长

一审法院审理查明：

2016 年 6 月 26 日，何×成（甲方）、王×枫（丙方）与杭州华×房地产代理有限公司（以下简称"华×公司"）（乙方）签订了《房地产买卖居间协议》（以下简称《居间协议》），何×成与王×枫在《居间协议》内就房屋的物业基本情况（包括名称、面积、共有人、总房款等）、定金支付、交易时间以及违约后果等进行明确约定。《居间协议》第六条约定：如果丙方未能依约签订房屋转让合同，则丙方应向甲方双倍返还定金（包含甲方已支付定金），甲方同意将丙方双倍返还之定金（包含甲方已支付定金）的 25% 支付给乙

方，作为居间费用。《居间协议》第八条约定：若甲方所交的定金由乙方代为保管，待甲、丙双方签订的《杭州市房屋转让合同》（以下简称《转让合同》）生效后，将该定金转为甲方需承担的税费。同时，丙方为代表出售该物业之诚意，特将该房屋的相关权属证书交由乙方保管。《居间协议》第九条约定：丙方保证该房产权清晰，权属明确，符合上市交易条件；如该房为共有财产，则丙方已征得共有人同意；如丙方违反以上条款，则丙方承担过错责任，丙方应向甲方赔偿等同于双倍的定金，同时本协议终止。

《居间协议》签订当日，何×成通过银行转账将20万元定金汇入华×公司。2016年8月4日，华×公司将该20万元定金退还至何×成账户。

案涉房屋西湖区桂花城栖霞苑×幢×单元××室的权利人现登记为：庄若×（监护人：庄×、王×枫）、王×枫。共有产权人庄若×于1999年5月14日出生，至2016年6月26日何×成与王×枫签订《居间协议》当天为17周岁，距法定成年尚有近一年时间。

另查明，《居间协议》中载明案涉房屋为王×枫与庄若×共有。但《居间协议》签订时，王×枫未带案涉房屋权属证书以供何×成、华×公司核验，亦未告知何×成、华×公司共有人庄若×为未成年人之事项。待协议签订完毕后，华×公司另行核验案涉房屋权属证书时，才发现该房屋共有人庄若×为未成年人。当即，华×公司便告知何×成与王×枫双方交易存在履行困难，需办理承诺公证等手续后才能正常交易。后何×成与王×枫双方为排除居间协议履行障碍，进行了沟通和协商，且王×枫与华×公司一直在协商处理办理承诺公证等事宜。但根据相关法律法规以及政策的规定，王×枫无法为被监护人庄若×办理未成年子女房屋变更登记公证手续，致使不能办理案涉房屋变更登记手续以及签署正式的房屋转让合同。因此，2016年8月4日，华×公司将20万元定金退还给了何×成。本案审理过程中，何×成多次表达（第一次庭审时庄若×距年满18周岁尚差12天，交易困难和障碍已接近自动消除）继续履行《居间协议》的请求，但王×枫均以目前房地产市场价格已经发生明显变化等为由，表示不可能继续履行《居间协议》及签订房屋转让合同。

本案审理过程中，经何×成的申请和本院委托，杭州天平房地产评估公司作出《房地产评估报告》，评估结果为：估价对象（桂花城栖霞苑×幢×单元××室）在价值时点2016年8月4日的市场价值总额取整为人民币469万元整（单价36200元/平方米）。该评估结果比《居间协议》约定的总房款405万元高出64万元。

一审法院认为：

关于居间协议构成预约合同还是本约合同、王×枫是否构成违约、双倍定金及房屋差价损失是否应当支持的问题，构成本案主要的争议焦点。

关于居间协议构成预约合同还是本约合同的问题。首先，预约合同是约定将来签订一定合同的合同，本约合同是为履行预约合同而签订的合同。其次，商品房的认购、订购、预订等协议具备《商品房销售管理办法》第十六条规定的商品房买卖合同的主要内容，并且出卖人已经按照约定收受购房款的，该协议应当认定为商品房买卖合同。本案中《居间协议》虽然明确约定了转让合同双方当事人名称、标的物、转让价款、履行方式等实质内容，已具备了转让合同成立的必要条款，但出卖人王×枫并未收受购房款，华×公司代为保管的20万元购房定金尚未转化为购房款，故转让合同并未实际成立。最后，合同的成立系当事人意思表示协商一致的结果。何×成与王×枫就买卖系争房屋成立预约还是本约，不仅要看居间协议的约定内容，也要从双方订立协议的目的上判断买卖双方真实的意思表示。从《居间协议》第六条和第九条关于买卖双方违约责任的约定看，协议显然赋予何×成以抛弃定金的方式不签订转让合同的权利，也赋予王×枫以双倍返还定金的方式不签订转让合同的权利，即买卖双方均有权选择不签订转让合同。故双方签订的《居间协议》应视为预约合同，而非据此确定买卖系争房屋之本约。因为，判断何×成与王×枫就买卖系争房屋成立预约合同关系还是本约合同关系，既需要审查双方是否就转让合同关系成立的主要条款达成一致，也要审查双方订立已有合同之目的系为确立交易机会还是订立转让合同本约。从该《居间协议》约定的内容看，双方确立的是将来订立转让合同之交易机会，故何×成与王×枫订立的《居间协议》为预约合同。

关于王×枫是否构成违约及责任承担的问题。当事人签订认购书、订购书、预订书、意向书、备忘录等预约合同，约定在将来一定期限内订立买卖合同，一方不履行订立买卖合同的义务，对方请求其承担预约合同违约责任并主张损害赔偿的，人民法院应予支持。案涉《居间协议》第九条约定，丙方（即王×枫）保证该房产权清晰，权属明确，符合上市交易条件。如该房为共有房产，则丙方已征得共有人同意。可见，王×枫作为案涉房屋的转让方，应当确保案涉房屋能够上市、交易。但案涉房屋因涉及未成年人的共有份额，不符合上市交易条件，致使双方不能订立正式房屋买卖合同，对此，王×枫构成违约，依约应当承担相应的责任。虽然王×枫积极排除交易障碍，且其没有不履行合同义务的主观故意，但这并非属于不可抗力等免责条件。王×枫以认识上的瑕疵或者法律知识的欠缺作为其不构成违约的抗辩理由，不予支持。根据该《居间协议》对违约责任的约定，何×成主张王×枫返还双倍定金，符合法律规定，予以支持。至于王×枫主张何×成并未将案涉定金实际交付其本人，相关定金条款至今未生效，原审法院认为，何×成所交定金是由华×公司代为保管，其已经实际交付定金，而定金合同从实际交付之日起生效，故王×枫以其没有收到定金为由认为定金条款未生效，不予采信。

关于双倍定金及房屋差价损失是否应当支持的问题。前已述及，居间协议与正式买卖合同的关系是预约合同与本约合同的关系，签署居间协议的目的是约束双方的交易行为，约定将来订立正式的合同。预约合同的成立和生效，仅使当事人负有将来按预约规定的条件订立合同的义务，而不负履行将来要订立的合同中的义务。从该《居间协议》第六条和第九条的约定看，双方约定的定金显然是为将来订立正式的房屋转让合同所设立的担保，而非对履行将来所订立合同之义务进行的担保，即该定金的性质为立约定金。何×成主张因王×枫违约，导致其丧失在同时期同地段购买房屋的机会，现因房屋价格普遍上涨，要求王×枫赔偿房屋差价损失，实质是何×成按照未订立、未生效的正式买卖合同之履行利益而主张的赔偿责任。但由于双方正式的买卖合同尚未订立、生效，当事人因履行正式的买卖合同可能获得履行利益的盖然性较小，一方当事人不履行《居间协议》就让其赔偿另一方正式合同的履行利益，显然有失公平；而让违反《居间协议》的一方当事人承担信赖利益的损失符合公平原则。双方于《居间协议》所设立的立约定金，即用来担保将来签订正式买卖合同的定金，可以视为何×成与王×枫双方对可能发生的信赖利益损失赔偿额的约定，该立约定金具有预定损害赔偿的性质。一方拒绝订立合同适用立约定金罚则后，对方无论有无损害或损害多少，均以立约定金额为损害赔偿额。故何×成双倍返还定金之诉请，应当予以支持。但赔偿80万元房屋差价损失，不予支持。

综上，当事人一方不履行合同义务或者履行合同义务不符合约定的，应当承担继续履行、采取补救措施或者赔偿损失等违约责任。何×成诉请王×枫返还双倍定金，符合法律规定，且证据充分，应予支持。但其诉请王×枫赔偿房屋差价损失，于法无据，不予支持。至于其诉请王×枫承担房屋中介费用，属于尚未实际产生的不确定性的费用，于本案中主张并无依据，亦不予支持。

一审法院判决：
一、王×枫支付何×成违约金20万元，于判决生效之日起7日内付清。
二、驳回何×成其他诉讼请求。

二审法院认为：
何×成、王×枫与华×公司签订的《房地产买卖居间协议》系双方当事人真实意思的表示，内容并不违反国家法律、行政法规的强制性规定，应属有效。对各方当事人均具有约束力。在协议签订的当日，何×成虽将20万元汇入华×公司。协议也约定了案涉房屋的坐落、面积、共有人、房屋价格、定金支付、交易时间以及违约后果等内容，但根据该协议第五条约定，若何×成所提之要求王×枫全部接受，则何×成同意将该意向金转为购买该物业之定金。该协议第六条又约定了在签署本协议4日内签订正式房屋转让合同，同时又约定了如王×枫未能依约签订房屋转让合同，则王×枫应向何×成双倍返还定金（包含何×成已支付定金），何×成同意将王×枫双倍返还之定金（包含何×成已支付定金）的25%支付给华×公司，作为居间费用。可见，何×成汇入华×公司的20万元已从意向金转为定金，且该款项华×公司并未交付给王×枫，故该定金尚未转化为购房款。该协议第九条也约定了任何一方若不签订正式房屋转让合同，则按定金罚则处理。故原审法院认为双方签订的《居间协议》应视为预约合同并无不当。

何×成、王×枫与华×公司签订的《房地产买卖居间协议》约定在签署本协议4日内签订正式房屋转让合同，王×枫未能签约，显属违约，根据《最高人民法院关于适用〈中华人民共和国担保法〉若干问题的解释》第一百一十五条之规定："当事人约定以交付定金作为订立主合同担保的，给付定金的一方拒绝订立主合同的，无权要求返还定金；收受定金的一方拒绝订立合同的，应当双倍返还定金。"原审法院根据何×成的诉请，判决王×枫支付何×成20万元违约金并无不当。何×成的上诉理由依据不足，不能成立，本院不予采纳。原审判决认定事实清楚，适用法律和实体处理正确。

二审法院判决：
驳回上诉，维持原判。

29

银行迟延放款，买房人是否构成违约？

案情简介

2018年12月16日，黄小鸭与王美丽签订《房屋买卖合同》，约定王美丽将其名下的房屋出售给黄小鸭，价格为150万元。具体付款方式为：签订合同之日支付定金1万元；2018年12月30日，支付首付款（含定金）50万元；2019年3月25日，支付购房尾款100万元，以银行贷款为准。

合同签订后，黄小鸭依约向王美丽支付了50万元首付款。

2019年1月9日，黄小鸭与王美丽共同至银行办理贷款手续，王美丽向银行提供身份资料及银行账号以便收款，黄小鸭与银行签订《个人住房抵押借款合同》（以下简称《借款合同》），约定贷款金额为100万元，贷款期限预计自2019年1月25日起至2039年1月25日止，如实际放款日与本合同约定不一致，则贷款期限的起算日以实际放款日为准，到期日顺延。发放贷款的指定账户为王美丽的账户。

其间因贷款政策的变化及银行内部审核手续严格的原因，王美丽于2019年5月6日才收到银行发放的贷款100万元。

王美丽认为自己没有在2019年3月25日收到剩余100万元房款，黄小鸭构成违约，向法院提起诉讼要求黄小鸭支付逾期付款违约金。

争议焦点

银行迟延放款，买方需要支付违约金吗？

律师观点

本案中，王美丽与黄小鸭共同至银行办理贷款手续并向银行提交身份资料及银行账号，可以认定王美丽对于黄小鸭以银行贷款方式支付剩余100万元房款是明知且同意的。而黄小鸭在合同履行过程中也积极办理贷款手续，并未拖延。

王美丽未能在 2019 年 3 月 25 日收到剩余 100 万元房款，是由于国家政策变化及银行内部审核手续严格所导致，银行的放款时间非黄小鸭所能控制，且双方于合同中明确约定剩余 100 万元房款的支付以银行贷款为准，故黄小鸭在合同履行过程中不存在违约，无须支付违约金。

律师建议

1. 以银行贷款方式支付购房款的，卖方可在合同中约定：剩余房款以银行贷款的方式支付，买方应保证银行于某年某月某日前放款，如银行未能在该时间放款，买方应当向卖方支付逾期付款违约金直至银行放款为止，以弥补卖方的利息损失。

2. 合同履行过程中卖方也应积极催促及配合办理银行贷款相关手续。

相关法条

《中华人民共和国合同法》

第八条　依合同履行义务原则

依法成立的合同，对当事人具有法律约束力。当事人应当按照约定履行自己的义务，不得擅自变更或者解除合同。

依法成立的合同，受法律保护。

第六十条　严格履行与诚实信用

当事人应当按照约定全面履行自己的义务。

当事人应当遵循诚实信用原则，根据合同的性质、目的和交易习惯履行通知、协助、保密等义务。

《中华人民共和国民法典》（于 2021 年 1 月 1 日起施行）

第四百六十五条　依法成立的合同，受法律保护。

依法成立的合同，仅对当事人具有法律约束力，但是法律另有规定的除外。

第五百零九条　当事人应当按照约定全面履行自己的义务。

当事人应当遵循诚信原则，根据合同的性质、目的和交易习惯履行通知、协助、保密等义务。

当事人在履行合同过程中，应当避免浪费资源、污染环境和破坏生态。

相关案例

案件名称：刘×、左×英与被告胡×仁、郑×君房屋买卖合同纠纷

案号：（2013）栖霞民初字第 147 号

原告：左×英

原告：刘×

被告：郑×君

被告：胡×仁

法院审理查明：

2012 年 6 月 19 日，原告左×英、刘×（甲方）委托朱×望与被告郑×君、胡×仁（乙方）、南京分众不动产经纪有限公司（丙方）签订《房地产买卖中介合同》一份。甲方将其所有的栖霞区××路××号××幢一单元×××室（丘号××××××-×-××）毛坯房以 140 万元的净得价出售给乙方。合同约定：1. 在签订合同时，乙方支付甲方购房定金 2 万元。2. 2012 年 6 月 30 日前办理产权过户手续，乙方于过户当日支付给甲方购房款 57 万元；同时乙方预付 1 万元给丙方作为房屋交接保证金，在房屋正式交接完成当日，甲乙双方在房屋交接清单上签字确认后，丙方将上述房屋保证金转付给甲方。3. 余款 80 万元以组合贷款的方式支付给甲方，甲方收到余款后 3 日内交房。甲乙双方承诺于过户之日起 2 个工作日内共同去贷款银行办理贷款相关签字手续，如因不能按时签字影响交易进程，由甲乙双方各自承担相关责任。甲乙双方约定贷款由银行直接下款于甲方账户。

2012 年 6 月 29 日，甲乙双方签订《存量房买卖合同》。合同约定内容有：一、甲乙双方同意以下付款方式和付款期限支付房价款，并自行承担房屋转让款安全的全部责任：1. 2012 年 6 月 29 日乙方付首付款 57 万元；2. 乙方贷款 80 万元，由银行直接下款给甲方。二、乙方逾期支付房价款的，每逾期一日，按应付到期房价款的万分之十支付违约金；乙方逾期支付房价款超过 10 日且所欠应付到期房款超过 5 万元的，甲方有权解除合同，解除合同后甲方 5 日内将已收房价款退还乙方，所收定金不予退还，并有权要求乙方支付占总房价款百分之五的赔偿金。三、甲乙双方定于"贷款下款 3 日内 2012 年 9 月 30 日"正式交付该房屋，甲方应在交付房屋前腾空该房屋，甲方迟延交付房

屋超过 10 日的，乙方有权解除本合同。甲方应在乙方解除合同后 5 日内将已收房价款和双倍定金返还乙方，并按总房价款的百分之五支付赔偿金。

合同签订后，两被告按约支付了定金、首付款及房屋交接保证金，并先后向光大银行、工商银行贷款，后因办理下款公证等原因，购房贷款 80 万元于 2013 年 1 月 8 日下款至原告账户，原告同日向被告交付了房屋。现原告以被告未能及时办理贷款手续，致贷款迟延到账造成其损失为由，起诉至本院，要求处理。

法院认为：

依法成立的合同，自成立时生效。原告左×英、刘×与被告郑×君、胡×仁签订的《房地产买卖中介合同》《存量房买卖合同》是双方真实意思的表示，合同不违反法律法规的强制性规定，合法有效，本院予以确认。

合同生效后，当事人应当按照约定全面履行自己的义务，当事人一方不履行合同义务或者履行合同义务不符合约定的，应当承担继续履行、采取补救措施或者赔偿损失等违约责任。当事人就质量、价款或者报酬、履行地点等内容没有约定或者约定不明确的，可以协议补充；不能达成补充协议的，按照合同有关条款或者交易习惯确定。

本案中关于贷款的下款时间：原告、被告之间在两份合同中均只明确约定了贷款金额，未明确约定下款时间。客观上，下款时间也不受借款人控制，双方在《存量房买卖合同》中约定由银行直接下款给原告，被告只需积极履行办理贷款的手续即可。原告陈述 2012 年 9 月 30 日是贷款下款的最后时间，但该时间明确约定于交房时间条款中，且交房时间同时约定"贷款下款 3 日内"，故应当认定是约定 2012 年 9 月 30 日或贷款下款后 3 日内交付房屋，不足以认定该时间是最后的下款期限，而原告实际也是于 2013 年 1 月 8 日贷款下款后交付的房屋，故原告的该主张无事实和法律依据。且其在庭后亦陈述贷款迟迟没有办下来的真正原因是被告请了一个无能又不认真办事的中介公司，认为乙方不是有意拖欠，因此亦不能认定被告未积极履行办理贷款手续的义务，故对原告要求被告支付银行贷款迟延下款产生的违约金的诉讼请求，本院不予支持。

法院判决：

驳回原告左×英、刘×的诉讼请求。

30

守约方能否要求违约方既支付违约金又双倍返还定金？

案情简介

2017年3月6日，王美丽与黄小鸭签订《房屋买卖合同》，其中约定：由王美丽将其名下的房屋卖给黄小鸭，价格为1500000元，签订合同当日由黄小鸭向王美丽支付定金300000元；一方违约，另一方有权解除合同，并可按合同成交价的10%主张违约金。

合同签订当日，黄小鸭向王美丽支付了购房定金300000元。

2017年5月10日，王美丽因房价上涨拒绝继续履行合同，并向黄小鸭发出《解除合同通知书》，明确表示不再履行合同。

2017年5月17日，黄小鸭向人民法院提起诉讼，要求王美丽双倍返还定金并支付违约金150000元。

争议焦点

违约金与定金能否同时适用？黄小鸭的诉讼请求能否得到支持？

律师观点

违约金与定金不能同时适用。

《中华人民共和国合同法》第一百一十五条规定："当事人可以依照《中华人民共和国担保法》约定一方向对方给付定金作为债权的担保。债务人履行债务后，定金应当抵作价款或者收回。给付定金的一方不履行约定的债务的，无权要求返还定金；收受定金的一方不履行约定的债务的，应当双倍返还定金。"根据该规定，案涉《房屋买卖合同》约定定金为300000元，黄小鸭已依约支付定金300000元，故在王美丽违约不履行案涉合同的情况下，黄小鸭有权要求王美丽双倍返还定金。

《中华人民共和国合同法》第一百一十六条规定:"当事人既约定违约金,又约定定金的,一方违约时,对方可以选择适用违约金或者定金条款。"根据该规定,定金条款或违约金条款不可并用,当事人只可择其一而行使之。

因此,虽然双方的《房屋买卖合同》就违约金进行了约定,但依据上述法律规定,黄小鸭同时要求王美丽双倍返还定金和支付违约金的主张不能得到支持。

律师建议

1. 签订书面的《房屋买卖合同》,建议将首期支付的款项约定为"定金"。但约定的定金数额不宜超过主合同标的额的百分之二十,超过的部分,人民法院不予支持。

2. 在买卖双方都同意的前提下,可将定金托管至第三方,并对托管的方式、托管时间及支付条件等具体细节进行书面约定。

3. 支付定金后,让出卖人出具收据并留存好相关支付凭证。

4. 如产生纠纷诉至法院的,当事人在提请诉求时,应在充分考虑违约金与定金具体金额后作出选择,以最大限度弥补损失。

相关法条

《中华人民共和国合同法》

第九十三条　合同约定解除

当事人协商一致,可以解除合同。

当事人可以约定一方解除合同的条件。解除合同的条件成就时,解除权人可以解除合同。

第一百一十五条　定金

当事人可以依照《中华人民共和国担保法》约定一方向对方给付定金作为债权的担保。债务人履行债务后,定金应当抵作价款或者收回。给付定金的一方不履行约定的债务的,无权要求返还定金;收受定金的一方不履行约定的债务的,应当双倍返还定金。

第一百一十六条　违约金与定金的选择

当事人既约定违约金,又约定定金的,一方违约时,对方可以选择适用违约金或者定金条款。

《中华人民共和国民法典》（于 2021 年 1 月 1 日起施行）

第五百六十二条　当事人协商一致，可以解除合同。

当事人可以约定一方解除合同的事由。解除合同的事由发生时，解除权人可以解除合同。

第五百八十六条　当事人可以约定一方向对方给付定金作为债权的担保。定金合同自实际交付定金时成立。

定金的数额由当事人约定；但是，不得超过主合同标的额的百分之二十，超过部分不产生定金的效力。实际交付的定金数额多于或者少于约定数额的，视为变更约定的定金数额。

第五百八十七条　债务人履行债务的，定金应当抵作价款或者收回。给付定金的一方不履行债务或者履行债务不符合约定，致使不能实现合同目的的，无权请求返还定金；收受定金的一方不履行债务或者履行债务不符合约定，致使不能实现合同目的的，应当双倍返还定金。

第五百八十八条　当事人既约定违约金，又约定定金的，一方违约时，对方可以选择适用违约金或者定金条款。

定金不足以弥补一方违约造成的损失的，对方可以请求赔偿超过定金数额的损失。

相关案例

案件名称：乔×珍、丁×宝房屋买卖合同纠纷

案号：（2017）粤 06 民终 13002 号

上诉人（原审原告、反诉被告）：乔×珍

被上诉人（原审被告、反诉原告）：丁×宝

一审法院审理查明：

2017 年 3 月 6 日，乔×珍、丁×宝经佛山市大联房地产代理有限公司促成签订了一份《房屋买卖合约》，约定：由丁×宝将其位于佛山市顺德北滘镇碧桂园社区居民委员会碧桂园西苑颐翠庭四街××座×××房卖给乔×珍，成交价为 150 万元，买卖双方税费由买方即乔×珍支付；在签订本合同时乔×珍支付 300000 元作为定金，首期楼款（含定金）900000 元应在取得房地产交易中心收缴证件收据当天内付清；银行同意贷款申请后 5 天内，买卖双方应

共同到房管部门办理交易过户递件手续；余款600000元由乔×珍申请以银行按揭贷款方式支付；本合约签订后，若买卖双方有以下情形之一的，即视为违约，守约方有权解除本合约，并有权要求违约方按成交价的10%支付违约金，包括：（1）一方拒绝按约定收取或支付定金、楼款的；（2）一方拒绝出售或购买该物业。另，该《房屋买卖合约》备注载明：签订合同当日买方支付定金180000元，剩余定金于2017年3月12日前支付。三方约定违约按定金的金额赔偿；买方在卖方的房屋所有权证办好时支付首付楼款，卖方收齐首期款后交楼给买方。

2017年3月6日，丁×宝向乔×珍出具一份《收款收据》，载明：收到乔×珍交来购房定金180000元。2017年3月6日，乔×珍支付丁×宝50000元，2017年3月7日支付130000元。2017年3月11日，乔×珍向丁×宝支付120000元。

后乔×珍、丁×宝在履行案涉合同过程中产生了分歧，丁×宝表示不再履行合同。2017年5月17日，丁×宝向乔×珍发出《解除房屋买卖合同通知书》，载明：乔×珍未按合同约定的时间和金额支付定金，已构成违约。根据约定，丁×宝有权解除合同并有权要求乔×珍按成交价的10%支付违约金，故自本通知送达乔×珍时，即解除双方签订的《房屋买卖合约》，不退定金。乔×珍遂于2017年6月12日向一审法院提起诉讼。

另查明，位于佛山市顺德北滘镇碧桂园社区居民委员会碧桂园西苑颐翠庭四街×座×××房登记购房人为丁×宝，合同号为Y215083。

一审法院认为：

乔×珍、丁×宝双方签订的案涉《房屋买卖合约》是双方当事人真实意思表示，合法有效，受法律保护，双方应依约履行。

根据乔×珍、丁×宝双方主张及抗辩意见，本案的争议焦点主要是违约责任的认定问题。丁×宝主张因乔×珍未按约定于2017年3月6日付清首期定金构成违约，应承担违约责任。

对此，一审法院认为：1. 丁×宝于2017年3月6日已向乔×珍出具《收款收据》，注明已收到乔×珍定金180000元，而丁×宝对乔×珍于2017年3月7日支付首期定金余额的行为，并未在合理期限内提出异议，而此后丁×宝又收取了乔×珍的第二期定金，应视为丁×宝同意乔×珍延迟一天支付首期定金；2. 至2017年5月16日丁×宝才以乔×珍未按时支付首期定金为由发出《解除房屋买卖合同通知书》，有违常理。故丁×宝主张乔×珍违约，要求没收乔×珍定金300000元，理据不足，一审法院不予支持。因乔×珍主张终止案涉《房屋买卖合约》，而丁×宝于庭审中亦表示同意解除合同，故一审法院确认案涉《房屋买卖合约》于判决发生法律效力之日起解除，丁×宝收取乔×珍的定金300000元应退还乔×珍。

因丁×宝表示不同意履行案涉合同，且单方要求解除案涉合同，导致《房屋买卖合约》无法继续履行，应认定为丁×宝存在违约行为，应承担相应的违约责任。

本案中，案涉《房屋买卖合约》并未约定定金罚则，而仅在备注载明违约按定金金额赔偿，且乔×珍未能提供证据证明其损失数额，故乔×珍主张双倍返还定金，依据不足，一审法院确定由丁×宝按案涉《房屋买卖合约》约定的按成交价的10%支付违约金即150000元。对于乔×珍超出合理范围的诉讼请求，一审法院不予支持。

一审法院判决：

一、乔×珍与丁×宝于2017年3月6日签订的《房屋买卖合约》于判决发生法律效力之日解除；

二、丁×宝于判决发生法律效力之日起十五日内向乔×珍退还购房定金300000元；

三、丁×宝于判决发生法律效力之日起十五日内向乔×珍支付违约金150000元；

四、驳回乔×珍的其他诉讼请求；

五、驳回丁×宝的反诉请求。

二审法院审理查明：

2017年3月11日，乔×珍向丁×宝支付50000元；2017年3月12日，乔×珍向丁×宝支付70000元。一审法院认定"2017年3月11日，乔×珍向丁×宝支付120000元"错误，本院予以纠正。本院对一审判决认定的其他事实予以确认。

二审法院认为：

本案系房屋买卖合同纠纷。根据《最高人民法院关于适用〈中华人民共和国民事诉讼法〉的解释》第三百二十三条关于"第二审人民法院应当围绕当事人的上诉请求进行审理。当事人没有提出请求的，不予审理，但一审判决违反法律禁止性规定，或者损害国家利益、社会公共利益、他人合法权益的除外"的规定，结合乔×珍、丁×宝双方提出的上诉请求与理由，本案二审争议焦点为：1. 本案的违约责任主体；2. 丁×宝是否应向乔×珍双倍返还定金。

关于第一个争议焦点。丁×宝上诉主张系乔×珍违约，其主要理由一是乔×珍逾期支付定金；二是乔×珍未按变更约定支付首期款300000元。

对此，本院分析如下：首先，关于乔×珍是否逾期支付定金的问题。案涉《房屋买卖合约》于2017年3月6日签订，约定定金为300000元，其中备注载明签订合同当日买方支付定金180000元，剩余定金于2017年3月12日前支付。根据查明的事实，乔×珍于2017年3月6日向丁×宝支付50000元，2017年3月7日支付130000元，2017年3月11日支付50000元，2017年3月12日支付70000元。从上述乔×珍向丁×宝支付定金的情况看，只有乔×珍于2017年3月7日支付130000元系延迟一天支付，但不构成根本违约，且此后丁×宝又收取了乔×珍第二期定金，应视为丁×宝同意乔×珍延迟一天支付首期定金。

其次，关于乔×珍是否未按变更约定支付首期款300000元的问题。案涉《房屋买卖合约》备注载明买方在卖方的房屋所有权证办好时支付首付楼款。在合同履行过程中，乔×珍和丁×宝就首付款的支付进行过协商，但未最终达成一致意见，故双方仍应按《房屋买卖合约》的约定履行义务，即乔×珍在丁×宝办好房屋所有权证时支付首付楼款。现丁×宝并未办好房屋所有权证，其主张乔×珍违约，与事实不符。因丁×宝表示不同意履行案涉合同，且单方要求解除案涉合同，导致《房屋买卖合约》无法继续履行，应认定为丁×宝存在违约行为，应承担相应的违约责任。

关于第二个争议焦点。乔×珍上诉主张丁×宝除应支付违约金150000元之外，还应承担双倍返还定金的责任。对此，本院认为，根据《中华人民共和国合同法》第一百一十五条关于"当事人可以依照《中华人民共和国担保法》约定一方向对方给付定金作为债权的担保。债务人履行债务后，定金应当抵作价款或者收回。给付定金的一方不履行约定的债务的，无权要求返还定金；收受定金的一方不履行约定的债务的，应当双倍返还定金"的规定，案涉《房屋买卖合约》约定定金为300000元，乔×珍已支付定金300000元，故在丁×宝违约不履行案涉合同的情况下，乔×珍有权要求丁×宝双倍返还定金；但根据《中华人民共和国合同法》第一百一十六条关于"当事人既约定违约金，又约定定金的，一方违约时，对方可以选择适用违约金或者定金条款"的规定，违约金和定金条款不能同时适用。结合案涉《房屋买卖合约》备注载明违约按定金的金额赔偿，本院对乔×珍要求丁×宝双倍返还定金的请求予以支持，但丁×宝不再向乔×珍支付违约金 150000 元。

综上所述，丁×宝的上诉请求不能成立，应予驳回；乔×珍的上诉请求部分成立。

二审法院判决：

一、维持广东省佛山市顺德区人民法院（2017）粤 0606 民初 8732 号民事判决第一项、第五项；

二、撤销广东省佛山市顺德区人民法院（2017）粤 0606 民初 8732 号民事判决第三项、第四项；

三、变更广东省佛山市顺德区人民法院（2017）粤 0606 民初 8732 号民事判决第二项为：丁×宝于本判决发生法律效力之日起十五日内向乔×珍双倍返还定金 600000 元；

四、驳回乔×珍的其他诉讼请求。

31

房屋共有人未在买卖合同上签字是否需要承担违约责任?

案情简介

2017年11月22日,王美丽与黄小鸭签订《房屋买卖合同》,约定由王美丽购买黄小鸭与周中中共有的房产。黄小鸭承诺周中中会在五日内补签合同,否则由此造成违约由黄小鸭一人承担。

2017年12月2日,王美丽向黄小鸭、周中中发出《履约催告函》,催促周中中补签合同,催促黄小鸭办理交易手续。周中中向王美丽表示不愿意出售该房屋。

于是王美丽向人民法院提起诉讼,要求解除合同,并要求黄小鸭、周中中承担违约责任。

争议焦点

房屋共有人未在房屋买卖合同上签字是否需要承担违约责任?

律师观点

房屋共有人未在房屋买卖合同上签字的,无须承担违约责任。

本案中,王美丽、黄小鸭在协商一致的基础上自愿签订买卖合同,内容不违反法律、行政法规强制性规定,合法有效。根据《中华人民共和国合同法》第六十条关于"当事人应当按照约定全面履行自己的义务"的规定,双方均应按照合同约定履行各自的义务。

周中中作为案涉房屋共有人之一,未在该房屋买卖合同上签名,亦未出具书面的授权委托书委托黄小鸭签订《房屋买卖合同》,且事后亦不同意出售案涉房屋,未对合同进行追认,该合同对周中中不发生法律效力,王美丽与周中中之间并未形成房屋买卖合同关系,周中中不存在违约行为,无须承担

《房屋买卖合同》的违约责任。

律师建议

1. 若产权登记显示房屋存在共有人，买方应确认所有房屋共有人对于出售房屋均有真实的意思表示，并要求所有房屋共有人在合同上签字。

2. 如共有人不便到场签字，应要求共有人授权一人代为签字，并保留共有人知情且同意出售的证据，如电话录音、微信语音等。

3. 房屋共有人知道或应当知道房屋被其他共有人擅自出售时，可通过拒绝追认的方式排除房屋买卖合同对其发生效力。

相关法条

《中华人民共和国合同法》

第四十八条　无权代理人订立的合同

行为人没有代理权、超越代理权或者代理权终止后以被代理人名义订立的合同，未经被代理人追认，对被代理人不发生效力，由行为人承担责任。

相对人可以催告被代理人在一个月内予以追认。被代理人未作表示的，视为拒绝追认。合同被追认之前，善意相对人有撤销的权利。撤销应当以通知的方式作出。

第四十九条　表见代理

行为人没有代理权、超越代理权或者代理权终止后以被代理人名义订立合同，相对人有理由相信行为人有代理权的，该代理行为有效。

第五十一条　无处分权人订立的合同

无处分权的人处分他人财产，经权利人追认或者无处分权的人订立合同后取得处分权的，该合同有效。

第一百零七条　违约责任

当事人一方不履行合同义务或者履行合同义务不符合约定的，应当承担继续履行、采取补救措施或者赔偿损失等违约责任。

《中华人民共和国民法典》（于 2021 年 1 月 1 日起施行）

第一百七十一条　行为人没有代理权、超越代理权或者代理权终止后，仍然实施代理行为，未经被代理人追认的，对被代理人不发生效力。

相对人可以催告被代理人自收到通知之日起三十日内予以追认。被代理人未作表示的，视为拒绝追认。行为人实施的行为被追认前，善意相对人有撤销的权利。撤销应当以通知的方式作出。

行为人实施的行为未被追认的,善意相对人有权请求行为人履行债务或者就其受到的损害请求行为人赔偿。但是,赔偿的范围不得超过被代理人追认时相对人所能获得的利益。

相对人知道或者应当知道行为人无权代理的,相对人和行为人按照各自的过错承担责任。

第五百七十七条 当事人一方不履行合同义务或者履行合同义务不符合约定的,应当承担继续履行、采取补救措施或者赔偿损失等违约责任。

相关案例

案件名称: 张×恒、王×房屋买卖合同纠纷
案号: (2017) 粤06民终9247号

上诉人(原审被告):张×恒
被上诉人(原审原告):王×
原审被告:雷×华
原审第三人:广州瀚信置业有限公司
法定代表人:何×桃

一审法院审理查明:

张×恒、雷×华为夫妻关系。位于佛山市南海区桂城海八东路1号中海锦城国际花园某房于2016年12月22日办理房地产登记,登记在张×恒、雷×华名下。2017年4月14日查询时,该房产仍有抵押登记。

2016年9月11日,张×恒(委托方)与广州瀚信置业有限公司(以下简称"瀚信公司")(受托方)签订一份《独家代理委托协议(买卖)》,约定委托方委托受托方独家代理出售上述房产,房屋售价2450000元,委托期为2016年9月11日至2016年10月10日。委托期内出售业务,委托方需支付中介服务费10000元。

2016年10月31日,张×恒(卖方)、王×(买方)及瀚信公司(经纪方)签署一份《房屋买卖合约》,约定:卖方将佛山市南海区桂城海八东路1号中海锦城国际花园某房出售给买方;成交价2450000元,买方承担税费;买方应向经纪方支付中介代理费及咨询费33500元;合同签订后,买卖双方

任何一方拒绝出售或购买该物业的,即视为违约,守约方有权解除合同,并要求违约方按定金双倍或相当于成交价10%承担违约金;买方在签署本合约时向卖方支付定金100000元;卖方在收到定金后180日内提供办理银行按揭贷款资料给买方;卖方在收取定金后120日内向抵押银行申请办理提前还贷手续,买方同意在收到银行提前还贷通知后向卖方支付首期购房款650000元,余款1700000元办理银行按揭贷款;签订合同时交付房屋给买方使用,2016年11月至2017年2月为免租期,2017年3月1日起买方每月支付租金3000元直至办理递件过户手续。

当日,张×恒出具收据,确认收取王×支付购房定金100000元。当日,瀚信公司出具收据,确认收取王×支付中介服务费10000元。

2016年10月31日,张×恒将房屋交付给王×,王×对房屋进行了装修,其中安装橱柜18000元、窗帘15000元、指纹锁3500元、净水器1500元。

因雷×华未在房屋买卖合约上签名,致王×、张×恒、雷×华产生争议。2017年3月12日,王×、张×恒、雷×华到瀚信公司处协商,雷×华称其不同意卖房。

2017年4月14日,王×提起本案诉讼。诉讼中,王×承诺在2017年7月1日前搬离涉讼房屋。

一审法院认为:

王×与张×恒及瀚信公司于2016年10月31日签署的《房屋买卖合约》为签约各方当事人真实意思表示,内容未违反法律强制性规定,为合法有效合同,对签约各方当事人均具有法律约束力。至于涉讼房产为张×恒、雷×华共有,而雷×华作为共有人之一未在该房屋买卖合约上签名的问题,雷×华可据此拒绝履行买卖合同,但并不影响房屋买卖合约的效力,雷×华主张合同无效没有事实和法律依据,一审法院不予采纳。

《独家代理委托协议(买卖)》及《房屋买卖合约》均没有雷×华签名,王×也未举证证明张×恒在签订房屋买卖合同时取得雷×华的授权。现雷×华不同意出售房屋,王×与张×恒签署的《房屋买卖合约》无法继续履行,王×请求解除《房屋买卖合约》合法合理,一审法院依法予以支持。

雷×华并未与王×之间形成房屋买卖合同关系,其不存在违约行为,一审法院对王×主张雷×华承担合同违约责任的意见不予采信。

张×恒作为房屋的出卖方,理应保证房屋符合出卖条件,其在未征得共有人同意的情况下擅自单方签订房屋买卖合同,事后未能征得共有人的同意,导致房屋买卖合同未能继续履行,其已构成根本违约,应按合同约定承担违约责任。王×主张张×恒退回购房款100000元、支付违约金245000元符合合同约定,一审法院均予以支持。

瀚信公司作为专业的房地产交易机构,理应尽到合理审理注意义务,涉讼房产为张×恒、雷×华共有,但《独家代理委托协议(买卖)》及《房屋买卖合约》均只有张×恒一个人签名,瀚信公司仍促成王×与张×恒签订合同,未尽到中介方善意提醒义务,对《房屋买卖合约》未能继续履行负有一定责任,一审法院酌情确定其无权收取中介服务费,王×已支付的中介服务费10000元应由王×与瀚信公司结算,一审法院对王×主张张×恒、雷×华赔偿中介服务费10000元的诉讼请求不予支持。

张×恒在签订《房屋买卖合约》后将房屋交付给王×,王×对涉讼房屋的居住使用具有合法性,其对涉讼房产进行一定装修属于正常使用房屋,雷×华主张王×恢复房屋原状理据不足,一审法院不予采纳。

王×购买的净水器属于可拆除使用物品,其应在返还房屋时自行拆除,一审法院确定王×固定装修投入为36500元(38000元-1500元)。张×恒作为违约方,对王×投入的装修应承担一定赔偿责任;王×在房屋并未办理过户前进行装修,对装修损失也负有一定责任。一审法院酌情确定张×恒应赔偿王×装修损失18250元,王×请求超出部分一审法院不予支持。

张×恒、雷×华虽为夫妻关系,但张×恒在未取得雷×华同意下擅自签订房屋买卖合约,并因违约承担赔偿责任,本案债务不宜认定为夫妻共同债务,一审法院对王×主张雷×华因夫妻关系承担连带责任的意见不予采纳。

瀚信公司经一审法院合法传唤未到庭参加诉讼,依法缺席判决。

一审法院判决:

一、解除王×与张×恒于2016年10月31日签订的《房屋买卖合约》中有关双方权利义务的约定;

二、张×恒于判决发生法律效力之日起十日内退还购房定金100000元予王×;

三、张×恒于判决发生法律效力之日起十日内支付违约金245000元予王×;

四、张×恒于判决发生法律效力之日起十日内赔偿装修损失18250元予王×；

五、驳回王×其他诉讼请求。

二审法院审理查明：

本院对一审判决认定的事实予以确认。

另查明，二审中张×恒变更上诉请求为：维持一审判决第一项、第二项，变更一审判决第三项为张×恒支付违约金245000元的三分之一，即81700元，变更一审判决第四项为赔偿装修损失9000元。

还查明，王×在搬离案涉房屋时，将窗帘和指纹锁拆走，并更换了一把1200元的锁。

二审法院认为：

本案系房屋买卖合同纠纷。根据《最高人民法院关于适用〈中华人民共和国民事诉讼法〉的解释》第三百二十三条关于"第二审人民法院应当围绕当事人的上诉请求进行审理。当事人没有提出请求的，不予审理，但一审判决违反法律禁止性规定，或者损害国家利益、社会公共利益、他人合法权益的除外"的规定，本案二审围绕张×恒的上诉请求进行审理，综合当事人的诉辩意见，本案二审的争议焦点为张×恒应向王×支付违约金和赔偿装修损失的金额。

张×恒与王×签订的《房屋买卖合约》系双方真实意思表示，且未违反法律和行政法规的强制性规定，属于有效合同。根据《中华人民共和国合同法》第六十条关于"当事人应当按照约定全面履行自己的义务"的规定，张×恒与王×双方均应按合同约定全面履行自己的义务。鉴于雷×华作为案涉房屋共有人之一未在上述《房屋买卖合约》上签名，且不同意出售案涉房屋，张×恒与王×签订的《房屋买卖合约》无法继续履行，张×恒依法应承担违约责任。

关于违约金的支付，根据《房屋买卖合约》中守约方有权要求违约方按定金的双倍或相当于成交价10%作出赔偿的约定，一审判决张×恒向王×支付违约金245000元，并无不妥，本院予以维持。

张×恒以王×、瀚信公司没有尽到注意义务亦存在过错为由，主张其只应支付违约金245000元的三分之一即81700元，缺乏依据，本院不予支持。

因王×在搬离案涉房屋时，将窗帘和指纹锁拆走，并更换了一把1200元的锁,本院据此新事实确定张×恒应向王×赔偿装修损失9600元。

综上所述,一审判决认定事实清楚,适用法律正确,但因本案出现新事实,故本院予以改判,一审判决不属错误判决。

二审法院判决:

一、维持广东省佛山市南海区人民法院(2017)粤0605民初5053号民事判决第一项、第二项、第三项;

二、撤销广东省佛山市南海区人民法院(2017)粤0605民初5053号民事判决第五项;

三、变更广东省佛山市南海区人民法院(2017)粤0605民初5053号民事判决第四项为:张×恒应于本判决发生法律效力之日起十日内赔偿装修损失9600元予王×;

四、驳回王×的其他诉讼请求。

32

卖方违约，房价上涨损失能否得到支持？

案情简介

2019年11月，黄小鸭与王美丽签订《房屋买卖合同》，约定王美丽将其名下房屋出售给黄小鸭，房屋解押后办理过户手续。后黄小鸭如约向王美丽支付购房款，王美丽将房屋交付黄小鸭使用。2020年2月，因王美丽与他人的经济纠纷导致房屋被查封，王美丽亦不知所踪，合同无法履行。2020年4月，黄小鸭向法院提起诉讼，请求解除合同，要求王美丽退回所收购房款，并赔偿房屋增值部分的损失。

争议焦点

卖方违约导致合同无法履行时，买方能否主张房价上涨损失？

律师观点

《中华人民共和国合同法》第一百一十三条规定，当事人一方不履行合同义务或者履行合同义务不符合约定，给对方造成损失的，损失赔偿额应当相当于因违约所造成的损失，包括合同履行后可以获得的利益，但不得超过违反合同一方订立合同时预见到或者应当预见到的因违反合同可能造成的损失。本案中，房屋买卖合同因王美丽之过错无法继续履行，增值部分亦为因合同无法履行而造成的黄小鸭的损失。因此，王美丽应赔偿黄小鸭房屋增值部分的损失。

律师建议

1. 因卖方违约导致合同无法继续履行，买方主张房屋增值损失赔偿的，应当提供客观的涉案房屋价格上涨的证据。

2. 房屋增值损失可以通过对比类似房屋的近期市场公开价格、成交价格证明，可以考虑请求房屋中介公司出具相关情况说明、委托具有相应资质的评估机构进行评估，或者向法院申请对涉案房屋的市场增值价格进行评估。

3. 买卖双方可在合同中约定违约方赔偿房屋增值损失的责任承担。

相关法条

《中华人民共和国合同法》

第一百零七条 违约责任 当事人一方不履行合同义务或者履行合同义务不符合约定的，应当承担继续履行、采取补救措施或者赔偿损失等违约责任。

第一百一十三条第一款 当事人一方不履行合同义务或者履行合同义务不符合约定，给对方造成损失的，损失赔偿额应当相当于因违约所造成的损失，包括合同履行后可以获得的利益，但不得超过违反合同一方订立合同时预见到或者应当预见到的因违反合同可能造成的损失。

《中华人民共和国民法典》（于 2021 年 1 月 1 日起施行）

第五百七十七条 当事人一方不履行合同义务或者履行合同义务不符合约定的，应当承担继续履行、采取补救措施或者赔偿损失等违约责任。

第五百八十四条 当事人一方不履行合同义务或者履行合同义务不符合约定，造成对方损失的，损失赔偿额应当相当于因违约所造成的损失，包括合同履行后可以获得的利益；但是，不得超过违约一方订立合同时预见到或者应当预见到的因违约可能造成的损失。

相关案例

案件名称： 黄×国与罗×飞房屋买卖合同纠纷
案号：（2019）桂 0105 民初 5104 号

原告：黄×国
被告：罗×飞
第三人：广西南宁千×房地产经纪有限公司
法定代表人：李×桃

法院审理查明：
2017 年 11 月 24 日原、被告签订《房地产买卖及居间合约》（以下简称

《合约》)。《合约》第一条第一款约定物业地址为南宁市江南区新屯路20号金凯花园7号楼×单元×××号，建筑面积为106.76平方米；第一条第三款约定该物业处于已验收合格并交付，尚未取得房屋所有权证状况；《合约》第一条第四款约定物业处于抵押状态，抵押权人为金融机构，未结清的还款额约为470000元，被告承诺并配合办理注销手续，现原、被告双方同意注销处理方案为由原告支付部分楼款并用提前还款解押使用；第三条第一款约定，该物业以现状售予原告，现原、被告确认物业交付标准为空房毛坯；第四条第二款约定，被告保证上述房产未被依法查封或者以其他形式显示房产权利；《合约》第五条第二款约定，若被告违约，须在三个工作日内除无息退还原告已付楼款以及承担赔偿原告已支付给经纪方的服务费；第六条第一款约定，原告支付居间服务佣金6000元；第七条第三款约定，法院诉讼所产生的费用先由各自承担，并最终由违约方承担对方处理纠纷所支付的所有费用（包括但不限于诉讼费、保全执行费、律师诉讼代理服务费、差旅交通费、过户税费等）；第九条第一款约定，该物业成交价为770000元；第九条三款约定，第一部分房款（定金款）为150000元，支付方式为签约当天原告须向被告一次性支付上述定金，并转为购房款；第九条四款约定，第二部分（首期款）为100000元，支付方式为签约当日前支付给被告。

同日，原、被告及第三人签订《补充协议》，协议第二条约定由于该房屋还有部分银行按揭贷款没有结清，原、被告双方约定，在该房屋解押之前的月供由原告先供，其中本金由原告承担。协议第四条约定交易该房产的前提方式是以该房产价值抵扣私人欠款部分。协议第六条约定该房产签订经纪合同当日，被告同意交付房产给原告使用且同意原告自主装修出租或自住。

同日，被告出具《收条》一张，载明："兹收到黄×国（身份证号：××××××××××××××××××）交来购买坐落于南宁市江南区新屯路20号金凯花园7号楼×单元×××号房的房屋首付及定金人民币贰拾伍万元整。"

2017年11月24日，第三人出具《收据》一张，载明："今收到黄×国购买江南区新屯路20号金凯花园7号楼×单元×××号房代办服务佣金及办证费金额7000元。"

随后，原告通过银行转账的方式分别于2017年11月24日、2017年12月22日、2018年1月23日、2018年2月22日、2018年3月23日、2018年4月22日、2018年5月23日、2018年6月23日、2018年7月23日、2018

年8月22日、2018年9月23日、2018年10月23日、2018年11月22日向被告共计支付71676元。

2017年12月23日，原告与案外人深圳市鹏×物业管理有限公司南宁分公司签订《房屋装修申报表》及《金凯花园（巴黎香醒）装修管理服务协议》。

同日，案外人深圳市鹏×物业管理有限公司南宁分公司出具《房屋室内装修动工许可证》一份，载明："经审核，7栋×单元××房申报的装修方案符合备案要求，准予以动工。施工单位名称：自装，负责人：黄×国，联系电话：××××××××；现场施工人数：6人，施工期限：2017年12月23日至2018年3月23日止。"案外人深圳市鹏×物业管理有限公司南宁分公司出具《收款收据》一份，载明："今收到7-×-×××房黄×国装修垃圾清运费320.3元，拆墙垃圾清运费382.4元。"

2017年12月24日，南宁市中燃城市燃气发展有限公司出具《业务受理单》一份，黄×国在代办人处签字。

2018年12月1日，广西国海律师事务所出具《欠款通知及催款函》一份，载明被告罗×飞因未按约定时间足额偿还在中国建设银行申请的住房公积金贷款，南宁市住房公积金管理中心现委托广西国海律师事务所依法催收。

另查明，被告购买江南区新屯路20号金凯花园7号楼×单元×××号房屋，于2015年10月30日办理了商品房买卖合同登记备案。2016年1月28日，中国建设银行股份有限公司南宁园湖支行对该房屋办理预购商品房抵押权预告登记。2019年2月12日，南宁市青秀区人民法院对该房屋进行预查封。2019年7月4日，南宁市江南区人民法院对该房屋进行预查封。

法院认为：

被告罗×飞经本院传票传唤，无正当理由拒不到庭参加诉讼，视为其放弃举证、质证的权利，本院依法缺席判决。

原告、被告与第三人签订的《房地产买卖及居间合约》和《补充协议》系当事人的真实意思表示，不违反法律法规的强制性规定，依法成立并生效，对合同当事人具有法律约束力。当事人一方迟延履行债务或者有其他违约行为致使不能实现合同目的，当事人可以解除合同。由于本案涉案房屋被法院查封，致使合同无法履行，合同目的无法实现。原告现主张解除《房地产买卖及居间合约》及《补充协议》，有事实和法律依据，本院予以支持。

关于原告请求被告退回支付的购房定金 150000 元及首付款 100000 元的问题。根据《合约》第五条第二款的约定，若被告违约，须在三个工作日内无息退还原告已付楼款以及承担赔偿原告已支付给经纪方的服务费。故由于被告违约，现原告主张被告退回支付的购房定金 150000 元、首付款 100000 元，本院依法予以支持。

关于原告请求被告退回支付的贷款月供共计 26676 元的问题。根据《中华人民共和国合同法》第九十七条的规定，合同解除后，尚未履行的，终止履行；已经履行的，根据履行情况和合同性质，当事人可以要求恢复原状、采取其他补救措施，并有权要求赔偿损失。本案中，根据原告向本院提供的银行流水查明，2017 年 12 月 22 日至 2018 年 11 月 22 日，原告每月已依约向被告支付涉案房屋月供，共计 26676 元。现原告请求被告退回支付的贷款月供共计 26676 元，于法有据，本院依法予以支持。

关于原告请求被告赔偿装修损失 120000 元的问题。本院认为，原告根据《合约》享有对涉案房屋装修的权利，现原告已对该房屋进行装修，但因被告违约行为，导致合同目的根本不能实现，原告诉请装修损失，属其合理损失，应予赔偿。根据《中华人民共和国合同法》第一百零七条的规定，当事人一方不履行合同义务或者履行合同义务不符合约定的，应当承担继续履行、采取补救措施或者赔偿损失等违约责任。对于未能与涉案房屋形成添附，可以拆除的家电、家装设施，不应计算在装修损失内。根据原告提供的《房屋室内装修动工许可证》载明的装修时间，综合考虑微信转账记录、送货单等证据材料，本院酌情认定该损失为 89000 元。

关于原告请求被告赔偿律师诉讼代理服务费 15000 元、保单保函费 2742 元的问题。根据《合约》第七条第三款约定，法院诉讼所产生的费用现由各自承担，并最终由违约方承担对方处理纠纷所支付的所有费用（包括但不限于诉讼费、保全执行费、律师诉讼代理服务费、差旅交通费、过户税费等）。结合原告所提交的律师诉讼代理服务费发票、保单保函发票，本院认定律师诉讼代理服务费为 7500 元并支持保单保函费 2742 元。

关于原告请求被告赔偿居间服务费 6000 元的问题。根据《合约》第五条第二款的约定，若被告违约，须在三个工作日内无息退还原告已付楼款以及承担赔偿原告已支付给经纪方的服务费。故由于被告违约，现原告主张被告赔偿居间服务费 6000 元，本院依法予以支持。

关于原告请求被告赔偿房屋增值部分损失 345321.72 元的问题。根据

《中华人民共和国合同法》第一百零七条的规定，当事人一方不履行合同义务或者履行合同义务不符合约定的，应当承担继续履行、采取补救措施或者赔偿损失等违约责任。《中华人民共和国合同法》第一百一十三条第一款规定，当事人一方不履行合同义务或者履行合同义务不符合约定，给对方造成损失的，损失赔偿额应当相当于因违约所造成的损失，包括合同履行后可以获得的利益，但不得超过违反合同一方订立合同时预见到或者应当预见到的因违反合同可能造成的损失。本案中，原告请求赔偿房屋增值部分损失系合同履行后可以获得的利益损失，被告应予赔偿。根据原告提交的证据，综合考虑涉案房屋所处小区同类型二手房房价，本院酌情按每平方米9500元确定该房屋当前价格比较合理，则房屋增值部分的价值为：$9500 \times 106.76 - 770000 = 244220$（元）。

法院判决：

一、解除原告黄×国与被告罗×飞于2017年11月24日签订的《房地产买卖及居间合约》及《补充协议》；

二、被告罗×飞退还原告黄×国购房定金150000元、首付款100000元；

三、被告罗×飞退还原告黄×国已支付的贷款月供26676元；

四、被告罗×飞赔偿原告黄×国装修损失89000元；

五、被告罗×飞赔偿原告黄×国律师诉讼代理服务费7500元；

六、被告罗×飞赔偿原告黄×国居间服务费6000元；

七、被告罗×飞赔偿原告黄×国房屋增值部分损失244220元；

八、被告罗×飞赔偿原告黄×国保单保函费2742元；

九、驳回原告黄×国的其他诉讼请求。

33

买方撬锁收房后，卖方还要支付逾期交房的违约金吗？

案情简介

2018年12月25日，黄小鸭与王美丽签订《房屋买卖合同》，约定黄小鸭向王美丽购买房屋，王美丽应在收齐楼款后7日内将房屋交付给黄小鸭使用，逾期交房的，每逾期一天，王美丽应按房屋成交价的万分之五向黄小鸭支付逾期违约金。

2019年1月14日，黄小鸭向王美丽支付完全部房款，王美丽将房屋过户给黄小鸭。

至2019年1月21日，王美丽未将房屋交付给黄小鸭使用。经沟通未果，2019年1月30日，黄小鸭撬开该房屋门锁后入住。

入住后黄小鸭要求王美丽支付逾期交房违约金。

争议焦点

买方自行撬锁收房后，卖方还要支付逾期交房的违约金吗？逾期交房的违约金从何时起算至何时止？

律师观点

黄小鸭、王美丽共同签订的《房屋买卖合同》是双方真实意思表示，不违反法律法规的强制性规定，双方均应遵照履行。王美丽未在合同约定的时间内将房屋交付给黄小鸭使用，已经构成违约，应当承担合同约定的逾期交房违约责任；但由于黄小鸭已于2019年1月30日撬开房屋门锁入住，撬锁后黄小鸭已经实际占有了房屋，应当视为王美丽已经于2019年1月30日交付了房屋，故王美丽的逾期交房的违约责任应自2019年1月22日起计算至2019年1月30日止，黄小鸭撬锁收房后不应再继续计算逾期交房的日期。

第四章 违约责任

律师建议

如果交易的房屋内有人居住或存放有他人物品,需要搬出后才能收房,买方强行撬锁收房容易造成物品的损坏遗失,极易产生争议且在产生争议后买方举证比较困难。因此建议买方:

1. 及时与卖方沟通,在沟通无果的情况下可及时以诉讼的方式保障自己的权利。

2. 如要强行换锁入住,建议在公证方的见证下换锁,并对屋内的物品进行清点、拍照或录制视频,制作清单并进行公证。

3. 可在《房屋买卖合同》中增加逾期交付房屋的处理方式,如达到交付条件后出卖人不交付的,买受人可在物业、公证处等第三方的见证下自行换锁收房等。

相关法条

《中华人民共和国合同法》

第八条　依合同履行义务原则

依法成立的合同,对当事人具有法律约束力。当事人应当按照约定履行自己的义务,不得擅自变更或者解除合同。

依法成立的合同,受法律保护。

第一百零七条　违约责任

当事人一方不履行合同义务或者履行合同义务不符合约定的,应当承担继续履行、采取补救措施或者赔偿损失等违约责任。

第一百三十五条　出卖人的基本义务

出卖人应当履行向买受人交付标的物或者交付提取标的物的单证,并转移标的物所有权的义务。

第一百三十八条　交付的时间

出卖人应当按照约定的期限交付标的物。约定交付期间的,出卖人可以在该交付期间内的任何时间交付。

《中华人民共和国民法典》(于 2021 年 1 月 1 日起施行)

第一百一十九条　依法成立的合同,对当事人具有法律约束力。

第一百三十六条　民事法律行为自成立时生效,但是法律另有规定或者当事人另有约定的除外。

行为人非依法律规定或者未经对方同意，不得擅自变更或者解除民事法律行为。

第四百六十五条　依法成立的合同，受法律保护。

依法成立的合同，仅对当事人具有法律约束力，但是法律另有规定的除外。

第五百七十七条　当事人一方不履行合同义务或者履行合同义务不符合约定的，应当承担继续履行、采取补救措施或者赔偿损失等违约责任。

第五百九十八条　出卖人应当履行向买受人交付标的物或者交付提取标的物的单证，并转移标的物所有权的义务。

第六百零一条　出卖人应当按照约定的时间交付标的物。约定交付期限的，出卖人可以在该交付期限内的任何时间交付。

相关案例

案件名称：谢×娟与吴×萍等房屋买卖合同纠纷

案号：（2019）京01民终150号

上诉人（原审原告）：吴×萍
上诉人（原审原告）：左×
上诉人（原审被告）：谢×娟

一审法院审理查明：

1. 2016年9月26日，左×、吴×萍（买受人）与谢×娟（出卖人）签订《北京市存量房屋买卖合同（经纪成交版）》及《补充协议》，约定左×、吴×萍购买谢×娟名下的位于北京市昌平区某地的-1至2层全部房产，房屋成交价920万元。双方签订房屋买卖合同对于首付款、解抵押、贷款、房屋交付、过户等问题均作了约定。

关于房屋交付，双方的合同约定，出卖人收到全部房款后2个工作日内将房屋交付给买受人。关于逾期交房的违约责任，双方签订的《北京市存量房屋买卖合同（经纪成交版）》第七条第一款第一项约定，"逾期在15日内，自第六条约定的交付期限届满之次日起至实际交付之日止，出卖人按日计算向买受人支付已交付房价款万分之五的违约金，并于该房屋实际交付之日起15日内向买受人支付违约金，合同继续履行"。双方签订的《补充协议》约定,"甲乙双方任何一方逾期履行本补充协议约定义务的,每逾期一日,违约方应按日计算向守约方支付房屋总价款万分之五的违约金"。

在合同履行过程中,左×、吴×萍系出售原有房屋后,才能取得在京购房资格,左×、吴×萍在签订涉案房屋的购房合同时正处于办理其原有房屋的出售过程中,直至2016年12月11日,左×、吴×萍才办理完毕了其原有房屋的转移登记手续,此时方具备在京购房资格。同时,2016年9月30日,北京市人民政府办公厅转发了北京市住房和城乡建设委员会等部门《关于促进本市房地产市场平稳健康发展的若干措施》的通知(以下简称"9·30"新政),该通知提高了购房首付款的支付比例,也即相应地减少了购房贷款的比例。受"9·30"新政影响,涉案房屋的买卖合同中约定的左×、吴×萍给付首付款及贷款额需要相应调整变更后,买卖双方才能办理网签手续。

此后双方产生争议,谢×娟不同意变更原合同内容,故左×、吴×萍于2017年1月6日提起诉讼,要求谢×娟继续履行双方之间的房屋买卖合同。法院经审理于2017年9月12日作出(2017)京0114民初2496号《民事判决书》,认为双方签订的房屋买卖合同系双方当事人真实意思表示,合同内容并未违反法律、行政法规的强制性规定,应属合法有效。因2016年9月30日北京市出台实施了购房新政策,涉案房屋交易尚未网签,故双方买卖合同中约定的贷款数额必须要降低,相应地增加首付款的数额,但谢×娟见当时房屋价格上涨较快,一直不配合办理变更手续,明知不变更情况下双方合同无法继续履行,仍坚持履行原合同;而同意配合变更贷款数额、配合网签的前提是提高房屋售价,谢×娟不配合履行合同义务的行为属于违约行为,涉案合同未继续履行的原因在于谢×娟,谢×娟无权要求解除合同。

《中华人民共和国合同法》的基本精神是鼓励和促进交易,维护市场交易秩序稳定,避免社会资源浪费。当事人一方不履行合同义务或者履行合同义务不符合合同约定的,应当承担继续履行、采取补救措施或者赔偿损失等违约责任。左×、吴×萍在诉讼中表示剩余675万元购房款可以一次性支付,并向法院提交了银行存款明细予以佐证,故诉争房屋买卖合同具备继续履行的条件,法院应予支持。

法院最终判决谢×娟继续履行与左×、吴×萍签订的《北京市存量房屋买卖合同(经纪成交版)》及其《补充协议》,左×、吴×萍于该判决生效后十日内支付谢×娟剩余购房款675万元;谢×娟于该判决生效后十日内协助左×、吴×萍将其位于昌平区某地的-1至2层全部房屋所有权转移登记至左×、吴×萍名下。

2. 法院上述一审判决作出后，谢×娟不服，向北京市第一中级人民法院提起上诉，该院经审理于2017年11月28日作出（2017）京01民终9187号《民事判决书》，终审驳回上诉，维持原判。

3. 2017年11月27日，左×、吴×萍将剩余房款675万元转入北京市第一中级人民法院案款账户。终审判决作出后，因谢×娟未依生效判决协助左×、吴×萍办理房屋过户，故左×、吴×萍向法院申请强制执行，将诉争房屋过户。法院通过强制执行程序于2018年3月6日将房屋所有权变更登记为左×、吴×萍。房屋过户后，法院执行法官在2018年5月7日组织双方就案款发放、个人所得税缴纳和腾房等事宜进行了协调，当时协商的结果是2018年5月31日前谢×娟腾房，左×、吴×萍要求留存2万元待房屋交付后再给付，其余房款可由法院支付给谢×娟。后法院将扣除诉讼费用和2万元后的剩余房款于2018年5月10日转入谢×娟账户。虽诉争房屋至今仍未完成交付，法院于2018年6月19日将最后2万元房款转入谢×娟账户。

4. 2018年3月6日房屋所有权转移登记至左×、吴×萍名下后，谢×娟并未向左×、吴×萍交付诉争房屋，其理由是左×、吴×萍未完成合同约定的交税义务，交易没有完成，所以自己不能交付房屋。

根据原、被告双方的房屋买卖合同约定，由买方承担本次交易的全部税费。左×、吴×萍于2018年3月6日房屋所有权转移登记当日交纳了房屋买受人应交纳的契税138750元。对于依法应由出卖人向税务机关交纳的个人所得税和增值税，税务机关要求纳税义务人到场办理或委托代理人办理，而谢×娟坚持认为合同约定交税是买受人的义务，自己无须到场，左×、吴×萍可凭完税证明领取房屋钥匙。由于左×、吴×萍无法自行交纳个人所得税和增值税，谢×娟以此为由拒绝向左×、吴×萍交付房屋，故左×、吴×萍再次诉至法院，请求谢×娟交付房屋。

一审法院认为：

人民法院生效判决已经确认双方签订的房屋买卖合同系双方当事人真实意思表示，合同内容并未违反法律、行政法规的强制性规定，属合法有效的合同。双方均应按照合同约定全面履行各自的义务。同时，当事人应当遵循诚实信用原则，根据合同的性质、目的和交易习惯履行通知、协助、保密等义务。现出卖人谢×娟已经收到全部房款，诉争房屋的所有权也已经转移登记至左×、吴×萍名下，契税也已经交纳，房屋买卖交易流程仅剩下房屋交付和个人所得税、增值税的交纳。

关于房屋交付。首先，合同约定是在出卖人收到全部房款后2个工作日内将房屋交付给买受人，并未附加其他条件。现谢×娟已经收到全部房款，按照合同约定，理应将房屋交付给左×、吴×萍，谢×娟没有交付房屋，已经构成违约。其次，对于谢×娟提到的交税问题，合同约定的是买受人负担全部税费，指的是买受人负担房屋买卖交易应交纳税费的金额，行政机关关于交纳税费的具体程序要求，买卖双方均有协助配合的义务。本案中，并非左×、吴×萍拒不承担个人所得税和增值税，而是谢×娟未尽协助配合之义务，导致个人所得税和增值税一直未完成交纳，其责任本身不在于左×、吴×萍。谢×娟以税未交完为由拒绝交付房屋，实无合同和法律之依据，即使对税费有争议，也应循法律途径解决，不构成阻却交付房屋的理由。再次，谢×娟对之前生效判决持有异议，一直在通过法律途径申诉，但生效判决即为国家赋予强制执行力的法律文书，在生效判决未依法定程序被撤销前，当事人应当遵守和尊重人民法院的生效判决，不应因为其有异议申诉而阻却争议的最终解决，房屋持续不能完成交付的状况只会使双方的损失进一步扩大。综上，关于左×、吴×萍要求谢×娟立即搬离涉案房屋，并办理房屋交割手续的诉讼请求，法院予以支持。

关于左×、吴×萍要求谢×娟支付违约金的诉讼请求。如前所述，谢×娟未按合同约定，在收到全部房款后2个工作日内将房屋交付给买受人，已经构成违约，应承担相应的违约责任。虽然左×、吴×萍于2017年11月27日就已将剩余全部房款转入法院账户，但因双方之间的纠纷一直未能彻底解决，谢×娟是在2018年5月10日收到剩余房款，仅余2万元是双方在法院协商过程中同意留存的房屋交付保证金，因此谢×娟至迟应于2018年5月14日交付房屋，违约金的起算时间应自2018年5月15日起算较为适宜。关于违约金的标准，法院认为违约金应以实际损失为基础，综合考虑合同履行情况、当事人过错程度以及预期利益等因素，根据公平原则和诚实信用原则予以衡量，本案合同标的为920万元，合同约定逾期违约金日万分之五，且双方当事人一直在争议诉讼过程中，该约定违约金明显高于当事人的损失，谢×娟亦对此违约金不予认可，故法院综合考虑本案实际情况，酌情将违约金标准调整为日万分之一。谢×娟应自2018年5月15日始以920万元为基数，按每日万分之一的标准向左×、吴×萍支付违约金至谢×娟向左×、吴×萍交付诉争房屋钥匙，办理房屋交割手续止。关于左×、吴×萍要求谢×娟支付185万元违约金的诉讼请求，没有合同及法律依据，法院不予支持。

一审法院判决：
一、谢×娟自签收本判决之日起立即搬离位于北京市昌平区某地的 –1 至 2 层全部的诉争房屋，向左×、吴×萍交付房屋钥匙，办理房屋交割；
二、谢×娟向左×、吴×萍支付自2018年5月15日至交付房屋钥匙、办理房屋交割手续日止的逾期交房违约金（以920万元为基数，按每日万分之一的标准计算，即每日920元）；
三、驳回左×、吴×萍的其他诉讼请求。

二审法院认为：
依法成立的合同对当事人具有约束力，双方应当按照合同履行各自义务。谢×娟与左×、吴×萍之间订立的房屋买卖合同已由生效判决确认有效并继续履行。

在上述判决执行过程中，双方约定谢×娟应于2018年5月31日前将诉争房屋腾退交付给左×、吴×萍，但谢×娟并未按照双方约定的时间交付房屋构成违约。谢×娟上诉主张己方早已腾空房屋，随时可以进行交接，但由于左×、吴×萍未履行交税义务，故不同意进行交接。对此本院认为，双方在执行过程中达成的协议中包括房屋交付、案款发还、税费办理等内容，但仅对房屋交付时间进行了约定，并未约定其他义务的办理时间，故谢×娟不能以此对抗左×、吴×萍的腾房要求，且本案个人所得税和增值税无法办理的原因并非左×、吴×萍不同意承担，而是谢×娟不配合导致，即使双方对税费有争议，也应通过法律途径解决，不构成阻却交付房屋的理由。由于谢×娟未按协议约定在2018年5月31日前将房屋交付给左×、吴×萍，故其应当自2018年6月1日起支付违约金。一审法院将违约金的起日认定为2018年5月15日错误，本院予以纠正。

二审中经本院核实确认，左×、吴×萍已于2018年11月5日自行撬锁进入诉争房屋并更换了门锁，亦认可谢×娟已无法进入诉争房屋，故自该日起应视为左×、吴×萍已实际控制诉争房屋。虽然左×、吴×萍系通过自力救济的方式实现了对诉争房屋的占有，并非谢×娟自觉履行，但逾期交房违约金的目的即是对买受人无法实际占有使用所购买房屋所造成损失的弥补，鉴于左×、吴×萍已经实现对诉争房屋占有的事实，根据公平原则，谢×娟的逾期交房违约金应当计算至2018年11月5日为宜，但其仍负有配合办理房屋交割手续的义务。

关于违约金的标准问题应以实际损失为基础，综合考虑合同履行情况、当事人过错程度以及预期利益等因素，根据公平原则和诚实信用原则予以衡量，一审法院酌情确定的违约金标准并无不当，本院予以确认。左×、吴×萍上诉认为违约金不应当进行酌减的主张，缺乏法律依据，本院不予支持。

关于左×、吴×萍主张谢×娟构成根本违约应当支付合同价款20%即185万元违约金的请求，该违约责任的承担应以谢×娟的根本违约行为导致合同未履行的情形，本案双方虽发生争议，但双方合同已由法院判决继续履行，左×、吴×萍亦实际取得了诉争房屋的产权，并不符合上述合同条款的适用条件，且谢×娟已就逾期交房违约行为承担了违约责任，要求其因同一违约行为重复承担违约责任缺乏法律依据，故本院对左×、吴×萍的上诉请求不予支持。

谢×娟上诉请求中的合理部分，本院予以支持，其余部分本院不予支持。

二审法院判决：

一、维持北京市昌平区人民法院（2018）京0114民初10993号民事判决第一项；

二、撤销北京市昌平区人民法院（2018）京0114民初10993号民事判决第三项；

三、变更北京市昌平区人民法院（2018）京0114民初10993号民事判决第二项为：谢×娟向左×、吴×萍支付自2018年6月1日至2018年11月5日止的逾期交房违约金（以920万元为基数，按每日万分之一的标准计算，即每日920元）；

四、驳回左×、吴×萍的其他诉讼请求。

34

卖方在贷款时不愿"做高"房价，是否承担违约责任？

案情简介

2016年3月5日，黄小鸭通过中介公司向王美丽购买一套二手房，三方协商一致后签订《房屋买卖合同》。该合同约定房屋售价为180万元，黄小鸭应在签订合同当日向王美丽支付60万元首付款，余款120万元黄小鸭以银行贷款的形式向王美丽支付。王美丽应当配合办理银行贷款手续，办理贷款手续时间为2016年3月10日。此外，双方口头约定，在办理银行贷款手续时以220万元的成交价办理，以便能够贷得更多的款项，减轻黄小鸭的资金压力。

《房屋买卖合同》签订当日，黄小鸭向王美丽支付60万元首付款。

2016年3月10日，双方至银行办理贷款手续，但由于王美丽不同意黄小鸭在贷款时"做高"房价，最终未办理相关手续。

黄小鸭起诉至法院，要求王美丽继续履行合同并支付逾期办理贷款手续的违约金。

争议焦点

卖方不同意在贷款时"做高"房价，合同未继续履行的，卖方是否要承担违约责任？

律师观点

根据《中华人民共和国民法通则》第六条的规定，自然人从事民事活动必须遵守法律，法律没有规定的，应当遵守国家政策。而根据《贷款通则》（中国人民银行令〔1996年2号〕）第十九条的规定，借款人应当如实提供贷款人要求的资料。

本案中，黄小鸭要求王美丽在贷款时"做高"房价，实际上是要求王美丽向银行提供虚假的贷款资料，这一行为违反了《贷款通则》第十九条及《中华人民共和国民法通则》第六条的规定，也违背了《中华人民共和国合同法》的诚实信用、遵纪守法原则，王美丽不同意"做高"房价符合法律及相关贷款规定，且王美丽并未拒绝履行《房屋买卖合同》，故王美丽的行为不构成违约，无须承担违约责任。

律师建议

1. 一部分买受人为了达到"高评高贷"、获取更多银行贷款的目的，往往是以向金融机构提供虚假材料，通过"做高"房价的方式来实现。因该行为涉及规避金融政策，当事人会面临被罚款、行政拘留甚至承担刑事责任等法律风险，因此建议买卖双方避免采取该行为获取贷款。

2. "做高"房价的行为一旦被金融机构察觉，则会存在被拒贷的风险，买方不仅因无力支付房款而无法取得房屋，还有可能需要向卖方赔偿巨额违约金。建议买方在购买房屋时应当充分考量自己的经济能力，挑选自己经济能力范围内的房屋。

相关法条

《中华人民共和国民法通则》

第六条　遵守法律和政策原则

民事活动必须遵守法律，法律没有规定的，应当遵守国家政策。

《中华人民共和国民法总则》

第七条　民事主体从事民事活动，应当遵循诚信原则，秉持诚实，恪守承诺。

第八条　民事主体从事民事活动，不得违反法律，不得违背公序良俗。

《中华人民共和国合同法》

第六条　诚实信用原则

当事人行使权利、履行义务应当遵循诚实信用原则。

第七条　遵纪守法原则

当事人订立、履行合同，应当遵守法律、行政法规，尊重社会公德，不得扰乱社会经济秩序，损害社会公共利益。

《贷款通则》（部门规章）

第十九条　借款人的义务：

一、应当如实提供贷款人要求的资料（法律规定不能提供者除外），应当向贷款人如实提供所有开户行、账号及存贷款余额情况，配合贷款人的调查、审查和检查；

二、应当接受贷款人对其使用信贷资金情况和有关生产经营、财务活动的监督；

三、应当按借款合同约定用途使用贷款；

四、应当按借款合同约定及时清偿贷款本息；

五、将债务全部或部分转让给第三人的，应当取得贷款人的同意；

六、有危及贷款人债权安全情况时，应当及时通知贷款人，同时采取保全措施。

《中华人民共和国民法典》（于 2021 年 1 月 1 日起施行）

第七条　民事主体从事民事活动，应当遵循诚信原则，秉持诚实，恪守承诺。

第八条　民事主体从事民事活动，不得违反法律，不得违背公序良俗。

第五百零九条　当事人应当按照约定全面履行自己的义务。

当事人应当遵循诚信原则，根据合同的性质、目的和交易习惯履行通知、协助、保密等义务。

当事人在履行合同过程中，应当避免浪费资源、污染环境和破坏生态。

相关案例

案件名称：周×与吕×艳、南京×××房地产经纪有限责任公司等房屋买卖合同纠纷

案号：（2017）苏 01 民终 132 号

上诉人（原审被告）：吕×艳

被上诉人（原审原告）：周×

被上诉人（原审被告）：南京×××房地产经纪有限责任公司

被上诉人（原审被告）：崔×超

一审法院认定事实：

2016 年 3 月 5 日，周×（乙方）与吕×艳（甲方）及南京×××房地产经纪有限责任公司（中介方）签订《房地产买卖中介合同》。该合同约定：

周×购买吕×艳所有的位于南京市××区××小区××号房屋,建筑面积212.55平方米,房屋售价1815000元;买卖双方无正当理由不履行合同的应当承担违约责任,约定违约金为200000元;乙方于2016年3月5日前支付甲方购房定金20000元,该定金最后冲抵房款,于2016年4月10日前支付甲方首付款520000元,用于甲方向抵押权人偿还债务,办理注销抵押,余款1260000元乙方以贷款形式支付甲方,由银行直接下款到甲方账户,尾款15000元交接房屋时支付;甲乙双方约定办理贷款手续时间为2016年3月10日。

合同签订当日,周×支付吕×艳定金20000元,2016年3月29日,周×支付吕×艳首付款700000元。此后,因吕×艳不同意周×在贷款时"做高"房价,致使合同未继续履行。

一审另查明,《房地产买卖中介合同》中介方经办人为"崔×超",公章为"南京×××房地产经纪有限公司"。吕×艳认为南京×××房地产经纪有限责任公司与盖公章的单位名称不符,因此,《房地产买卖中介合同》加盖公章的主体并不存在。本案崔×超其亦作为南京×××房地产经纪有限责任公司委托代理人在庭审中表示该公章与南京×××房地产经纪有限责任公司名称不相符系公章文字漏刻。周×在庭审中表示放弃第三项诉讼请求。

一审法院认为:

当事人应当按照约定全面履行自己的义务。当事人应当遵循诚实信用原则,根据合同的性质、目的和交易习惯履行通知、协助、保密等义务。案涉合同上,中介方的公章与南京×××房地产经纪有限责任公司的名称不完全一致,该合同经办人崔×超作为本案的一审被告及南京×××房地产经纪有限责任公司的委托代理人出庭表示公章系漏刻"责任"二字,并确认该合同的效力。一审法院认为,中介方公章与名称不符并不影响周×与吕×艳作为买卖双方买卖合同的效力,且该合同经办人崔×超亦作为南京×××房地产经纪有限责任公司的委托代理人解释公章与名称不相符的原因,并确认该合同的效力,因此,《房地产买卖中介合同》系周×与吕×艳、南京×××房地产经纪有限责任公司自愿签订,系三方真实意思表示,不违背法律的禁止性规定,合法有效。因此,周×与吕×艳、南京×××房地产经纪有限责任公司应当按照合同约定,全面履行自己的义务。

关于周×的诉讼请求：

1. 周×、吕×艳、南京×××房地产经纪有限责任公司继续履行合同，按照合同约定的价格1815000元将涉案房屋过户至周×名下并办理产权过户手续。一审法院认为，《房地产买卖中介合同》系买卖双方及中介方自愿签订，系三方真实意思表示，周×、吕×艳、南京×××房地产经纪有限责任公司应按约履行。至于崔×超系该合同经办人，并非合同相对方，无须承担继续履行合同的义务。对于周×要求吕×艳、南京×××房地产经纪有限责任公司继续履行合同的诉讼请求，一审法院予以支持。周×应按约支付吕×艳剩余房款1095000元，吕×艳按约办理房产过户及交付手续，南京×××房地产经纪有限责任公司继续按约履行居间义务。

2. 吕×艳支付周×违约金200000元。一审法院认为，吕×艳因不同意在周×贷款时"做高"房价，致使《房地产买卖中介合同》未继续履行。吕×艳不同意"做高"房价符合法律及相关贷款规定，且其并未拒绝履行《房地产买卖中介合同》。因此，不应承担违约责任。

3. 吕×艳迁出案涉房屋。周×在庭审中表示放弃该项诉讼请求。一审法院认为，当事人可依法处分其诉讼权利，且周×的撤诉理由不违反法律规定，一审法院予以准许。

一审法院判决：

一、周×与吕×艳、南京×××房地产经纪有限责任公司继续履行关于南京市××区××小区××号房屋的《房地产买卖中介合同》。周×于判决生效之日起十日内支付吕×艳剩余房款1095000元；吕×艳在周×支付上述房款后三日内协助周×办理房产过户并履行房屋交付手续；南京×××房地产经纪有限责任公司按约履行居间服务。

二、驳回周×其他诉讼请求。

二审法院认为：

根据诉辩双方的意见，本案二审的争议焦点为：周×与吕×艳签订的《房地产买卖中介合同》是否已经解除。

《中华人民共和国合同法》第四十四条规定，依法成立的合同，自成立时生效。第六十条规定，当事人应当按照约定全面履行自己的义务。第九十三条规定，当事人协商一致，可以解除合同。本案中，周×（乙方）与吕×艳

（甲方）及南京×××房地产经纪有限责任公司（中介方）于2016年3月5日签订的《房地产买卖中介合同》的内容不违反法律、行政法规的禁止性规定，应属合法有效。该合同约定，房屋售价1815000元，买卖双方无正当理由不履行合同的应当承担违约责任，约定违约金为200000元，周×于2016年3月5日前支付吕×艳购房定金20000元，该定金最后冲抵房款，于2016年4月10日前支付吕×艳首付款520000元，用于吕×艳向抵押权人偿还债务，办理注销抵押，余款1260000元周×以贷款形式支付吕×艳，由银行直接下款到吕×艳账户。嗣后，周×向吕×艳支付定金20000元及首付款700000元，由于吕×艳不同意周×在贷款时"做高"房价，双方合同未继续履行。上诉人吕×艳称在其提供的录音证据中，吕×艳表示周×不买的情况下同意退还已收房款，吕×艳与周×之间的房屋买卖合同已经由周×提出解除，吕×艳同意解除，双方已经达成合同解除的意思表示。对此，本院认为，从吕×艳提供的录音证据内容来看，双方并未就合同的解除达成合意。上诉人吕×艳称，双方已经达成合同解除的意思表示，缺乏事实和法律依据，本院不予支持。据此，一审法院对周×要求吕×艳、南京×××房地产经纪有限责任公司继续履行合同的诉讼请求予以支持，并无不当，本院依法予以维持。

综上所述，吕×艳的上诉请求不能成立，应予驳回；一审判决认定事实清楚，适用法律正确，应予维持。

二审法院判决：
驳回上诉，维持原判。

第五章

居间服务

35

买受人向中介公司支付了购房诚意金后，能否要求返还？

案情简介

2018年5月18日，黄小鸭与一家中介公司签订购房委托书，委托该中介公司购买一套二手房，并于当日向该中介公司支付了购房诚意金1万元，委托书还约定了当黄小鸭和出卖人签订购房合同时，诚意金转交给出卖人，并自动转为购房定金。

2018年5月23日，黄小鸭与其母亲一起再次到该中介公司了解情况，发现该房屋在7层，且没有电梯。黄小鸭认为其母亲行动不便，该房屋实用性不大，而黄小鸭购买房屋的主要目的就是提供给其母亲居住，于是黄小鸭要求取消委托协议，并退还诚意金。然而中介公司认为黄小鸭此举属违约，诚意金不能退还，双方因此产生纠纷。

争议焦点

买受人向中介公司支付了购房诚意金后，能否要求返还？

律师观点

视情况而定。购房诚意金不是定金，不具有定金的性质，在司法实践中往往会被认定为订约金或者订金。中介公司收取了买受人交付的诚意金后，与买受人形成的是法律上的保管关系。若中介公司根据买受人的授权将诚意金转付给出卖人并约定转为定金，则该笔诚意金变为定金；若中介公司没能促成买卖双方达成交易，则该诚意金未能变为定金，所有权仍属于买受人，买受人可要求中介公司予以返还。

上述案例中，委托书中约定中介公司收取的是诚意金，而没有说明是定金；并且黄小鸭至今尚未与出卖人签订购房合同，中介公司也未将诚意金交付给出卖人，诚意金未转化为定金。因此，中介公司应将诚意金退还给黄小鸭。

律师建议

在签订《房屋买卖委托协议》以及交付诚意金时，双方对诚意金定性的约定非常重要。在没有特殊约定的情况下，诚意金并非定金，中介公司收取诚意金，在没有明确约定转为定金时，是不适用于《中华人民共和国合同法》相关定金条款的。因而建议买受人在交付诚意金给中介公司时，双方对诚意金的性质、诚意金转化为定金情形等约定清楚，以免产生不必要的纠纷。

相关法条

《最高人民法院关于适用〈中华人民共和国担保法〉若干问题的解释》

第一百一十八条　当事人交付留置金、担保金、保证金、订约金、押金或者订金等，但没有约定定金性质的，当事人主张定金权利的，人民法院不予支持。

《中华人民共和国民法典》（于 2021 年 1 月 1 日起施行）

第五百八十六条　当事人可以约定一方向对方给付定金作为债权的担保。定金合同自实际交付定金时成立。

定金的数额由当事人约定；但是，不得超过主合同标的额的百分之二十，超过部分不产生定金的效力。实际交付的定金数额多于或者少于约定数额的，视为变更约定的定金数额。

第五百八十七条　债务人履行债务的，定金应当抵作价款或者收回。给付定金的一方不履行债务或者履行债务不符合约定，致使不能实现合同目的的，无权请求返还定金；收受定金的一方不履行债务或者履行债务不符合约定，致使不能实现合同目的的，应当双倍返还定金。

相关案例

案件名称：王×君与武江区好×地产中介服务部行纪合同纠纷

案号：（2019）粤 0203 民初 259 号

原告：王×君

被告：武江区好×地产中介服务部

经营者：康×华

法院审理查明：

被告是个体工商户，经营范围为房地产中介服务，经营者为康×华。

原告委托被告为其联系购买二手房，双方约定购房流程先后为：交定金签合同（3万元）、做权籍、网签、交税、过户、拿证交土地出让金等，并由康×华出具该购房流程给原告。

2018年11月25日，被告（甲方）与原告（乙方）签订《诚意金协议书》，约定：乙方委托甲方就惠民北路×房购买事宜达成协议，乙方向甲方交付购房诚意金1000元。甲方自收到诚意金后10日内，为乙方购买房屋总价控制在175000元。如甲方成功为乙方达到以上目的，则此诚意金自动转为定金，不足部分定金由乙方在两日内补足；如甲方不能为乙方达到以上目的，则此诚意金在第二日全额退还给乙方。如甲方成功为乙方达到以上目的后，乙方不购买此房屋，则此诚意金不予退还，所定房屋由甲方自行处理等内容。

该协议签订后，原告即向被告交纳1000元诚意金。后因厨房不做灶台，被告提出房屋所有人同意将房价降至173000元。为此，原、被告于2018年11月27日再次签订《诚意金协议书》，其中约定乙方向甲方交付购房诚意金3000元；甲方自收到诚意金30日内，为乙方购买房屋总价控制在173000元；并注明厨房不做灶台。协议的其他内容与2018年11月25日签订的《诚意金协议书》内容一致。同时，原告则向被告交付3000元诚意金（含前面已交付的1000元）。

同日，被告即为原告办理权籍调查手续。此后，原告多次向被告提出要求签订定金合同或购房合同，但被告以房屋所有人在外地等理由一直未促成原告与房屋所有人签订上述合同。2018年12月21日，被告以房屋所有人要求原告交清全部购房款后才办理过户手续等为由通知原告前往韶关市武江区沙湖路的不动产交易中心交清全部购房款和办理过户手续。因改变了原来与被告协商的购房流程，且一直未签订定金合同或购房合同，原告怀疑被告诈骗，故拒绝被告要求，并要求被告按原定流程办理，或是退回诚意金。被告则认为其已经帮原告达成以173000元购买涉案房屋的目的，最终交易不成的原因在于原告，故不愿退回3000元诚意金，双方为此产生纠纷。

原告于2019年1月4日向韶关市武江区消费者协会投诉，该协会受理后，多次与被告协商未果。原告遂诉至法院要求解决。

另查：原告委托被告为其联系购买二手房，而被告是通过其他中介机构联系购买"惠民北路×房"的相关事宜，原、被告均未见过或直接联系该房屋的所有人。

法院认为：
本案系居间合同纠纷。被告与原告签订的《诚意金协议书》，以及被告出具给原告的购房流程约定，是双方当事人的真实意思表示，内容不违反法律、行政法规的强制性规定，应认定为有效的合同。

被告接受原告的委托，为原告提供购买二手房的中介服务，虽然为原告达成了所购房屋总价控制在173000元的目的，原告也依约向被告支付了3000元购房诚意金。但按照《诚意金协议书》以及被告出具的购房流程的约定，原告支付给被告的3000元诚意金本应自动转为定金，并由原告先交定金签订合同。但原告多次向被告提出要求签订定金合同或购房合同时，被告均以房屋所有人在外地等理由一直未促成原告与房屋所有人签订上述合同，故原告与房屋所有人之间的定金合同或购房合同关系并未成立。

根据《中华人民共和国合同法》第七十七条规定，当事人协商一致，可以变更合同。但原、被告及房屋所有人在未达成一致意见的情况下，被告擅自改变购房流程，以房屋所有人要求原告交清全部购房款后才办理过户手续等为由，在未签订定金合同或购房合同的情况下，直接要求原告提前交付全额房款，但原告不同意。而被告作为居间人，未将购房流程以及有关订立合同的事项直接与房屋所有人沟通好，并促成原告与房屋所有人签订定金合同或购房合同。导致房屋交易失败，责任不在原告，故原告不存在违约的行为。

为此，原告提出要被告返还3000元诚意金的诉讼请求，有事实和法律依据，本院予以支持。被告不予退还诚意金给原告的抗辩理由于法无据，理由不充分，本院不予采纳。

法院判决：
被告武江区好×地产中介服务部于本判决生效之日起十日内向原告王×君退还诚意金3000元。

36

合同签订后房屋被查封，中介是否要承担赔偿责任?

案情简介

2018年6月5日，黄小鸭与王美丽、中介公司签订了一份《房屋买卖及居间合约》的三方协议，其中约定："经纪方促成买卖双方签订本合约，已完成居间服务事宜，鉴于经纪方已完成该房产居间服务，除经纪方或不可抗力因素外，居间服务费不予退还。"

2018年8月2日，黄小鸭与王美丽交易的房屋因王美丽与案外人的债务纠纷被法院查封，导致无法办理过户手续。黄小鸭诉至法院要求解除《房屋买卖及居间合约》，并要求中介公司退回中介服务费、赔偿相关损失。

争议焦点

房屋买卖合同签订后，房屋因出卖人原因被法院查封导致房产无法过户，中介公司是否已尽到居间义务？已收取的中介服务费是否应予退还？中介公司是否应当承担赔偿责任？

律师观点

《中华人民共和国合同法》第四百二十六条规定"居间人促成合同成立后，委托人应当按照约定支付报酬"。三方签订的《房屋买卖及居间合约》约定"经纪方促成买卖双方签订本合约，已完成居间服务事宜"。

在本案中，黄小鸭与王美丽签订房屋买卖合同后，中介公司已经促成合同成立，尽到了居间义务，有权收取中介服务费；且涉案房屋的查封是在签订房屋买卖合同之后，中介公司对涉案房屋的查封不存在过错，因此中介公司无须退还中介服务费，也无须承担赔偿责任。

律师建议

1. 在签订房屋买卖合同之前应当查询双方当事人的征信情况，对出卖人已经被列为失信被执行人或限制高消费的，应当提高警惕。

2. 签订三方协议时，应在三方协议中明确约定所交易的房屋被法院查封属于违约情形，守约方可以解除合同，并约定中介服务费由违约方承担，守约方已经支付中介服务费的，由违约方赔偿给守约方。

3. 在签订房屋买卖合同时，可以要求出卖人提供担保，以保证因出卖人的违约导致合同解除后买受人的损失得以赔偿。

相关法条

《中华人民共和国合同法》

第九十七条　解除的效力

合同解除后，尚未履行的，终止履行；已经履行的，根据履行情况和合同性质，当事人可以要求恢复原状、采取其他补救措施，并有权要求赔偿损失。

第一百二十一条　因第三人的过错造成的违约

当事人一方因第三人的原因造成违约的，应当向对方承担违约责任。当事人一方和第三人之间的纠纷，依照法律规定或者按照约定解决。

第四百二十五条　居间人如实报告义务

居间人应当就有关订立合同的事项向委托人如实报告。

居间人故意隐瞒与订立合同有关的重要事实或者提供虚假情况，损害委托人利益的，不得要求支付报酬并应当承担损害赔偿责任。

第四百二十六条第一款　居间人促成合同成立后，委托人应当按照约定支付报酬。

《中华人民共和国民法典》（于 2021 年 1 月 1 日起施行）

第五百六十六条　合同解除后，尚未履行的，终止履行；已经履行的，根据履行情况和合同性质，当事人可以请求恢复原状或者采取其他补救措施，并有权请求赔偿损失。

合同因违约解除的，解除权人可以请求违约方承担违约责任，但是当事人另有约定的除外。

主合同解除后，担保人对债务人应当承担的民事责任仍应当承担担保责任,但是担保合同另有约定的除外。

第五百九十三条 当事人一方因第三人的原因造成违约的,应当依法向对方承担违约责任。当事人一方和第三人之间的纠纷,依照法律规定或者按照约定处理。

第九百六十二条 中介人应当就有关订立合同的事项向委托人如实报告。

中介人故意隐瞒与订立合同有关的重要事实或者提供虚假情况,损害委托人利益的,不得请求支付报酬并应当承担赔偿责任。

第九百六十三条第一款 中介人促成合同成立的,委托人应当按照约定支付报酬。

相关案例

案件名称: 常×、王×敏等与新乡市桦×房地产中介服务有限公司等房屋买卖合同纠纷

案号: (2018)豫0702民初1674号

原告:常×

原告:王×敏

被告:新乡市桦×房地产中介服务有限公司

法定代表人:马×光

被告:高×姣

被告:范×忠

法院审理查明:

2017年3月26日,范×忠(出卖人、甲方)、常×(买受人、乙方)、新乡市桦×房地产中介服务有限公司(以下简称"桦×公司")(中介方、丙方)三方签订《房屋买卖合同》一份,约定:甲方自愿将位于新乡市劳动路南街560号绿地·迪亚上郡××号楼×××室,面积130平方米,以71万元价格出售给乙方;合同签订之日,乙方支付甲方定金20000元,并由丙方保管;双方采用银行按揭贷款方式支付房款,合同签订之日起10日内,甲乙双方到银行签署面签手续;银行审批通过后7日内,甲乙双方办理过户登记事宜,在缴纳税费当日乙方将首付款25万元交付甲方;甲方保证房屋权属清楚,无产权纠纷,符合房屋转让条件;按揭贷款服务费为成交价的1%,由乙

方支付丙方，金额为7100元；因甲乙两方其中一方的原因逾期未申请办理房屋交易权属登记手续的，每逾期一日，由违约方给付对方总房款万分之一的违约金；合同还约定了其他内容。

合同签订后，常×当日支付了购房定金20000元，由桦×公司保管。2017年4月10日常×向桦×公司交纳银行按揭服务费（按揭费、评估费、建档费、印花税）10420元。2017年4月11日，范×忠、高×姣和常×、王×敏（常×之妻）在银行办理了按揭面签手续。范×忠、高×姣共同作为甲方（卖方）与常×、王×敏作为乙方（卖方）签订了《房屋买卖协议书》一份，约定甲方将涉案房屋以71万元价格卖给乙方，合同还约定了其他内容。同时，双方签订了《个人二手房贷款款项支付证》一份，高×姣在"卖方配偶"处签字。之后，范×忠、高×姣协助常×、王×敏办理过户过程中，案涉房屋分别因新乡市卫滨区法院（2017）豫0703执256号和（2018）豫0703执保协55号之一案件主查封（查封时间为2017年5月9日至2020年5月8日）和第一轮候查封（查封时间为2018年5月10日至2021年5月9日），导致无法办理过户。本案审理中，案涉房产于2018年7月30日接受新乡市卫滨区人民法院（2017）豫0703执256号之三协助执行通知书，协助登记过户至其他拍卖人名下。

审理中，常×、王×敏与桦×公司达成协议：桦×公司将其收取的20000元购房定金扣除3550元中介服务费后，剩余16450元退还给常×、王×敏。双方已经履行完毕。

另查明，高×姣与范×忠于2017年2月28日离婚，双方的《离婚协议书》中未对涉案房屋进行分割。

法院认为：

依法成立的合同，对当事人具有法律约束力。本案所涉《房屋买卖合同》系各方真实意思表示，且内容不违反法律、行政法规的强制性规定，为合法有效协议。各方当事人应全面履行合同义务。

高×姣虽然在范×忠出卖案涉房屋时已与其离婚，但双方离婚时未分割案涉房屋。高×姣虽未在案涉《房屋买卖合同》上签字，但从银行面签时，高×姣在银行备案的《房屋买卖协议书》上与范×忠一起作为卖方签字，《个人二手房贷款款项支付证明》中在"卖方配偶处"签字以及之后与范×忠一起积极协助买方办理房屋过户手续，可以推定高×姣知晓并同意出卖案涉房屋，也认可范×忠签订的案涉《房屋买卖合同》，且已经积极履行相关协助过户义务。另外，高×姣并未向买方明确其已与范×忠离婚，而是以共同出卖人和卖方配偶身份积极履行合同，作为买方的常×、王×敏对高×姣为出卖人具有信赖利益。因此，高×姣的行为实际是对作为共同共有人范×忠对外签订《房屋买卖合同》行为的追认。故高×姣应与范×忠一起履行案涉《房屋买卖合同》义务。

合同履行过程中，案涉房屋因范×忠其他纠纷被法院查封，致使双方无法向房产部门申请办理房屋过户；而之后范×忠、高×姣长时间内未能解决该过户障碍，最终案涉房屋被法院拍卖并登记至他人名下。由此造成案涉《房屋买卖合同》客观上已经无法履行，合同目的无法实现，故对常×、王×敏要求解除案涉《房屋买卖合同》的诉讼请求，于法有据，本院予以支持。

对常×、王×敏要求范×忠、高×姣支付双倍定金40000元的诉讼请求，于法有据，且符合双方合同约定，本院予以支持。因桦×公司已将其保管的定金20000元支付给常×，故范×忠、高×姣应另行支付常×、王×敏一倍购房定金20000元。

对常×、王×敏要求范×忠、高×姣支付银行按揭手续费10420元的诉讼请求，因常×、王×敏主张的双倍定金已经超出其实际损失（10420元 + 3550元），故本院不予支持。

关于本案中范×忠、高×姣是否有"逾期未申请办理房屋交易、权属登记手续"的违约行为问题。常×、王×敏起诉书中称在案涉房屋因被查封导致无法过户时，"第二被告、第三被告表示：'给我一段时间，自己的问题自己处理，我想办法解封，解押后马上过户'，到2017年10月底追问第二被告、第三被告时，其答复是想去哪告去哪告"。从以上说法可以看出，双方到房产部门申请过户登记受阻后，常×、王×敏应允了范×忠、高×姣提出的宽限一段时间解决房屋被查封事宜后再行过户的要求，即对于延后办理过户，双方达成了一致意见，属于双方对案涉《房屋买卖合同》中关于过户时间约定的变更。因此，范×忠、高×姣一直未能解决案涉房屋被查封事宜导致案涉房屋一直未办理过户手续，不属于违约行为。故对常×、王×敏要求范×忠、高×姣支付违约金37417元的诉讼请求，本院不予支持。

对常×、王×敏要求桦×公司承担以上责任的诉讼请求，因桦×公司并无违约行为，且已退还其保管的定金，故本院不予支持。

法院判决：

一、2017年3月26日范×忠（高×姣）、常×（王×敏）、新乡市桦×房地产中介服务有限公司签订的《房屋买卖合同》于2018年9月3日解除；

二、高×姣、范×忠于本判决生效之日起十日内支付常×、王×敏一倍购房定金20000元；

三、驳回常×、王×敏的其他诉讼请求。

37

房屋买卖合同解除后，能否要求退中介服务费？

案情简介

2017年11月22日，黄小鸭在中介公司的居间下，与王美丽签订了一份《房屋买卖及居间合约》，约定王美丽将其名下的一套房屋出售给黄小鸭，房屋成交价为120万元。

当日，黄小鸭向中介公司支付了中介服务费40000元，随后向王美丽支付了20000元定金。

2018年2月6日，黄小鸭与王美丽因上述房屋买卖合同发生纠纷诉诸法院，经法院调解，双方自愿解除《房屋买卖及居间合约》。黄小鸭认为买卖双方已经解除了买卖关系，那么中介公司就无权收取中介服务费，遂向法院提起诉讼要求中介公司退还已收取的中介服务费。

争议焦点

买卖双方协商解除合同后，买方能否以交易未促成为由要求中介公司返还中介服务费？

律师观点

在本案中，黄小鸭、中介公司及王美丽三方签订的《房屋买卖及居间合约》是当事人的真实意思表示，并未违反法律、行政性法规的强制性规定，合法有效。双方之间的居间合同依法成立后，均应按照诚实信用的原则全面履行合同。

依据我国的相关法律规定，居间人促成合同成立的，委托人应按约定支付报酬，而合同是否履行完毕以及之后是否解除，均不影响该报酬的支付。三方签订的《房屋买卖及居间合约》对房屋的基本信息、房价、房款支付方式等主要内容进行了约定,该协议具备买卖合同的基本形式,买卖合同已成立。

中介公司在本案中已履行了中介服务,并促成了合约的签订,且房屋买卖合同解除的原因并不是由中介公司造成的,黄小鸭无权要求中介公司退还已收取的中介服务费。

律师建议

对于买受人或出卖人而言,在与中介方签订服务协议的时候,可就有关支付中介服务费的特殊情况进行详细约定,例如,房屋买卖合同解除时或无法履行时该费用应由何方承担,是否全部支付或者免除等。协议约定得越详尽,越能在交易无法达成时,尽可能地维护自己的合法权益。

对于中介公司而言,由于买卖双方解除的只是房屋买卖关系,因此若买卖双方达成了解除协议,中介公司的经纪人尽量不要在此类协议上签名或加盖公司公章,否则将会对居间服务费的收取造成不利后果。

相关法条

《中华人民共和国合同法》

第六十条　严格履行与诚实信用

当事人应当按照约定全面履行自己的义务。

当事人应当遵循诚实信用原则,根据合同的性质、目的和交易习惯履行通知、协助、保密等义务。

第四百二十四条　定义

居间合同是居间人向委托人报告订立合同的机会或者提供订立合同的媒介服务,委托人支付报酬的合同。

第四百二十六条　居间人的报酬请求权

居间人促成合同成立后,委托人应当按照约定支付报酬。对居间人的报酬没有约定或者约定不明确,依照本法第六十一条的规定仍不能确定的,根据居间人的劳务合理确定。因居间人提供订立合同的媒介服务而促成合同成立的,由该合同的当事人平均负担居间人的报酬。居间人促成合同成立的,居间活动的费用,由居间人负担。

《中华人民共和国民法典》(于 2021 年 1 月 1 日起施行)

第五百零九条　当事人应当按照约定全面履行自己的义务。

当事人应当遵循诚信原则，根据合同的性质、目的和交易习惯履行通知、协助、保密等义务。

当事人在履行合同过程中，应当避免浪费资源、污染环境和破坏生态。

第九百六十一条 中介合同是中介人向委托人报告订立合同的机会或者提供订立合同的媒介服务，委托人支付报酬的合同。

第九百六十三条 中介人促成合同成立的，委托人应当按照约定支付报酬。对中介人的报酬没有约定或者约定不明确，依据本法第五百一十条的规定仍不能确定的，根据中介人的劳务合理确定。因中介人提供订立合同的媒介服务而促成合同成立的，由该合同的当事人平均负担中介人的报酬。

中介人促成合同成立的，中介活动的费用，由中介人负担。

相关案例

案件名称：杨×参诉广西新域××房产置业有限公司等居间合同纠纷
案号：（2011）南市民二终字第105号

上诉人（一审原告）：杨×参
被上诉人（一审被告）：广西新域××房产置业有限公司
一审第三人：卫×

一审法院审理查明：

2009年12月30日，杨×参（买方）、广西新域××房产置业有限公司（以下简称"新域××公司"）（经纪方）、卫×（卖方）三方签订一份《房屋买卖及居间合约》，约定：物业地址为南宁市南梧路2号皇龙新城1号楼×单元××号房，物业建筑面积为175.82平方米（商品房买卖合同号码为GF-2000-0171）。卖方保证所填写和提供的有关该物业的产权权属情况均为真实合法，保证对上述物业享有完整所有权，且没有侵犯第三人的权利。该物业以现状按套售予买方，买方或其授权代表已全面检查和了解该物业之情况。该物业成交价为人民币800000元。买方不依约购买该物业，且在经纪方发出关于银行办理申请贷款手续、签署借款合同等，到南宁市房屋产权交易中心办理房产抵押登记、领取房产证，到南宁市房屋产权交易中心签署《存量房买卖合同》并办理房屋交易（过户）手续及支付税费等的通知后7天内，仍不履行本合约义务导致产权过户不能完成的，则视为买方根本违约，本合约自动解除，卖方支付给经纪方的中介服务费由买方承担，同时卖方有权没收买方已付的定金，且卖方有权将该物业另行出售，但卖方不得再为此向买方进一步要求赔偿损失。经纪方在买卖该物业时已经为买卖双方提供了居间中介服务，并已促成本合约的签订，买卖双方同意在本合约签订当日分别向经纪方支付中介服务费，除因经纪方原因导致不能完成产权过户之外，该中介服务费不予退还。经纪方负责协助跟进有关买卖过户等手续，直到该买卖完成为止。本合约签订后，如买卖双方未征得经纪方同意而协商取消本合约买卖交易的，买卖双方仍须负有按照本合约第六条约定分别支付中介服务费的义务。三方约定的其他事项：经买卖双方友好协商，①买卖双方在签署本合约前已对上述物业进行实地观察，并认可了上述物业的产权状况。②经双方协商后，双方约定待卖方领取房屋所有权证后，双方再办理过户手续。③此成交价格包含车位一个，编号为（1—033号）。④双方办理过户当天，买方支付卖方首付房款100000元，剩余75000元为车位款，在双方办理车位更名时，买方一次性支付卖方。定金10000元，买方应在签署本合同时自行交付卖方，卖方应在收到定金后7个工作日内提供齐全办理银行贷款所需要的资料，且协助买方申请银行按揭，买方应在签署本合约后7个工作日内签署银行按揭文件及支付贷款所需费用，并在签署银行按揭文件后7个工作日内提供齐全办理银行贷款所需要的资料。买方应在签署本合约同时授权经纪方办理按揭手续及交易过户手续，并向银行申请20年61.5万元的银行按揭贷款。首期楼款175000元（不含定金），买方应在过户当天直接支付卖方；楼价余款615000元，在交易过户及抵押登记手续完成并领取他项权利证后，由贷款银行直接划给卖方。

同日，杨×参还签字确认《服务收费承诺书》，载明：承诺人经广西新域××房产置业有限公司介绍成功购买位于南宁市南梧路2号皇龙新城1号楼×单元××号房物业，基于经纪方提供的中介服务及咨询服务，现本人承诺向经纪方支付中介服务费19000元，交付日期为签订《房屋买卖及居间合约》当日。

合约签订之当日，杨×参向新域××公司支付中介服务费19000元，并通过新域××公司转交给卫×10000元定金。

2010年2月22日，新域××公司向杨×参发送《知会函》，载明：您于2009年12月30日委托我公司购买南宁市南梧路2号皇龙新城1号楼×单元××号房（下称该物业）。经您、我公司和卖方友好协商达成一致协议，三方并于当天在我公司秀安分公司签订了该物业的《房屋买卖及居间合约》（合约编号：0001538），该合约已正式生效并具有法律效力。现因您单方提出毁约之原因，导致该合约无法继续履行，根据该合约第五条（2）款规定，"买方不依约购买该物业……则视为买方根本违约，本合约自动解除，卖方支付给经纪方的中介服务费由买方承担，同时卖方有权没收买方已付的定金，且卖方有权将该物业另行出售……"我公司现正式以书面形式通知您，请您于收到本知会函后10天内到我公司秀安分公司办理合约解除手续，若您不前来办解约手续，则我公司及卖方将保留追究您法律责任的权利。

而后，杨×参（甲方）与卫×（乙方）签订一份《关于解除购房合同的协议》，约定："原甲方拟向乙方购买皇龙新城1号楼×单元××号住房，并通过××房产中介公司签有购房协议，且交付了10000元定金。现由于甲方原因解除××房产中介所签订的购房合同，经双方当事人协商，达成以下协议：一、原双方通过中介公司签订的购房合同，自本协议订立之时，自行作废。二、原甲方交给乙方10000元的定金，甲乙双方同意扣除8000元作为给乙方经济补偿，乙方退还2000元给甲方。三、如甲方与第三方发生经济责任纠纷与乙方无关。"2010年6月12日，杨×参诉至本院，提出前述诉讼请求。

另查明：南宁市南梧路2号皇龙新城1号楼×单元××房是第三人卫×向广西南宁皇龙居房地产开发有限公司购买的商品房，第三人已取得该房屋的钥匙，但尚未取得该房屋的所有权证。

以上事实有《房屋买卖及居间合约》《商品房买卖合同》《关于解除购房合同的协议》《知会函》《服务收费承诺书》、中国银行消费交易凭证以及庭审笔录予以证明。

一审法院认为：

根据《中华人民共和国合同法》第四百二十六条的规定："居间人促成合同成立的，委托人应当按照约定支付报酬。对居间人的报酬没有约定或约定不明确，依照本法第六十一条的规定仍不能确定的，根据居间人的劳务合理确定。因居间人提供订立合同的媒介服务而促成合同成立的，由该合同的当事人平均负担居间人的报酬。居间人促成合同成立的，居间活动的费用，由居间人负担。"并根据《中华人民共和国物权法》第十五条的规定："当事人之间订立有关设立、变更、转让和消灭不动产物权的合同，除法律另有规定或者合同另有约定外，自合同成立时生效；未办理物权登记的，不影响合同效力。"本案中，居间人即新域××公司根据杨×参及卫×的委托，给双方提供房屋交易服务，并带杨×参到现场考察待出售的房屋，在买方（杨×参）和卖方（卫×）协商一致的情况下，三方签订的《房屋买卖及居间合约》符合上述法律规定，且签订该合约的主体合格，是当事人的真实意思表示，内容没有违反有关法律的规定，属有效合同。

在杨×参与卫×签订的《关于解除购房合同的协议》中，已经明确该合同之所以无法履行是由于杨×参的原因。根据三方合同约定，买方不依约购买该物业的，则视为买方根本违约，本合同自动解除，卖方支付给经纪方的中介服务费由买方承担，同时卖方有权没收买方已付的定金，且卖方有权将该物业另行出售。该合同还约定，经纪方在买卖该物业时已经为买卖双方提供了居间中介服务，并已促成本合约的签订，买卖双方同意在本合约签订当日分别向经纪方支付中介服务费，除因经纪方原因导致不能完成产权过户之外，该中介服务费不予退还。鉴于新域××公司在本案中已履行了中介服务，并促成本合约的签订，杨×参没有理由要求新域××公司退还已收取的中介服务费19000元，对杨×参的诉讼请求，不予支持。

一审法院判决：
驳回杨×参的诉讼请求。案件受理费275元，由杨×参负担。

二审法院审理查明：
本案买卖房屋于2008年5月21日在南宁房产交易中心登记备案，一审第三人卫×亦于2010年9月27日领取了房屋所有权证。

二审法院认为：
居间合同是居间人向委托人报告订立合同的机会或者提供订立合同的媒介服务，委托人支付报酬的合同。本案杨×参、新域××公司及卫×三方签订的《房屋买卖及居间合约》是当事人的真实意思表示，并未违反法律、行政性法规的强制性规定，合法有效，双方之间的居间合同依法成立后，均应按照诚实信用的原则全面履行合同。

依据我国的相关法律规定，居间人促成合同成立的，委托人应按约定支付报酬，而合同是否履行完毕以及之后是否解除，均不影响该报酬的支付。杨×参与新域××公司及卫×签订的《房屋买卖及居间合约》对房屋的基本信息、房价、房款支付方式等主要内容进行了约定，该合约具备买卖合同的基本形式，买卖合同已成立，故新域××公司的居间事项已经完成，杨×参应按《服务收费承诺书》的约定，向新域××公司支付佣金。杨×参上诉称新域××公司未尽告知义务，售房人卫×未取得房屋所有权证，其出卖房屋的行为属于无权处分行为，且该房屋是集资房，已向银行贷款，银行是房屋的抵押权人，卫×出售该房屋并未取得银行的同意，因此房屋买卖合同是无效合同。本院认为，杨×参与新域××公司、卫×签订合同前曾二次看房，对涉案的房屋的状况已经了解，根据现有证据显示，新域××公司已经促成杨×参与卫×签订《房屋买卖及居间合约》，而该合同中对于涉案房屋所有权证的办理也作出约定，且卫×已提交了付清全部购房款的凭证及签订《房屋买卖及居间合约》时，涉案房屋已在房产部门作了备案登记的证据，因此新域××公司并未隐瞒涉案房屋的基本情况。根据《中华人民共和国物权法》第十五条的规定："当事人之间订立有关设立、变更、转让和消灭不动产物权的合同，除法律另有规定或者合同另有约定外，自合同成立时生效；未办理物权登记的，不影响合同效力。"杨×参上诉认为新域××公司促成的涉案房屋是无产权证无处分权的房屋，买卖合同无效，新域××公司未促成交易，不应收取中介服务费19000元的抗辩理由，无事实和法律依据，本院不予采纳。

至于该合约约定新域××公司负有协助跟进有关买卖过户等手续，直到该买卖完成为止的义务，由于杨×参与卫×签订了《关于解除购房合同的协议》，该协议已经明确解除《房屋买卖及居间合约》，且该合约的解除主要原因在于杨×参。根据合约约定，买方不依约购买该物业的，则视为买方根本违约。在杨×参与卫×自行解除合约后，新域××公司不再存在协助跟进有关买卖过户等手续义务。杨×参上诉以新域××公司未履行协助跟进有关买卖过户等手续义务，且涉案房屋为市场运作房不能上市交易等理由，均无事实依据，本院不予采信。新域××公司已履行了中介服务，并促成了合约的签订，杨×参应依约向新域××公司支付中介服务费19000元。

综上，一审判决认定事实清楚，适用法律正确，上诉人杨×参上诉理由不成立，本院不予支持。

二审法院判决：
驳回上诉，维持原判。

38

业主在独家销售期限内另售房屋，是否违约？

案情简介

2017年6月29日，黄小鸭与某中介公司签订《限时独家销售合同》，委托中介公司限时独家销售黄小鸭名下的一套房屋，委托交易价格为180万元，限时销售期限为两个月。中介公司向黄小鸭交付限时销售保证金1000元，并保证：如未在规定的销售期限内为黄小鸭找到适格买家，则黄小鸭有权没收此保证金；若中介公司在销售期限内找到适格买家，则保证金在黄小鸭与买家签订《房屋买卖合同》当日返还给中介公司。限时销售期限内，黄小鸭不得擅自终止合同、自行出售该房屋或另行委托其他公司及个人销售该房屋。如违反上述约定，黄小鸭应向中介公司支付该房地产委托交易价格的3%作为违约金。合同签订当日，黄小鸭收到中介公司支付的保证金1000元，并出具《收款收据》。

2017年7月21日，黄小鸭与王美丽另行签订《房屋买卖合同》，约定黄小鸭将案涉房屋出售给王美丽。

2017年7月25日，黄小鸭向中介公司工作人员发送信息，表示案涉房屋已出卖。

2017年8月18日，中介公司以黄小鸭违约为由诉至法院，并诉请解除双方签订的《限时独家销售合同》，黄小鸭退还中介公司保证金1000元并支付54000元违约金。

争议焦点

业主与中介公司签订《限时独家销售合同》后，在合同约定的委托期限内另行出售房屋，需向该中介公司支付违约金吗？

律师观点

黄小鸭与中介公司所签订的《限时独家销售合同》主体适格，双方意思表示真实，内容未违反法律、行政性法规的强制性规定，故应认定《限时独家销售合同》合法有效，双方均应恪守。

该《限时独家销售合同》已明确约定案涉房屋在限时销售期限内，委托人不得擅自终止合同、自行出售该房产或者另行委托其他公司及个人销售该房产，如违反黄小鸭应向中介公司支付该房地产委托交易价格的3%作为违约金。

现黄小鸭在合同存续期间，已委托中介公司销售案涉房屋的情况下，将该房屋另行出售，其行为违反了上述合同约定，已构成违约，依法应承担相应的违约责任。

律师建议

1. 对于中介公司，在编制此类合同内容时，除了明确合同当事人、房产坐落等一般条款以外，最好进一步详细约定与房屋出售有关的其他条款，如房地产委托交易的价格、履行方式及期限、违约情形及相应责任等。同时还应避免只约定业主的违约责任，而对中介公司本身应承担的违约责任不予明确，以避免因合同双方权利义务不对等而被认定为无效的格式合同条款。

2. 对于业主而言，首先应选择具有资质的中介机构进行协商，自行考虑并沟通清楚是否由该中介机构限时独家代理销售房屋。其次在签订此类合同时，应对合同内容进行细致审查，避免签订了委托合同之后，才发现是限时独家代理合同，进而产生纠纷影响到自身的权益。

相关法条

《中华人民共和国合同法》

第六十条　严格履行与诚实信用

当事人应当按照约定全面履行自己的义务。

当事人应当遵循诚实信用原则，根据合同的性质、目的和交易习惯履行通知、协助、保密等义务。

第一百零七条　违约责任

当事人一方不履行合同义务或者履行合同义务不符合约定的，应当承担继续履行、采取补救措施或者赔偿损失等违约责任。

第一百一十四条 违约金

当事人可以约定一方违约时应当根据违约情况向对方支付一定数额的违约金，也可以约定因违约产生的损失赔偿额的计算方法。

约定的违约金低于造成的损失的，当事人可以请求人民法院或者仲裁机构予以增加；约定的违约金过分高于造成的损失的，当事人可以请求人民法院或者仲裁机构予以适当减少。

当事人就迟延履行约定违约金的，违约方支付违约金后，还应当履行债务。

《中华人民共和国民法典》（于 2021 年 1 月 1 日起施行）

第五百零九条 当事人应当按照约定全面履行自己的义务。

当事人应当遵循诚信原则，根据合同的性质、目的和交易习惯履行通知、协助、保密等义务。

当事人在履行合同过程中，应避免浪费资源、污染环境和破坏生态。

第五百七十七条 当事人一方不履行合同义务或者履行合同义务不符合约定的，应当承担继续履行、采取补救措施或者赔偿损失等违约责任。

第五百八十五条 当事人可以约定一方违约时应当根据违约情况向对方支付一定数额的违约金，也可以约定因违约产生的损失赔偿额的计算方法。

约定的违约金低于造成的损失的，人民法院或者仲裁机构可以根据当事人的请求予以增加；约定的违约金过分高于造成的损失的，人民法院或者仲裁机构可以根据当事人的请求予以适当减少。

当事人就迟延履行约定违约金的，违约方支付违约金后，还应当履行债务。

相关案例

案件名称：刘×敏、广西世×房地产代理有限公司南宁分公司居间合同纠纷

案号：（2018）桂 01 民终 1252 号

上诉人（原审被告）：刘×敏

被上诉人（原审原告）：广西世×房地产代理有限公司南宁分公司

主要负责人：刘×，该分公司总经理

一审法院审理查明：

2016年12月30日，刘×敏（甲方）与广西世×房地产代理有限公司南宁分公司（以下简称"世×公司"）（乙方）签订一份《限时销售合同》，主要约定："一、限时销售的房地产基本情况 1. 房地产地址：南宁市青秀区凤凰岭路1号荣和·大地第一组团13号楼×座×××号；2. 房屋所有权证号：02××57；二、有满足下列条件的，乙方即可全权代理甲方出售 1. 交易净收价格1800000元；2. 付款方式：按揭或一次性付款皆可；3. 交易税费：按照国家规定各付各税；4. 交房时间：签合同给首付后一个月内。三、限时销售（独家委托）期限 签订本合同之日起至2017年5月29日。四、限时销售保证金 乙方在甲方查档并核实上述材料后向甲方支付限时销售保证金1000元。乙方保证如未在本合同第三条规定的销售期限内为甲方找到适格买家，则甲方有权没收此销售保证金；如乙方在销售期限内找到适格买家，则此销售保证金在甲方与买家签订《房屋买卖合同》当日返还给乙方；甲方拒绝与乙方找到的适格买家签订《房屋买卖合同》，则甲方须向乙方返还此限售保证金，且甲方应向乙方支付该房地产委托交易价格的4%作为违约金。七、限时销售（独家委托）期限内甲方必须保证乙方能够带领客户顺利看房。若乙方按照甲方上述委托条件与买家签订承购确认书，即视为乙方居间成功。甲方应在与买家签订《房屋买卖合同》当日将实际售价高于上述委托价的差额支付给乙方作为咨询及中介服务费。八、限时销售（独家委托）期限内，若乙方介绍的买家同意按本合同第二条委托条件交易的，则甲方全权委托乙方代其收取购房定金。乙方代甲方收取定金后，可将部分或全额定金直接转入甲方如下账户……即视为甲方已收到买家的购房定金。甲方完全认可乙方与买方就办理与该房地产买卖交易有关的各项手续和程序以及签订的协议约定等。十、限时销售（独家委托）期限内，甲方不得擅自终止本合同、自行出售该房地产或者另行委托其他公司及个人销售该房地产。限时销售（独家委托）期限内，如甲方不予配合，拖延时间影响乙方销售工作的，乙方有权单方面解除本合同并追究甲方的违约责任。十二、若有违反本合同第十条、第十一条的，甲方应向乙方支付该房地产委托交易价格的4%作为违约金。十四、乙方可通过发短信、微信信息、邮件等任一通信形式向甲方发送通知、文件、资料。乙方发送至甲方如下通信方式之一，即视为已送达：甲方确认其有效的通信电话为139×××2588。"

合同还约定了其他事项。世×公司在合同落款乙方处加盖合同专用章，甲方处有手写"刘×敏"签名。

合同签订当日，刘×敏、杨×作为说明人各在一份《〈限时销售合同〉明示单》签字确认：对《限时销售合同》所有的条款，其已详细阅读，世×公司员工已向其详细说明和解释，其清楚条款的含义，没有异议。

同日，刘×敏作为业主在一份《收款收据》签字，载明："本人刘×敏身份证号码……，是南宁市青秀区凤凰岭路1号荣和·大地第一组团13号楼×座×××号之业主。现约定该房产售价为人民币1800000元。现收到广西世×房地产代理有限公司南宁分公司交来代理出售上述单位之定金，金额为人民币1000元。"杨×作为委托代理人在一份《收款收据》签字，载明："本人杨×身份证号码……，是南宁市青秀区凤凰岭路1号荣和·大地第一组团13号楼×座×××号之委托代理人。现约定该房产售价为人民币1800000元。现收到广西世×房地产代理有限公司南宁分公司交来代理出售上述单位之定金，金额为人民币1000元。"

2017年3月21日，刘×敏与案外人雷×阳、雷×震签订一份了《存量房买卖合同》，约定刘×敏将南宁市青秀区凤凰岭路1号荣和·大地第一组团13号楼×座×××号房产出售给雷×阳、雷×震，房屋成交价为1800000元。2017年4月8日，刘×敏通过其号码为16×××12微信向世×公司工作人员发送信息，确认案涉合同系其签订，案涉房产已出卖。2017年5月23日，案涉房产所有权人由刘×敏变更为案外人雷×阳、雷×震。

2017年5月18日，世×公司以刘×敏违约为由诉至一审法院。

另查明，2017年7月12日，刘×敏申请对《限时销售合同》中"刘×敏"签名进行笔迹鉴定。2017年10月27日，刘×敏撤回前述鉴定申请。

一审法院认为：

关于本案《限时销售合同》的效力问题。刘×敏主张《限时销售合同》中"刘×敏"不是其亲笔签名，而是其母亲杨×代签，杨×并未取得授权，其不予追认，《限时销售合同》应为无效合同。刘×敏前述主张无事实依据，理由如下：一是刘×敏于2017年4月8日通过其号码为16×××12微信向世×公司工作人员发送信息中已认可合同系其签订。二是刘×敏认可《〈限时销售合同〉明示单》《收款收据》系其本人签订。《〈限时销售合同〉明示单》载明：对《限时销售合同》所有的条款，其已详细阅读，世×公司员工已向其详细说明和解释，其清楚条款的含义，没有异议。而《收款收据》则载明其收到世×公司交来保证金 1000 元。三是刘×敏申请进行笔迹鉴定后，于 2017 年 10 月 27 日已撤回前述鉴定申请。刘×敏主张《限时销售合同》中"刘×敏"不是其亲笔签名，后自愿撤回鉴定申请，由此产生的举证不能的法律后果应由其承担。

综上，刘×敏的辩解不能成立，不予采信。

本案《限时销售合同》系刘×敏与世×公司签订，双方意思表示真实，未违反法律、行政法规的强制性规定，合法有效，各方均应恪守。

关于世×公司主张解除《限时销售合同》的诉请。合同约定限时销售（独家委托）期限为合同签订之日即 2016 年 12 月 30 日起至 2017 年 5 月 29 日，现合同履行期限已届满，已无解除的必要，故对于世×公司主张解除其与刘×敏签订的《限时销售合同》的诉请，不予支持。

关于世×公司主张刘×敏退还销售保证金、支付违约金的诉请。关于保证金的问题，如前所述，《限时销售合同》履行期限已届满，合同权利义务已终止，案涉房产在约定期限内未经世×公司销售成功，刘×敏应将已收取的 1000 元销售保证金退还世×公司。关于违约金的问题，《限时销售合同》约定限时销售（独家委托）期限内，刘×敏不得擅自终止本合同、自行出售该房地产或者另行委托其他公司及个人销售该房地产，否则应向世×公司支付该房地产委托交易价格的 4% 作为违约金。刘×敏将已委托世×公司销售的房产自行出售，其行为违反合同约定，已构成违约，应承担相应的违约责任。

根据《中华人民共和国合同法》第一百一十四条第一款"当事人可以约定一方违约时应当根据违约情况向对方支付一定数额的违约金，也可以约定因违约产生的损失赔偿额的计算方法"之规定，世×公司主张刘×敏支付违约金有合同及法律依据。

诉讼中，刘×敏主张世×公司违约金计算标准过高，请求予以调整。参照《广西壮族自治区物价局住房和城乡建设厅关于重新规范房地产中介服务费收费管理有关问题的通知》（桂价费〔2013〕33 号）第二条"房屋买卖代理收费，按成交价格总额的 0.5%～2.5% 计收，实行独家代理的，最高不超过成交价格 3%，具体收费标准由双方协商确定"之规定，若本案独家代理行为完成，世×公司应获得代理费用应不超过约定成交价格的 3%。在世×公司未能举证证明其实际损失的情况下，一审法院综合考虑合同履行情况、当事人过错程度、预期收益等因素，酌定将违约金数额调整为 50000 元。

一审法院判决：

一、刘×敏向世×公司退还销售保证金1000元；

二、刘×敏向世×公司支付违约金50000元；

三、驳回世×公司其他诉讼请求。

二审法院审理查明：

1. 刘×敏于2017年4月8日通过其号码为16××××12微信向世×公司工作人员发送信息确认签订的合同，结合前后对话内容，显然系指买卖涉案房产的合同，而非本案《限时销售合同》，一审判决认定定为本案《限时销售合同》错误，应予纠正。

2. 刘×敏主张其与其母亲杨×实际签署《〈限时销售合同〉明示单》《收款收据》的时间为2017年1月4日，而非2016年12月30日，因刘×敏无法提供证据证明，本院不予采信。

3. 双方当事人对《限时销售合同》第七条所约定刘×敏应支付的中介服务费为世×公司实际销售价格高于委托价格1800000元的差额部分不持异议，本院对此予以确认。

二审法院认为：

刘×敏与世×公司签订的《限时销售合同》意思表示真实，内容未违反法律、法规的强制性规定，属合法有效合同，当事人应当按照约定全面履行自己的义务。

该《限时销售合同》明确约定涉案房产限时销售（独家委托）期限内，刘×敏不得擅自终止合同、自行出售该房产或者另行委托其他公司及个人销售该房产，现刘×敏将已委托世×公司销售的房产自行出售，其行为构成违约，依法应承担相应的违约责任。

刘×敏及其母亲杨×于2016年12月30日签署的《〈限时销售合同〉明示单》载明：对《限时销售合同》所有的条款，其已详细阅读，世×公司员工已向其详细说明和解释，其清楚条款的含义，没有异议。故刘×敏上诉主张签订涉案《限时销售合同》存在重大误解，误认为该合同只是一份普通的居间代理合同，其并没有独家委托的意思表示的理由不成立，本院不予采纳。

对于一审判决刘×敏支付世×公司50000元违约金是否仍然过高的问题。

违约金具有"补偿和惩罚"双重性质,但系以赔偿非违约方的损失为主要功能,而非旨在严厉惩罚违约方。依照双方签订的《限时销售合同》第十二条的规定,刘×敏应按委托交易价格1800000元的4%即72000元支付世×公司违约金。刘×敏在一审诉讼中认为约定的违约金过分高于造成的损失,请求一审法院予以适当减少,一审法院综合考虑合同履行情况、当事人过错程度、预期收益等因素,酌定将违约金数额调整为50000元。虽然一审法院参照《广西壮族自治区物价局住房和城乡建设厅关于重新规范房地产中介服务费收费管理有关问题的通知》(桂价费〔2013〕33号)第二条规定的收费标准作为计算世×公司损失的基础欠妥,世×公司也无法提供有买家商谈以超过1800000元购买涉案房产造成其中介服务费损失的证据,但由于刘×敏违约提前将房产出卖,并不意味着世×公司在剩余独家委托销售期限内没有买家以超过1800000元购买涉案房产,且违约金数额调整幅度属于法官自由裁量权的范围,一审判决已经综合考虑合同履行情况、当事人过错程度、预期收益等因素,酌定将违约金数额调整为50000元,在刘×敏没有证据证明一审判决调整后的违约金数额仍过分高于损失的情形下,刘×敏上诉请求继续减少违约金没有事实和法律依据,本院不予支持。

综上所述,刘×敏的上诉请求不能成立,应予驳回;一审判决认定事实清楚,适用法律正确,应予维持。

二审法院判决如下:
驳回上诉,维持原判。

39

经办人挪用代收的房款，中介公司要负责吗？

案情简介

2014年6月22日，黄小鸭通过中介公司向王美丽购买一套二手房，三方协商一致后，签订了《房地产买卖（居间）合同》。黄小鸭、王美丽分别在合同落款处的"买方""卖方"处签名捺印，中介公司在合同落款处的"居间方"加盖公司印章，中介公司员工黄大山在"居间方经办人"处签名捺印。

2014年7月1日，王美丽、黄小鸭与黄大山签订《补充协议》，协议约定王美丽全权委托中介公司员工黄大山办理抵押权注销、收取购房款及办理过户等手续。该补充协议由王美丽、黄小鸭与黄大山签名，但未加盖中介公司印章。

2014年7月30日，案涉房屋过户至黄小鸭名下，黄小鸭亦按照《补充协议》约定将所有购房款汇入黄大山的银行账户中。

次日，王美丽要求中介公司支付黄大山收取的房款，但中介公司以其未在《补充协议》中盖章、代收房款系黄大山的个人行为为由拒绝支付。

争议焦点

中介公司是否需对黄大山收取房款的行为负责？

律师观点

黄大山作为中介公司的职员，其代收房款的行为构成表见代理，中介公司应向王美丽交付黄大山收取的款项。

王美丽、黄小鸭与中介公司签订《房地产买卖（居间）合同》，三方形成买卖及居间合同关系。在整个居间活动中，黄大山一直是作为中介公司的经办人与王美丽、黄小鸭商洽、签署、完成售房、过户等手续。虽然《补充协议》上没有加盖公司印章，但中介公司认可黄大山系其公司职员，且王美丽、黄小鸭也一直认为提供房屋买卖居间服务的是中介公司而不是黄大山个人。因此，黄大山为王美丽出售房屋提供居间服务并代收房款的行为系职务行为，构成了表见代理，中介公司应对黄大山的收款行为负责，有义务向王美丽支付售房款。

律师建议

1. 在买卖过程中，所签署的所有合同及相关协议均需要全部当事人签字或盖章，缴纳的中介费应按照合同约定支付至指定银行账户，避免将款项支付给经办人个人。

2. 就卖方而言，不要将收取售房款的重要事项委托给第三人，务必亲自收取售房款。

3. 就买方而言，如卖方委托第三方收取购房款，买方需要求卖方出具相关的授权委托书，且必须确认该授权委托书系由卖方本人签署。

相关法条

《中华人民共和国合同法》

第四十九条　表见代理

行为人没有代理权、超越代理权或者代理权终止后以被代理人名义订立合同，相对人有理由相信行为人有代理权的，该代理行为有效。

第六十条　严格履行与诚实信用

当事人应当按照约定全面履行自己的义务。

当事人应当遵循诚实信用原则，根据合同的性质、目的和交易习惯履行通知、协助、保密等义务。

第一百零七条　违约责任

当事人一方不履行合同义务或者履行合同义务不符合约定的，应当承担继续履行、采取补救措施或者赔偿损失等违约责任。

《中华人民共和国民法典》（于 2021 年 1 月 1 日起施行）

第一百七十二条　行为人没有代理权、超越代理权或者代理权终止后，仍然实施代理行为，相对人有理由相信行为人有代理权的，代理行为有效。

第五百零九条　当事人应当按照约定全面履行自己的义务。

当事人应当遵循诚信原则，根据合同的性质、目的和交易习惯履行通知、协助、保密等义务。

当事人在履行合同过程中，应当避免浪费资源、污染环境和破坏生态。

第五百七十七条　当事人一方不履行合同义务或者履行合同义务不符合约定的，应当承担继续履行、采取补救措施或者赔偿损失等违约责任。

相关案例

案件名称：梅×丹、胡×雪与湖南中×房地产顾问有限公司、谭×吉居间合同纠纷

案号：（2015）长中民二终字第06256号

上诉人（原审被告）：湖南中×房地产顾问有限公司
法定代表人：杨×峰，总经理
被上诉人（原审原告）：梅×丹
被上诉人（原审原告）：胡×雪
原审被告：谭×吉

一审法院审理查明：

2014年6月22日，梅×丹、胡×雪（卖方）、湖南中×房地产顾问有限公司（以下简称"中×公司"）（经纪方）与买受人康×梅签订《房地产买卖（居间）合同》，约定：买卖双方通过经纪方出售及购入位于长沙市开福区金泰路199号湘江世纪城映江苑×栋××××号，建筑面积为117.17平方米的房屋。该房产为有抵押，转让价格为63万元。购房定金2万元，由买方在签订合同当日支付。除购房定金以外房款按银行按揭付款，按商业贷款方式。卖方须向经纪方支付6300元、买方须向经纪方支付12600元作为中介服务费，中介服务费应于签订《长沙市二手房买卖合同》及办理递件过户手续之前付清。

该合同载明风险提示：1.凡我司向客户收取任何款项，均须向客户出具盖有我司财务专用章的正式收据或发票；所有客户主张相关权利均须出示此种收据或发票才为有效，其余形式一律不予认可，并与我司无关。2.中×公司不认可无本公司签章的任何对外文书，交易过程中任何公司职员向客户的承诺或者客户委托职员办理手续等均需加盖我司公章为有效，否则，视为客户与公司职员之间的私人承诺或委托，均与中×公司无关，一切责任由客户负责。合同备注栏注明，"在签订本合同时，由于卖方产权证在银行抵押，由

卖方自行赎楼"。

该合同卖方签章栏有二原告签名并捺印，经纪方签章栏有中×公司加盖合同专用章和谭×吉签名，买方签章栏有康×梅签名并捺印。合同签订后，梅×丹、胡×雪于2014年6月27日向中×公司支付托管定金5000元。

2014年7月29日，谭×吉与梅×丹签订《补充协议》，协议内容为：由于卖方的房屋系银行贷款按揭购买，房屋所有权证在银行抵押，卖方在2014年7月29日将公证委托办给经纪方，全权委托经纪方办理银行面签、银行还款、领取房屋所有权证及过户等手续，经纪方需把10万元定金支付给卖方作为购房定金。如未在约定时间内办理上述手续，则交给卖方的10万元定金将支付3万元作为违约金，剩余7万元整退还给经纪方，由经纪方负责处理相关纠纷。该合同由梅×丹与谭×吉签名，未加盖中×公司印章。

2014年7月31日，梅×丹、胡×雪在长沙市望城公证处办理公证，全权委托谭×吉代为办理房产偿还银行贷款本息并领取房屋所有权证，注销抵押登记，解除他项权证并领取房屋所有权证及之后的出售、签订买卖合同、产权交易过户的签约、签字、交件、退件、立契、收取房款等事宜。委托人还声明，若购房人向银行、公积金管理中心申请贷款或向政府申请货币补贴支付购房款时，本人同意相关部门仅需将款项划至委托人谭×吉指定的账户，即视同本人已收妥全部房款。

上述合同、协议、公证书办理后，梅×丹、胡×雪收到了买受人购房首付款10万元。谭×吉接受梅×丹、胡×雪的委托，协助买受人通过银行贷款形式购买了梅×丹、胡×雪的房屋并将该房屋过户到买受人的名下。剩余购房款53万元除偿还欠银行的按揭贷款40万元后，尚有13万元由谭×吉收取，未支付给梅×丹、胡×雪。

2014年11月1日，梅×丹、胡×雪向谭×吉催要房款时，谭×吉出具欠条一张。内容为：现有谭×吉欠胡×雪人民币13万元整，物业售价63万元整，除去银行还款40万元及已给首付10万元整，中×地产欠梅×丹、胡×雪人民币13万元。谭×吉签名捺手印。

另，梅×丹、胡×雪称为催要剩余房款，共支出路费、住宿费共计3142.6元。

一审法院认为：

梅×丹、胡×雪、中×公司与买受人三方签订的《房地产买卖（居间）

合同》均系当事人真实意思表示，合同内容不违反法律、行政法规的强制性规定，合法有效。

谭×吉作为中×公司的职员，居间介绍梅×丹、胡×雪与买受人签订的《房地产买卖（居间）合同》系职务行为。梅×丹、胡×雪系基于对中×公司的信任将房屋委托出卖，并公证委托谭×吉代为办理产权过户签约、立契、收取房款等手续。上述行为系房屋交易的一部分，梅×丹、胡×雪有理由相信谭×吉可以代表中×公司帮助其完成与买受人的房屋交易。谭×吉的行为法律后果应归属于中×公司。中×公司辩称已对梅×丹、胡×雪进行风险提示，谭×吉收取房屋所有权证及受托办理过户、收款不是代表公司的行为。但中×公司作为格式条款的提供者，风险提示条款存在免除其责任、加重对方责任的情形，该条款不能作为免除中×公司责任的依据。故原审法院对中×公司的辩称理由不予采信。

买受人已将购房款全部支付给谭×吉，庭审中谭×吉也愿意对房款及催款损失承担责任。故谭×吉与中×公司应共同承担向梅×丹、胡×雪支付房款13万元及赔偿催款损失的责任。

鉴于梅×丹、胡×雪提交的路费、住宿费票据不能证明系为催要剩余房款所造成的损失，故原审法院酌情认定中×公司、谭×吉以中国人民银行同期贷款基准利率上浮50%从起诉之日计算至判决生效之日止赔偿损失。

一审法院判决：

一、限中×公司、谭×吉于判决发生法律效力之日起10日内支付梅×丹、胡×雪剩余房款13万元；

二、中×公司、谭×吉于判决发生法律效力之日起10日内支付梅×丹、胡×雪违约损失（以13万元为基数，按中国人民银行同期贷款基准利率上浮50%计算，从起诉之日至判决生效之日止）；

三、驳回梅×丹、胡×雪的其他诉讼请求。

二审法院认为：

第一，梅×丹、胡×雪与中×公司签订《房地产买卖（居间）合同》委托该公司卖房，双方形成居间合同关系。在整个居间活动中，谭×吉一直是作为中×公司的分行经理与梅×丹、胡×雪商洽、签署、完成售房、过户等手续。中×公司认可谭×吉的分行经理身份，梅×丹、胡×雪也一直知晓为其提供房屋买卖居间服务的是中×公司而不是谭×吉个人。因此，谭×吉为梅×丹、胡×雪出售房屋提供居间服务是职务行为。

第二，根据《中华人民共和国合同法》第四十条之规定，格式条款具有本法第五十二条和第五十三条规定情形的，或者提供格式条款一方免除其责任、加重对方责任、排除对方主要权利的，该条款无效。中×公司以其提供的格式合同中约定的收款方式否认谭×吉收取客户房款的效力，又未举证证明其已经采取合理的方式提请对方注意免除或者限制其责任的条款，故该条款不能作为免除中×公司责任的依据。中×公司的分行经理谭×吉在收到客户房款后没有及时向客户付款，中×公司、谭×吉应当承担支付房款并赔偿损失的责任。

综上，原审判决认定事实清楚，适用法律正确，判处得当，依法应予维持。上诉人中×公司的上诉理由不能成立。

二审法院判决：
驳回上诉，维持原判。

40

中介方未履行查档职责致买方损失，要如何担责？

案情简介

2015年5月24日，黄小鸭、王美丽与中介公司三方共同签订《二手房买卖合同》，约定由黄小鸭购买王美丽名下一套房屋，并约定房屋现状依卖方陈述确定，卖方对其真实性负责并保证没有查封情况；如与实际情况不符，则卖方应当按照合同约定承担违约责任。中介公司为双方签订的买卖合同提供居间服务。

但涉案房产早在2014年12月18日就已被法院查封，中介公司未对该情况进行核查。在《二手房买卖合同》签订后，该查封措施并未解除，涉案房产无法办理过户手续，合同无法继续履行。

黄小鸭向法院提起诉讼，请求法院判决：1. 解除《二手房买卖合同》；2. 王美丽返还黄小鸭已付购房款并支付违约金；3. 中介公司对上述购房款及违约金承担连带责任。

争议焦点

中介公司未要求卖方查档，导致买受人已付房款无法追回，中介公司需要承担责任吗？需要承担什么责任？

律师观点

本案中，黄小鸭、王美丽签订的《二手房买卖合同》是双方真实意思表示，没有违反法律、行政法规的强制性规定，合法有效。王美丽故意隐瞒涉案房产已经被查封的事实与黄小鸭签订《二手房买卖合同》，且在合同签订后，未及时解封涉案房产，导致合同无法继续履行，王美丽应当返还黄小鸭已付购房款并支付违约金。

本案中，中介公司作为居间方，在本案所涉房屋交易过程中提供中介服务并收取报酬，其应当就有关订立合同的事项向交易双方如实报告。查封信息属于房产的基本信息，会直接影响当事人的交易决策，中介公司未尽到谨慎审查的法定义务，在从事涉案房屋买卖居间服务时，没有核实清楚涉案房屋存在司法查封的实际状况，使黄小鸭基于虚假情况签订了《二手房买卖合同》，导致涉案房屋买卖合同无法继续履行，存在重大过失，中介公司不得要求支付报酬且应当承担与其过错相当的损害赔偿责任。

鉴于王美丽是违反合同约定导致《二手房买卖合同》无法履行的直接责任人，而中介仅仅是未尽到如实报告及忠诚义务，并不是导致合同无法继续履行的直接责任人，故应由王美丽返还黄小鸭购房款并支付违约金，仅在王美丽无法全部承担上述责任时，中介方因其过错对王美丽的上述责任负有补充赔偿责任而不是一般连带责任。

律师建议

1. 中介方在提供居间服务时应当尽到合理的审慎义务，对于房屋的产权状况（是否存在隐性共有人、离婚后是否进行析产并办理析产手续）及权利限制（是否存在抵押、查封等）情况一定要核查清楚并如实告知买受人。

2. 如出卖人存在不配合查询、无法查询产权状况、权利限制信息的情况，中介方应向买方如实说明，可要求买方在合同中声明其已知上述风险仍旧同意购买房屋且不会就因上述原因造成的损失向中介方主张赔偿。

相关法条

《中华人民共和国合同法》

第六十条　严格履行与诚实信用

当事人应当按照约定全面履行自己的义务。

当事人应当遵循诚实信用原则，根据合同的性质、目的和交易习惯履行通知、协助、保密等义务。

第一百零七条　违约责任

当事人一方不履行合同义务或者履行合同义务不符合约定的，应当承担继续履行、采取补救措施或者赔偿损失等违约责任。

第四百二十五条　居间人如实报告义务

居间人应当就有关订立合同的事项向委托人如实报告。居间人故意隐瞒与订立合同有关的重要事实或者提供虚假情况，损害委托人利益的，不得要求支付报酬并应当承担损害赔偿责任。

《房地产经纪管理办法》（部门规章）

第二十一条　房地产经纪机构签订房地产经纪服务合同前，应当向委托人说明房地产经纪服务合同和房屋买卖合同或者房屋租赁合同的相关内容，并书面告知下列事项：

（一）是否与委托房屋有利害关系；

（二）应当由委托人协助的事宜、提供的资料；

（三）委托房屋的市场参考价格；

（四）房屋交易的一般程序及可能存在的风险；

（五）房屋交易涉及的税费；

（六）经纪服务的内容及完成标准；

（七）经纪服务收费标准和支付时间；

（八）其他需要告知的事项。

房地产经纪机构根据交易当事人需要提供房地产经纪服务以外的其他服务的，应当事先经当事人书面同意并告知服务内容及收费标准。书面告知材料应当经委托人签名（盖章）确认。

《中华人民共和国民法典》（于2021年1月1日起施行）

第五百零九条　当事人应当按照约定全面履行自己的义务。

当事人应当遵循诚信原则，根据合同的性质、目的和交易习惯履行通知、协助、保密等义务。

当事人在履行合同过程中，应当避免浪费资源、污染环境和破坏生态。

第五百七十七条　当事人一方不履行合同义务或者履行合同义务不符合约定的，应当承担继续履行、采取补救措施或者赔偿损失等违约责任。

第九百六十二条　中介人应当就有关订立合同的事项向委托人如实报告。

中介人故意隐瞒与订立合同有关的重要事实或者提供虚假情况，损害委托人利益的，不得请求支付报酬并应当承担赔偿责任。

相关案例

案件名称： 苏×琴、中×地产代理（深圳）有限公司与宋×云房屋买卖合同纠纷

案号：（2016）粤 03 民终 766 号

上诉人（原审被告）：苏×琴
上诉人（原审被告）：中×地产代理（深圳）有限公司
法定代表人：李×智，董事长
被上诉人（原审原告）：宋×云

一审法院审理查明：

2015 年 5 月 24 日，宋×云作为买方，苏×琴作为卖方，双方签订《深圳市二手房买卖合同》，其中约定：宋×云向苏×琴购买位于深圳市龙岗区××路××城 6 栋 A 座 1603 号房产，建筑面积以及房屋所有权证号均以房屋所有权证为准，合同约定的转让价款为 4438000 元。第六条第二款约定，本条款中该物业产权现状依卖方陈述确定，卖方对其真实性负责并保证没有查封情况，如与实际情况不符，则卖方应当按照本合同第十一条承担违约责任。第十一条约定，如卖方未按照合同约定的履行期限履行义务，买方有权要求卖方以转让成交价为基数按日万分之五支付违约金并继续履行合同，如卖方逾期履行义务超过十日或有其他根本违约的行为，买方可解除合同并选择要求卖方支付转让成交价百分之二十的违约金承担违约责任或者双倍返还买方已支付的定金。中×地产代理（深圳）有限公司（以下简称"中×地产公司"）为双方签订的买卖合同提供居间服务。

同日，宋×云与苏×琴、中×地产公司签订《资金托管协议》，协议约定买卖双方将定金 15 万元托管于中×地产公司处。合同签订后，宋×云向苏×琴支付了 15 万元定金，该款项托管于中×地产公司处。

2015 年 5 月 24 日，苏×琴向中×地产公司出具一份声明书，声明涉案房产系通过合同途径取得，若与实际不符，导致在过户过程中发生房屋所有权证原件被产权登记部门扣押，产权过户失败等情况，其自愿承担任何损失和赔偿。

2014 年 12 月 18 日，涉案房产被深圳市罗湖区人民法院以（2014）深罗法执二字第 168 号案件继续查封，查封期限为一年。在买卖双方签订《二手房买卖合同》后，该查封措施并未解除，涉案房产无法办理赎楼等相关手续，合同无法继续履行。

一审法院认为：

宋×云、苏×琴签订的《深圳市二手房买卖合同》是双方真实意思表示，没有违反法律、行政法规的强制性规定，合法有效，双方应全面履行合同约定的义务。苏×琴在明知涉案房产已经被查封，在与宋×云签订二手房买卖合同时，未如实告知宋×云涉案房产已经被查封的事实，并在该合同第六条约定"卖方对其真实性负责并保证没有查封情况"，故意隐瞒与订立合同有关的重要事实。在合同签订后，涉案房产的查封情况并未及时解封，导致合同无法继续履行，按照该合同第六条及第十一条的约定，应当向宋×云承担违约责任。中×地产公司为涉案房产的买卖提供中介服务，接受宋×云、苏×琴双方的委托，为双方提供信息，促成双方签订买卖合同，并收取一定的居间费用，中×地产公司与买卖双方成立居间合同关系。中介机构在居间合同中最大的义务之一就是忠诚义务，即中介机构需要就有关订立合同的事项向委托人如实报告，如房屋的权属状况，房屋被依法查封、设立抵押等权利受到限制的情况，均属于涉案房产的基本信息，中介机构应当在买卖双方签订合同之前进行核查并向双方进行披露。中×地产公司作为中介机构，未对应当予以核查的基本事项予以核查，存在重大过失，给委托人造成损失，也应当承当相应的赔偿责任。至于中×地产公司实际上在何时知晓涉案房产的查封情况，均不排除其作为居间人对居间的标的物谨慎审查的法定义务。苏×琴向中×地产公司出具的声明书，不对宋×云发生法律效力，中×地产公司可另寻法律途径处理。

涉案房产因被查封而无法继续履行合同，依据该合同第十一条规定，买方可解除合同并选择要求卖方支付转让成交价百分之二十的违约金承担违约责任或者双倍返还买方已支付的定金，故宋×云要求解除《深圳市二手房买卖合同》，原审法院依法予以支持。关于违约金的数额，原审法院结合涉案合同的履行情况、预期利益等综合因素，根据公平原则和诚实信用原则，酌情确定苏×琴应向宋×云支付违约金45万元。中×地产公司作为中介方，未尽谨慎审查义务，应当对苏×琴的上述义务承担连带责任。宋×云支付的定金15万元，由中×地产公司予以返还。

一审法院判决：

一、解除宋×云与苏×琴签订的《深圳市二手房买卖合同》；
二、苏×琴应当在判决生效之日起十日内支付宋×云违约金45万元；

三、中×地产公司对苏×琴应当承担的上述款项承担连带责任；

四、中×地产公司应当在判决生效之日起十日内返还宋×云定金15万元；

五、驳回宋×云其他诉讼请求。

二审法院认为：

宋×云基于其与苏×琴之间的房屋买卖合同关系及其与中×地产公司之间的居间合同关系要求苏×琴、中×地产公司承担赔偿责任，本案应为房屋买卖合同及居间合同纠纷案件。宋×云与苏×琴签订的涉案《深圳市二手房买卖合同》系当事双方的真实意思表示，内容不违反法律、行政法规的强制性规定，原审法院认定其有效，适用法律正确。因涉案房产被查封，合同无法继续履行，原审法院判决解除合同并酌定苏×琴向宋×云支付违约金45万元，适用法律正确，处理结果亦无不当，本院予以维持。中×地产公司作为居间方，在本案所涉房屋交易过程中提供中介服务并收取报酬，其应当就有关订立合同的事项向交易双方如实报告。查封信息属于房产的基本信息，会直接影响当事人的交易决策，中×地产公司作为居间方应当在合同签订前进行核实并尽快如实报告。中×地产公司未尽到谨慎审查的法定义务，使宋×云基于虚假情况签订了涉案《深圳市二手房买卖合同》并发生损失，中×地产公司不得要求支付报酬并应当承担损害赔偿责任。原审法院结合涉案《深圳市二手房买卖合同》的履行情况、预期利益等综合因素，根据公平原则和诚实信用原则酌定苏×琴支付45万元违约金，该违约金是对宋×云因合同所发生损失的补偿。如苏×琴未能足额支付前述款项，则对于该部分未得到赔偿的损失，中×地产公司应就其与宋×云之间的居间合同单独承担赔偿责任。由于具体金额尚需苏×琴先行赔偿后确定，为了减少当事人的诉累，本院确定中×地产公司就前述45万元违约金承担补充清偿责任。

综上，原审判决适用法律有误，导致部分判决结果错误，本院依法改判。

二审法院判决：

一、维持深圳市龙岗区人民法院（2015）深龙法民三初字第1268号民事判决第一、二、四项；

二、撤销深圳市龙岗区人民法院（2015）深龙法民三初字第1268号民事判决第五项；

三、变更深圳市龙岗区人民法院（2015）深龙法民三初字第 1268 号民事判决第三项为：中×地产代理（深圳）有限公司对苏×琴应当承担的 45 万元违约金承担补充清偿责任；

四、驳回宋×云的其他诉讼请求。

41

中介方为高评高贷做出"阴阳合同",其后合同因故解除,中介服务费还要照付吗?

案情简介

2019年4月15日,黄小鸭从中介公司处得知王美丽名下有一套房屋出售,价格为100万元,黄小鸭表示其首付款只有9万元,经纪人告知黄小鸭可以"做高"房价贷款,首付只要9万元就能购买房屋。

2019年5月22日,经中介公司促成,黄小鸭与王美丽签订《房屋买卖合同》,约定:由王美丽将名下房屋出售给黄小鸭,成交价为100万元,其中定金10万元,首付款20万元(含定金),余款80万元以银行贷款的形式支付。

双方还与中介公司签订《居间合同》,约定:黄小鸭与王美丽签订《房屋买卖合同》时,居间行为完成,由黄小鸭向中介方支付中介服务费3万元。

2019年5月30日,为办理银行贷款,中介公司、黄小鸭及王美丽签订《存量房买卖合同》,约定:房屋成交价为130万元,其中定金26万元、首付款13万、尾款91万元。由中介公司协助买卖双方向银行申请贷款91万元。

后贷款银行预审批仅批准80万元,如要履行《房屋买卖合同》,黄小鸭需支付20万元首付,因黄小鸭无力支付,黄小鸭与王美丽协商一致解除《房屋买卖合同》。中介公司多次向黄小鸭索要中介服务费未果,于是向法院提起诉讼,要求黄小鸭支付中介服务费3万元。

争议焦点

中介方告知买方可以通过做高房价来达到低首付购房的目的,促成签订《房屋买卖合同》,后因银行贷款额度与预期不一致导致《房屋买卖合同》解除,买方是否应支付中介服务费?

律师观点

中介公司作为专业的房地产中介机构，除了负有提供媒介服务、协助交易的义务，还应当尽专业职责保证交易的合法性、安全性。

本案中，中介公司明知黄小鸭资金短缺，不仅不如实告知交易流程和贷款政策，反而为了促成交易，积极协助买卖双方以做高房价、套取贷款的违法方式弥补资金不足，其行为不仅扰乱了国家金融秩序，同时还增加了买卖双方的交易风险和税费负担。

在中介公司居间下，黄小鸭与王美丽先后签订了《房屋买卖合同》与《存量房买卖合同》，但《房屋买卖合同》中对房屋价款的支付方式并非当事人真实意思表示，超出了黄小鸭的支付能力无法履行；而《存量房买卖合同》签约的目的在于抬高房价套取高额度贷款，有关房价款及支付的约定属于以合法形式掩盖非法目的。因此，《房屋买卖合同》《存量房买卖合同》关于房款的支付方式条款属于无效条款。

因此，中介公司虽然促成了交易，但其居间行为违反中介机构的基本执业规范和行业操守，存在重大过错。

考虑到黄小鸭不顾自身资金和交易风险签约购房并接受中介公司违规操作，自身亦存在过错，因此对《房屋买卖合同》的解除三方均存在过错，中介公司应承担其过错范围内的责任，主张中介服务费的请求将无法得到全部支持。

但黄小鸭仍然应支付部分中介服务费。

律师建议

1. 买方应当充分考量自己的经济实力，选择购买自己经济能力范围内的房屋。

2. 签订《房屋买卖合同》后，如因无法足额贷款导致买方需提高首付，而此时买方无力支付高额首付导致合同解除，买方可能会面临高额的违约金，故可在合同中约定，如无法足额贷款，买方可解除合同，双方互不承担责任。

相关法条

《中华人民共和国民法总则》

第一百四十三条 具备下列条件的民事法律行为有效：

（一）行为人具有相应的民事行为能力；

（二）意思表示真实；

（三）不违反法律、行政法规的强制性规定，不违背公序良俗。

《中华人民共和国合同法》

第四百二十五条　居间人如实报告义务

居间人应当就有关订立合同的事项向委托人如实报告。居间人故意隐瞒与订立合同有关的重要事实或者提供虚假情况，损害委托人利益的，不得要求支付报酬并应当承担损害赔偿责任。

《中华人民共和国民法典》（于 2021 年 1 月 1 日起施行）

第一百四十三条　具备下列条件的民事法律行为有效：

（一）行为人具有相应的民事行为能力；

（二）意思表示真实；

（三）不违反法律、行政法规的强制性规定，不违背公序良俗。

第九百六十二条　中介人应当就有关订立合同的事项向委托人如实报告。中介人故意隐瞒与订立合同有关的重要事实或者提供虚假情况，损害委托人利益的，不得请求支付报酬并应当承担赔偿责任。

相关案例

案件名称：南京好×房地产代理销售有限公司与姜×、任×居间合同纠纷

案号：（2016）苏 0113 民初 6727 号

原告：南京好×房地产代理销售有限公司

法定代表人：徐×，该公司总经理

被告：姜×

被告：任×

法院审理查明：

2016 年 5 月 21 日，南京好×房地产代理销售有限公司（以下简称"好×公司"）与姜×就栖霞区××路×××号×幢×单元×××室房屋（以下简称"涉案房屋"）签订《购房意向协议》（以下简称《意向协议》），约定姜×委托好×公司向该房房主作出如下不可撤销的购买要约："一、……1. 该房屋

建筑面积94.81平方米，若实际面积有差异，买方同意以本协议之房价为准，不以此作为取消交易的理由。2. 房主委托价为人民币110万元，买方同意以房价108万元认购该房。3. 买方接受首付12万元+纯商业贷款的付款方式。4. 该房屋是以现状出售给买方，并完全明白该房产权状况，不得借此拒绝交易。二、若中介方在2016年5月31日前未能与该房房主就以上要约条件达成协议，中介方代保管的意向金1000元须无息退还买方，买方不得以此作为追加中介方的责任。三、一旦该房主同意上述购房要约内容，并承诺以上述房价或低于上述房价出售房屋，买方即确认成交，中介方即将房屋意向金1000元转交给房主，作为认购定金。四、若中介方就上述要约条件取得房主承诺后，如买方违约不买的，则房主有权没收定金并另行出售该房屋，而买方亦需向中介方支付上述要约房价百分之三金额的违约金。五、买方承诺若与该房主私下交易的，则买方仍需向中介方支付上述要约房价百分之三作为违约金。六、买方同意该房屋交易中买卖双方所产生的税费由买方承担，中介服务费为百分之二点四。七、本协议一式两份，自双方签署之日起生效，双方各执一份，具同等法律效力"。

2016年5月22日，经好×公司（丙方）促成，姜×、任×（乙方）与涉案房屋所有人乔×、屈××（甲方）签订《南京市存量房屋买卖合同》，其中第五条对于房屋价款及支付问题约定：房屋转让价款为109万元，乙方于2016年5月22日向甲方支付定金2万元；银行贷款审核通过三日内支付首付款29万元；余款76万元向银行申请个人住房抵押贷款（商业贷款）；首付款中留存2万元作为物业交割保证金，于甲乙双方自行交割物业时支付。甲方协助并同意乙方于2016年5月24日前与银行签订借款合同，并在签订借款合同三日内将所有资料提供齐全。乙方未按规定支付房价款，无法以现金方式支付贷款资金不足部分的，甲乙双方同意解除本合同，乙方承担总房价款20%的违约金；逾期支付房价款的，每逾期一天，按应付到期房价款的万分之五的违约金；乙方逾期支付房价款超过十五个工作日的，甲方有权解除合同，五个工作日内返还已付房款，所收定金不予返还，并有权要求乙方支付总房款20%的赔偿金。第六条对于权属转移登记约定：银行贷款审核通过后三天内甲乙双方共同办理房屋所有权转移登记手续。第七条对于房屋交付约定：甲方于收到全款除尾款30天内正式交付房屋。合同还对房屋过户税费负担、违约责任等其他事项进行了约定。

2016年5月22日同日，好×公司、姜×、乔×还签订了《居间服务合同》，其中第一条对于居间服务及标准约定：1. 丙方提供的居间服务包括：（1）提供房屋买卖市场行情咨询；（2）寻找、提供并发布房源、客源信息；（3）协助查看买受人身份情况，引领买受人看房；（4）协助查看出卖人身份情况和房屋权属证书，实地查看房屋；（5）协助房屋出卖人、买受人协商、洽谈，确定成交意向；（6）协助房屋出卖人、买受人协商房屋买卖合同的相关条款内容。2. 甲乙双方签订《房屋买卖合同》时，居间行为完成，甲乙双方应向丙方支付本合同约定的居间代理费。第三条对于居间代理费及支付约定：应向丙方支付的居间代理费26160元由乙方承担，于本合同签订当日支付。第四条对于各方的权利和义务约定：1. 甲方和乙方应积极配合丙方的居间活动，按照丙方的要求提交房屋买卖所需的一切证书、证件及材料，并依照本合同的约定，及时足额向丙方支付居间代理费；甲乙双方应保证其提交的资料及签名真实、合法、有效。2. 丙方应遵守相关法律规定，合法提供居间服务，在甲方或乙方的要求下，丙方可以就房屋的交易政策和流程提供咨询服务。3. 除本合同另有约定外，各方不得擅自单方解除或变更本协议。第五条对于违约责任约定：1. 甲乙双方利用丙方所提供信息、条件、机会等，私自或者另行通过其他居间方签署《房屋买卖合同》，甲乙双方应当承担违约责任，丙方有权要求甲乙双方支付本合同约定的全部居间代理费。2. 甲乙双方或一方延迟向丙方支付本协议第三条约定的居间代理费，该延迟方除应向丙方支付居间代理费外，还应就其未支付的部分，按照每日1%的标准支付违约金。3. 丙方违反本合同第四条约定的，丙方应承担相应的违约责任；甲方或乙方违反本合同第四条约定，导致丙方不能继续履行义务的，丙方不承担责任，且丙方有权收取本合同约定的居间代理费用，无须退还，如支付方为守约方，可向违约方追偿该笔费用。

上述买卖合同、居间合同签订后，为办理银行贷款，好×公司、姜×、任×及乔×、屈××签订《南京市存量房交易合同（经济机构版）》，其中约定：房屋转让价款167万元，其中定金33万元、首付款29万、贷款100万元、尾款5万元，于2016年5月24日之前与银行签订借款合同，2016年7月24日之前将首付款29万元交至监管账户，尾款5万元自行交割。好×公司协助买卖双方向银行申请贷款100万元。该份合同还对其他事项进行了约定。贷款预审批通过后，姜×表示无力支付首付款、税费等，与乔×、屈××协议解除了《南京市存量房屋买卖合同》。好×公司催要中介服务费无果，遂提起了本案诉讼。

法院认为：

好×公司与姜×、任×之间的居间合同关系成立。根据双方之间签订的意向协议，姜×意在仅支付首付款12万元，余款办理贷款的付款方式，委托好×公司促成购买价值近110万元的涉案房屋的交易，该委托事项在正常情况下无法实现。好×公司作为专业的房地产中介机构，除了负有提供媒介服务、协助交易的义务，还应当尽专业职责保证交易的合法性、安全性。好×公司明知姜×资金短缺，不仅不如实告知交易流程和贷款政策，反而为了促成交易，积极协助买卖双方以做高房价、套取贷款的违法方式弥补资金不足，其行为不仅扰乱了国家金融秩序，同时还增加了买卖双方的交易风险和税费负担。

在好×公司居间下，姜×与出卖人先后签订的两份存量房买卖合同，第一份合同仅房屋总价、定金、房屋交付等部分合同内容明确，房价款支付方式并非当事人真实意思表示，超出了姜×的支付能力，无法履行；第二份合同签约的目的在于抬高房价套取高额度贷款，有关房价款及支付的约定属于以合法形式掩盖非法目的而无效，具有效力瑕疵。

因此，好×公司虽然促成了交易，但其居间行为违反中介机构的基本执业规范和行业操守，存在重大过错。本院考虑到姜×、任×不顾自身资金和交易风险签约购房，明知自身资金短缺仍然与卖方成交并接受好×公司违规操作，自身亦存在过错。据此，本院综合居间合同履行程度、双方当事人的过错，酌定姜×、任×支付好×公司居间代理费9156元。

法院判决：

被告姜×、任×于本判决生效之日起十日内支付原告南京好×房地产代理销售有限公司居间代理费9156元及利息（自2016年5月23日起按中国人民银行同期贷款利率计算）。